적도에
묻히다

적도에 묻히다— 독립영웅, 혹은 전범이 된 조선인들 이야기

1판 3쇄 발행 2018년 1월 10일
1판 1쇄 발행 2012년 8월 6일

지은이 우쓰미 아이코, 무라이 요시노리
옮긴이 김종익
펴낸이 정순구
책임편집 정윤경
편집부 조원식 조수정
마케팅 황주영
디자인 조원식

출력 블루엔
용지 한서지업사
인쇄 한영문화사
제본 한영제책사

펴낸곳 (주) 역사비평사
등록 제300-2007-139호 (2007. 9. 20)
주소 10497 경기도 고양시 덕양구 화중로 100, 506호(화정동 비젼타워21)
전화 02-741-6123~5
팩스 02-741-6126
홈페이지 www.yukbi.com
이메일 yukbi88@naver.com

ISBN 978-89-7696-282-9 03910

역사 르포르타주

적도에 묻히다

독립영웅,
혹은 전범이 된
조선인들
이야기

우쓰미 아이코
무라이 요시노리 지음

김종익 옮김

역사비평사

차례

적도에 묻히다

한국어판 서문 9

시작하며 18

1부 • 조선인 군무원의 탄생

1. 가네미쓰 나리! 26
2. 하늘에서 내려온 신병 38
3. 황군의 일원으로 46
4. 탈출구 없는 청춘 54
5. 무궁화꽃들 63
6. 노구치 부대의 맹훈련 72

2부 • 죽음의 철도, 허기진 비행장

1. 남쪽으로, 남쪽으로 84
2. 자바 포로수용소 97
3. 죽음의 타이-미얀마 철도 111
4. 굶주림의 비행장 128
5. 죽음의 바다, 반다해 147

3부 • 암바라와의 항일 반란

1. 허구의 내선일체 160
2. 충칭을 향하여 173
3. 고려독립청년당의 결성 182
4. 혈맹당원의 결집 191
5. 암바라와의 반란 201
6. 반란의 기억 220
7. 화교와의 연계 공작 232
8. 스미레호를 탈취하라! 239
9. 체포, 군법회의 그리고 8·15 247

4부 • 남의 나라 전쟁이 끝난 날

1. 석방, 그 날은 260
2. 코타 거리의 해방구 271
3. 전범으로 추궁당하며 286
4. 네덜란드의 전범 재판 301
5. 인도네시아 독립 영웅 315
6. 독립 전사를 위한 진혼 347

후기 356
옮긴이 후기 359
전하는 말 _ 이상문 369

부록 / 추기 374, 주석 381, 참고문헌 393

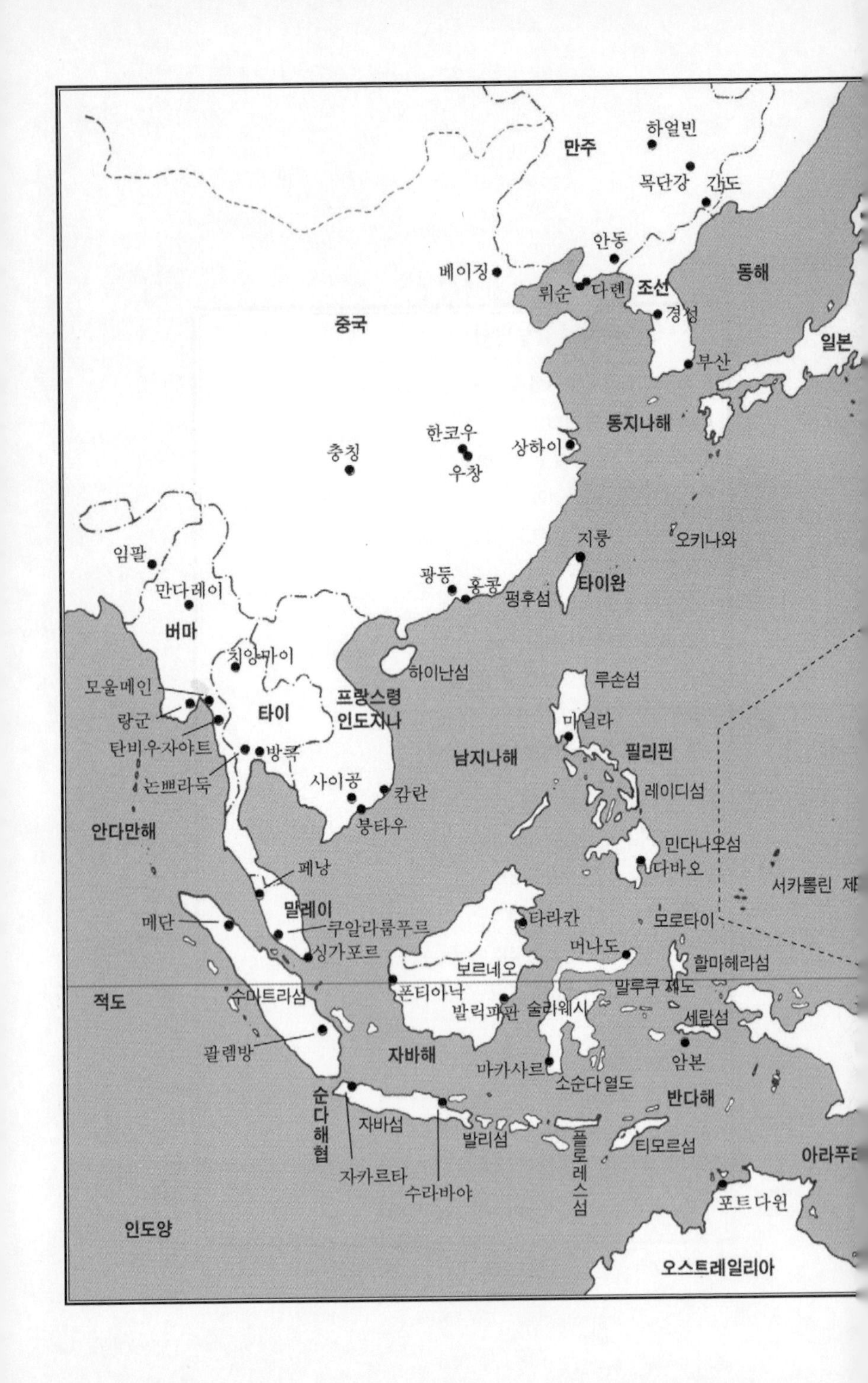

만주
하얼빈
목단강
간도
안동
베이징
뤼순
다롄
조선
동해
경성
중국
일본
부산
동지나해
한코우
상하이
충칭
우창
지룽
오키나와
임팔
광둥
홍콩
타이완
만다레이
평후섬
버마
치앙마이
하이난섬
모울메인
루손섬
프랑스령
인도지나
랑군
타이
마닐라
탄비우자야트
방콕
남지나해
필리핀
논쁘라둑
사이공
캄란
레이디섬
붕타우
안다만해
민다나오섬
다바오
페낭
서카롤린 제
말레이
메단
쿠알라룸푸르
타라칸
모로타이
싱가포르
버나도
할마헤라섬
보르네오
적도
수마트라섬
폰티아낙
말루쿠 제도
발릭파판
술라웨시
세람섬
팔렘방
자바해
암본
마카사르
소순다 열도
순다해협
반다해
자바섬
발리섬
플로레스섬
티모르섬
자카르타
수라바야
포트다윈
인도양
오스트레일리아

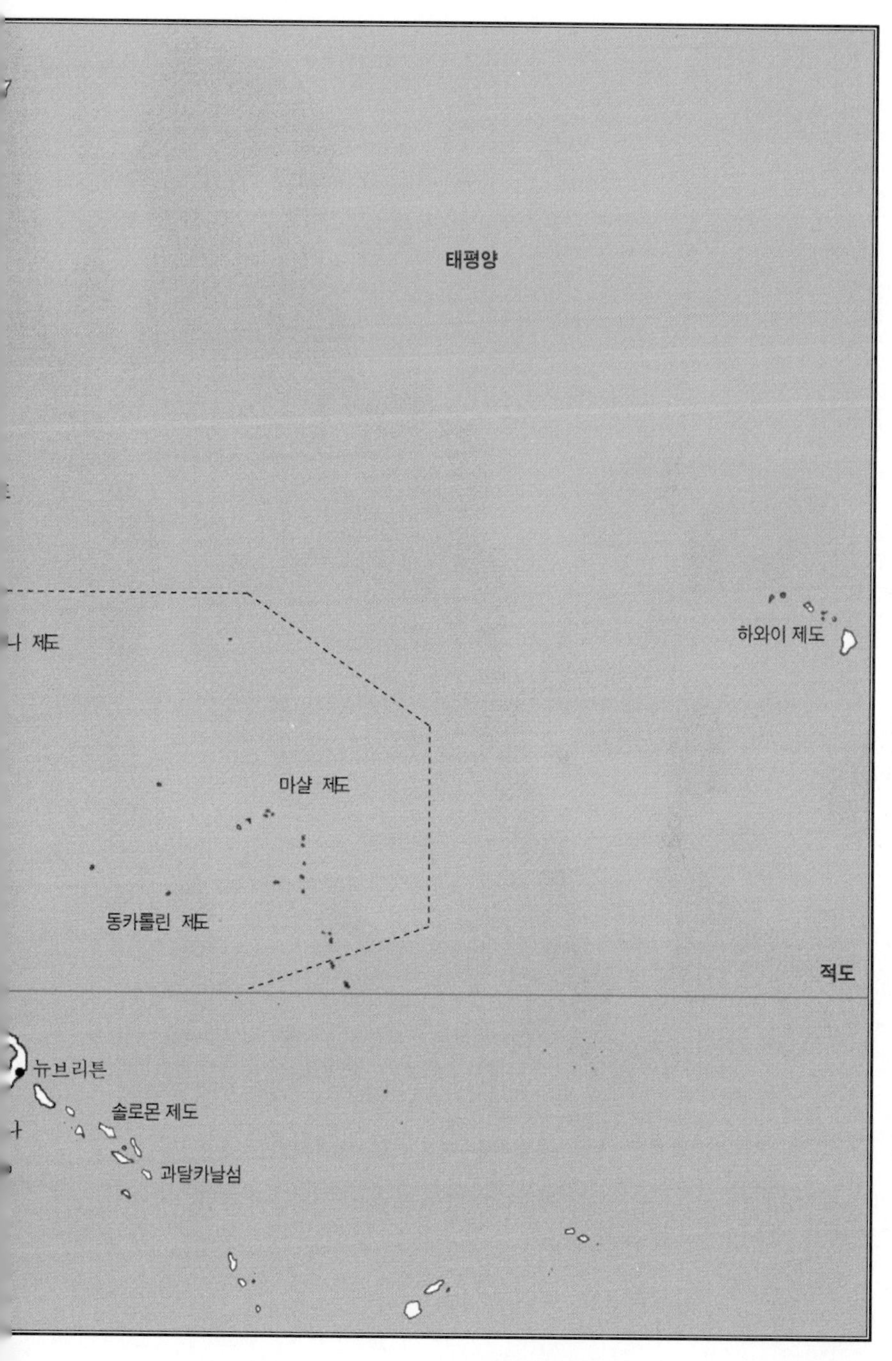

태평양전쟁 시기의 일본과 아시아 · 태평양

일러두기

1. 이 책에 등장하는 낯선 단어에 대한 이해를 돕기 위해 옮긴이 주를 다수 추가했다. 부록의 주석 가운데 출전을 밝히는 주는 원서의 저자가 단 것이지만, '—저자'라는 표시가 없는 일반 설명 주석은 모두 옮긴이의 것이다. 또한 본문에 괄호를 넣어 간단히 단어 뜻을 설명한 것도 옮긴이가 덧붙인 내용이다.
2. 지명과 인명의 표기는 각 지역의 언어에 대하여 국립국어원이 제공하는 외래어 표기법에 따랐다.
3. 부록에 실린 '추기'는 원서에 들어 있지 않은 내용으로, 원서 출간 이후 저자들의 추가적인 조사와 연구의 결과물이다.

한국어판 서문

『적도에 묻히다』(원제: 적도하의 조선인 반란赤道下の朝鮮人叛亂)가 출간된 것은 1980년이다. 이미 32년이라는 세월이 흘러갔다. 조선인 군무원의 발자취를 찾아다녔던 1970년대의 인도네시아에서는 사람들이 "코리아가 뭐야?"라고 되묻곤 했다. 그렇게 인도네시아와 한국은 지리적 거리만큼 서로 멀고 낯선 존재였다. 하지만 2012년 오늘날에는 '한류 드라마'와 'K-POP'이 인도네시아 전역에 흘러넘치고, 한국기업의 진출도 눈부실 정도여서 그 존재감이 일본을 능가한다.

2012년 3월, "딸아이가 K-POP에 푹 빠져 있다"고 하는 택시 운전사와 함께 67년 전 반둥에서 결성되었던 '조선인민회'의 발자취를 찾아다녔다. 고려독립청년당의 조직 당원이며 반둥 지구 책임자였던 안승갑 씨가 대량으로 남긴 문서 가운데 '대한독립기념비'라는 비석(石碑) 사진이 있었다. 흐릿하게 색이 바랜 사진이었지만 '대한독립기념'이라는 글자가 뚜렷하게 새겨진 것을 알아볼 수 있었다. 사진 뒷면에는 "재자바조선인민회 반둥 지부에서 반둥대학 광장에 대한독립기념비를 설치했지만, 인도네시아 독립운동 와중에 보존이 어려울 것으로 판단하여 조선인민회에서 병참여관 아래 묻으러 왔다. 언젠가는 발굴될…"(이하 식별 불가)이라는 내용의 글이 적혀 있었다.

당시 반둥의 상황은 '대한독립기념비'를 묻어두어야 할 정도로 긴박했다. 1945년 10월에는 일본군과 인도네시아 무장 세력 사이에 무력 충돌이 발생했다. 또 9월 말에 이미 인도네시아에 재상륙했던 네덜란드령 인도네시아군이 인도네시아 민중의 독립운동을 탄압하여, 자카르타에서는 "인도네시아 청년들이 도로 곳곳에서 개처럼 사살"당하고 있었다고 한다(增田與, 『인도네시아 현대사』, 中央公論社, 1971).

수카르노는 인민치안군을 편성했지만(나중에 인도네시아 공화국군共和國軍으로 개칭), 이 공화국군과는 별도로 인도네시아 각지에서 게릴라 부대가 투쟁을 시작하고 있었다. '대한독립기념비'를 묻은 날은 1945년 12월 16일이다. 바로 이날, 조선인민회 반둥 지부 회원 일동은 기념사진을 찍었다. 또 일본군 제16군 사령관 대리代理 마부치 이쓰오 소장이 안승갑 씨 등과 조선인 문제를 협의하기 위한 회합을 가졌던 것도 이때이다. 인도네시아의 독립 전쟁으로 상황이 매우 다급하고 절박한 가운데, 일본군과 조선인민회는 일본군의 각 부서에 있었던 조선인들을 어떻게 하면 무사 귀국시킬 것인지 절충하고 있었던 것이다. 1946년 3월에는 네덜란드령 인도네시아군과 인도네시아 공화국군 사이에 대규모 전투가 벌어졌다. 근대화된 무기로 무장한 네덜란드령 인도네시아군과의 전투에서 패한 공화국군은, 반둥의 거리에 불을 지르고 후퇴했다. 이것이 그 유명한 '반둥 불바다 사건'이다. 패전에서 귀국까지 1년 5개월 동안, 독립으로 요동치는 인도네시아에서 조선인 군무원들 또한 긴박한 나날을 보내고 있었다.

'대한독립기념비'의 존재는 안승갑 씨의 자료를 통해 처음으로 알게 되었다. 그 비석이 60년 이상 발굴되기만을 기다리며 반둥 시내 어딘가에 묻혀 있다는 것을 알게 되었을 때, 꼭 찾아내야겠다는 생각을 떨칠 수 없었다. 그러나 사진 뒷면에 적혀 있는 반둥대학이라는 학교는 없었다. 어쩌면 반둥공과대학 아닐까 하는 생각도 들었다. 병참여관 아래 묻었다고 적혀 있었지만, 그런 여관의 존재도 확인할 수 없었다.

"병참여관? 들어본 적이 없다"고 말한 사람은, 반둥에 주재했던 전前 회계중위 오오바 사다오大庭定男 씨이다. 그는 일본 군정 치하의 인도네시아에서 일본으로 귀국하기 전까지 3년 이상을 반둥에 체재했지만, 병참여관이나 조선인민회의 존재는 모르고 있었다. 다만, 독립전쟁으로 혼란에 빠진 반둥에서 조선인들은 일사불란하게 행동하고 있었다고 말했다. 그 모습이 인상 깊게 남아 있었던 모양이다. 오오바 사다오 씨의 이야기를 듣다 보니, 병참여관이란 조선인민회가 본부를 두고 회원들이 잠을 자며 머물렀던 여관일 수도 있겠다는 생각이 들었다. 기념촬영을 했던 날 '대한독립기념비'를 묻었다는 것을 생각하면 그럴 가능성은 높았다. 그렇다면 일본인이 몰랐던 것도 이상하지 않다. 전쟁 중은 물론이고 전쟁이 끝난 뒤에도 일본인에게는 보이지 않는 조선인들의 활동이 있었으며, 일본인과 조선인 사이는 소원했었다. 조선인민회 반둥 지부의 사진을 단서로 언젠가 '대한독립기념비'를 찾아내는 일도 가능할 것이다.

안승갑 씨의 자료에는 일본군의 눈을 피해 몰래 연락을 주고받았던 화교의 이름도 등장한다. 반일反日 화교가 항일抗日 조선인과 함께 일본 제국주의를 타도하려고 반둥의 칠흑 같은 어둠 속에서 밀회를 하고 있었던 것일까. 비밀스러운 일일수록 그 흔적은 지워져버린다. 유족 몇 분과 연락이 닿았지만, 반세기도 더 지난 과거의 조선인 군무원에 관한 새로운 정보는 얻을 수 없었다.

1975년, 우리는 야나가와 시치세이(양칠성)와 인도네시아 독립운동에서 산화한 조선인 군무원의 발자취를 추적하는 일에 집중하고 있었다. 그때까지만 해도 우린 고려독립청년당의 존재를 알지 못했다. 일본으로 돌아와 취재를 계속하던 중, 총살당하기 전 양칠성의 모습을 본 적이 있는 이대홍 씨가 무심코 내뱉은 말에서 '당黨'의 존재를 알게 되었다. 그 사실은 본문에 쓴 그대로이다. 1978년, 한국 전주로 양칠성의 여동생 양남수 씨를 찾으러 갔다. 그때 서울에서 고려독립청년당 혈맹 당원이었던 고故 박창원 씨를 뵐 수 있었다. 태풍이 불어닥치는 구례求禮 군수실에서 이상문 씨도 만났다. 당시 구례 군수였던 이상문 씨는, 어두컴컴한 여관에서 피를 토하듯이 반란의 전말을 이야기해주었다. 그때 안승갑 씨를 만나지 못한 채 돌아온 것이 못내 아쉽다. 반둥 지부장이었던 안 씨의 이야기를 들을 수 있었다면, 조선인민회 반둥 지부의 활동을 좀 더 상세히 기록할 수 있었을 것이다. 그러나 당시 한국은 군부가 정권을 장악하고 있었기 때문에 박창원 씨도 이상문 씨도, 당의 활동을 공개적으로 드러내는 것을 망설이던 시절이었다. 재일 한국인 간첩단 사건이 계속 보도되어 남북 관계가 경색되고, 한반도뿐만 아니라 일본까지 긴장이 감돌고 있었다. 당시 우쓰미內海는 일본조선연구소 직원이었는데, '조선'은 위험하다며 정색을 하고 충고해주는 사람도 있었다. 그런 시대 상황 속에서 고려독립청년당의 독립운동 행적을 정확한 기록으로 남기는 일은 어려웠다.

등사인쇄가 된 『당사黨史』를 우리에게 건네준 것은 박창원 씨에게 일생일대의 결단이었다. 그 책자에는 고려독립청년당 당수의 이름이 이활李活이라고 기재되어 있었다. 이 책도 그를 따라, 본명인 이억관 대신 이활로 표기했다(한국어판에서는 이억관으로 수정함—옮긴이). 아마 본명을 사용할 수 없는 말 못할 사정이 있었던 것 아닐까. 3천 명의 군무원 중 서열 1위였다고 할 정도로 이억관은 우수한 군무원이었다. 그는 전후에 네덜란드 전쟁 재판에 선서진술서(Affidavit)를 제출했다. 자바 포로수용소 본부 사무실에 근무하면서 실무를 담당했던 그는 포로수용소의 실태를 누구보다 잘 알고 있었기 때문에, 전쟁 재판을 진행하는 입장에서는 중요한 정보 제공자일 수밖에 없었다. 네덜란드 공문서보관소의 서류에는 이억관의 서명이 있다. 이상문 씨 등 고려독립청년당 동지들은 이야기를 나누면서 자주 이활을 이억관이라고 말했다. 이활이 이억관이라는 사실은 그 서명만으로도 입증된다.

또 이 서류에는 이억관이 자신의 일본식 이름을 '고야마 도요조' 라고 밝힌 사실도 들어 있다. 창씨개명으로 고야마 도요조라는 이름을 쓰고 있었던 것이다. 일본이 작성한 '자바포로수용소 경비 명부' 에는 고야마 도요조라는 이름이 올라가 있다. 그는 경기도 파주 출신으로 1944년 9월 30일 계약직인 용인傭人에서 정규직인 고원雇員 승격했으며, 공탁금 일부가 남아 있다고 기재되어 있다. 일본의 패전과 함께 고야마 도요조라는 이름을 버렸을 테지만, 이억관은 한국으로 돌아오지 않았다. 패전 이후 1947년 1월 군무원들이 귀국하기까지 인도네시아는 독립 전쟁으로 격렬하게 요동치고 있었다. 이억관이 인도네시아 독립 투쟁에 참가했는지, 식민지 독립이라는 격동 속에서 아시아를 무대로 활동했는지, 아니면 화교의 도움을 받아 중국으로 건너갔는지, 그의 종적은 묘연하다.

32년 전 이 책이 처음 나올 당시, 우리는 이상문 씨 등이 장렬한 체험을 했던 나이와 얼추 비슷했고 그들처럼 집념도 강했다. 전쟁이 끝나고 30년 이상 지났다고는 하지만, 그때까지도 전쟁은 생존해 있는 선배들의 내면 세계에 아직 생생하게 살아 있다는 시대감각도 있었다. 한편 이 책은 한국의 민주화 투쟁이 승리하기에 앞서 팽팽한 긴장을 유지하던 한일 관계 속에서 태어난 작품이다. 역사를 말하고 기록하는 데는 무엇보다 언론의 자유를 보장하는 민주주의가 필요하다. 고려독립청년당의 기록은 남북 분단이라는 시대의 제약 속에서 정리되었다. 만약 지금 다시 쓴다면 내용이 조금은 달라질 수 있을지도 모르지만, 한국어판 출간을 맞이해서는 원본을 재현하는 것을 기본으로 삼았다.

이 책이 발간된 뒤 몇 가지 새로운 자료가 발견되었고, 새로운 증언자도 만났다. 고려독립청년당 조직 당원 안승갑 씨의 아들 안용근安龍根 씨로부터는 이 책이 출판된 직후부터 많은 자료와 정보를 제공받았다. 몇 가지 가필해야 한다고 생각된 부분에 대해서는 본문과 별도의 글을 '추기' 형식으로 덧붙였으며, 사실을 오인했던 부분은 한국어판에서 원문을 수정했다.

순리를 따른다면 고려독립청년당의 반란(의거)은 옛 일본군의 자료나 증언으로도 밝혀졌어야 했다. 다만 고려독립청년당 당원들에 대한 군법회의가 열렸던 것은 일본이 패전하기 직전이었고, 행정 문서에 정통한 사카타 료에몬坂田良右衛門 씨에 따르면 이 시기의 기록은 일본 국내에 도착하지 않았다고 한다. 국회의원을 통해 몇 번이나 찾아보고 법무성과 후생노동성의 관련 부서에도 문의했지만, 군법회의 기록은 찾을 수 없었다. 미국 워싱턴 국립기록보관소에는 일본군 제16군 군법회의 기록 일부가 있었지만, 고려독립청년당과 관련된 것은 없었다. 네덜란드 헤이그 공문서보관소에서도 이억관의 선서 진술서를 찾았을 뿐, 제16군 군법회의 자료는 찾아낼 수 없었다. 그런데 이 공문서보관소에는 일본군으로부터 압수한 문서가 대량 보관되어 있다. 문서를 찾을 기회를 다시 한 번 갖고 싶다.

2011년 11월, 이상문 씨 등이 일본 식민지하의 인도네시아에서 벌인 독립운동의 공적이 인정되어, 한국 정부는 이들을 독립 유공자로 서훈했다. 그러나 서훈은 치안유지법으로 체포되어 유죄 판결을 받았던 사람들에 한정되었다. 고려독립청년당의 활동은 전후에는 조선인민회로 연계되어, 인도네시아가 독립 전쟁으로 혼란에 빠지고 네덜란드의 전쟁 재판으로 군무원 전원이 체포되는 와중에도 조국으로 무사하게 귀국하게 된 1947년 1월까지 계속되었다. 일본군에게 체포되었던 사람만이 독립 유공자인 것은 아니다. 안승갑 씨 등 조직 당원의 끈질긴 활동도 조선 독립운동의 한 부분으로 기억되어야 할 것이다.

마지막으로 한국어판 탄생 경위를 말해두고 싶다. 한국 민주화 투쟁의 뜻은 일본에도 전해져, 우리는 민주화 투쟁 경력을 지닌 김경남 씨와 일본에서 친교를 나누게 되었다. 우쓰미의 『전후 보상으로 생각하는 일본과 아시아』를 한국에 번역 출간한 김경남 씨는, 이 책 『적도에 묻히다』에도 관심을 가지고 훌륭한 번역자를 찾아주었다. 2011년 8월 서울에서 김종익 씨를 만났을 때, 이미 번역 작업은 진행되고 있었다. 2012년 4월, 무라이村井가 당시 조사 중이던 연구를 위해 김경남 씨와 함께 부산 근교의 기장에서 열린 멸치 축제를 보러갔다. 김경남 씨는 그때 기장으로 김종익 씨를 '호출'했다. 놀랍게도 그는 번역 작업을 도와주던 김영수 씨와 흔쾌히 기장까지 와주었다. 이미 번역 작업도 끝낸 상태였다. 이렇게 해서 김경남 씨, 김종익 씨에 의해 한국어판이 완성되었다. 깊은 감사를 드린다.

또한 오랜 세월에 걸쳐 우리의 갖가지 취재에 응해주시고 협조해주셨던 이상문 씨, 고故 박창원 씨, 안승갑 씨의 아드님 안용근 씨에게 다시 한 번 감사드리고 싶다. 그리고 이 책의 제목을 붙여주었던 고故 고준석高俊石 씨에게도 다시 한 번 감사드리고 싶다. 고준석 씨는 일제 식민지 시절 와세다대학에 유학하다 치안유지법 위반으로 제적된 뒤 남한에서 활동했고, 한국전쟁 발발 직전에 일본으로 밀항해 온 혁명가이다. 한국에 남겨둔 아내와 자식의 이야기를 쓴 『아리랑 고개의 여인』(고준석 엮음, 한울, 1990)에 고통에 찬 그의 반평생이 기록되어 있다. 우리가 쓴 원고를 읽고 고준석 씨가 '적도하의 조선인 반란'이라는 제목을 지어주었다. 일본어판 출판사인 게이소서점은 한국어판 출간에 흔쾌히 동의해주었다. 머지않아 고통이나 슬픔,

그리고 억울함이 사라진 한일 관계가 구축되기를 기원하면서 붓을 놓는다.

2012년 6월 25일

우쓰미 아이코

무라이 요시노리

시작하며

조선인 양칠성의 유골이 담겨 있는 티크 목재로 만든 조그마한 분골용 관은 인수할 사람조차 없었다.

인도네시아[01]가 네덜란드를 상대로 독립 전쟁을 치르는 와중에 게릴라 전투를 벌이다 네덜란드군에 사로잡혀 총살당한 옛 일본군 군무원 출신 양칠성梁七星(인도네시아 이름 코마르딘, 일본 이름 야나가와 시치세이梁川七星). 그의 유골은 26년 만에 당시의 인도네시아인 동지에 의해 발굴되어 서부 자바의 외딴 시골 가룻Garut 영웅 묘지에 재매장되었다. 지금으로부터 4년 반 전인 1975년 11월의 일이다. 옛 일본군 병사였던 양칠성이 인도네시아 독립 영웅으로 재조명된 것이다.

베를린 올림픽(1936) 당시 마라톤 우승자인 조선인 손기정 선수의 가슴에 달려 있던 일장기를 『동아일보』의 몇몇 기자들이 몰래 말소해버리고 신문을 발행한 적이 있다.[02] 일제하 조선에서 일어난 일이다. 손기정의 가슴에서 민족의 표식이 지워졌듯이, 양칠성이 또 다시 침략을 기도한 네덜란드 제국주의와의 투쟁에서 전사하고 영웅으로 부활했을 때도 민족의 표식은 지워지고 없었다. 국가와 민족이라는 표식의 소멸이 국가와 민족을 초월하여 독립과 해방이라는 인류의 보편적 가치 속에서 이루어졌다면 문제가 되지 않는다. 양칠성의 투쟁에는 그런 가치가 내재되어 있었으며, 그의 동지인 옛 일본군 병사와 인도네시아 전사의 투쟁도 그랬을 것이기 때문이다. 또한 그를 독립 영웅으로 부활시킨 인도네시아의 조치도 틀림없이 그런 보편적 가치 위에서 이루어졌을 것이다.

그러나 우리는 양칠성을 간단히 인도네시아 독립에 공헌한 '옛 일본군 병사'로 묻어버리려는 일본인의 의식을 문제 삼지 않을 수 없었다. 양칠성이 조선인이라는 사실을 인도네시아 관계자들은 몰랐다. 그러나 일본 관계자들은 알고 있었다. 양칠성의 동료인 일본인의 경우, 정부는 일본의 유족에게 연락을 취하는 등 상당한 노력을 기울였다. 그러나 양칠성의 조그마한 관은 인수할 사람조차 없었다. 아무도 양칠성의 유족에게 연락을 취하고자 노력하지 않았기 때문이다. 국가와 민족이 보다 보편적인 가치로 승화된 것이 아니라, 국가와 민족이라는 이기심과 무책임이 옛 식민지 치하의 한 인간과 그와 관련된 사람들의 존재를 말살시키고 싶어 했다고 생각할 수밖에 없다.

우리는 전후戰後 일본의 전쟁 상대였던 또 다른 제국주의 국가들에 대한 전쟁 책임과 전쟁 범죄를 문제시하면서, 서양의 민주주의와 과학을 따라가는 것을 전쟁에 대한 책임을 지는 것과 동일한 의미로 간주하는 아전인수 격의 사상에 물들어왔다. 그렇기 때문에 당연하게도 우리는, 전후에 새로운 패러다임을 지향한다고 선전된 '민주주의 교육'에서조차 일본이 식민지로 지배하면서 군정軍政을 실시했던 이른바 '대동아공영권'에 속했던 사람들과의 관계 속에서 전쟁을 생각해야 한다는 전환적 사고방식을 배우지 못했다. 반제국주의, 반식민지주의, 아시아·아프리카 연대를 호소한 1955년 반둥회의 같은 역사적 사건들이 그 밖의 여러 역사 내용과 뒤섞여서 마치 시험의 필수 항목처럼 간단하게 정리되어 주입된 것이 우리가 받았던 이른바 '전후 민주주의 교육'이었다.

그리고 그 반둥회의로부터 20년이 지난 뒤, 반둥에 체류하고 있던 우리에게 양칠성의 문제가 느닷없이 들이닥쳤다. 우리는 이 문제를 계속 따져봐야겠다고 생각했다.

일제 식민지 치하의 조선과 타이완에서 수많은 사람들이 일본의 전쟁터로 내몰렸다는 것, 명목상으로는 지원이었지만 사실상 징용이었다는 것, 전쟁이 끝나자 많은 조선인과 타이완인이 일본의 전쟁 책임을 대신 뒤집어쓰고 전범 판결을 받았다는 것, 일본은 이런 사실들에 대해 어떤 책임도 지지 않고 구제의 움직임조차 없었다는 것…. 우리는 그런 사실들을 조금씩 알게 되었다.

우리는 그중에서도 전쟁 중에 자바에 파견된 이른바 '조선인 군무원'들의 운명을 추적했다. 양칠성처럼 일본이 패전하고 나서 인도네시아 독립 전쟁에 투신했던 조선인 군무원이 양칠성 외에도 몇 사람 더 있다는 사실도 알아냈다. 그들 대부분은 네덜란드와의 전쟁에서 죽고 말았다. 그러나 살아남은 현지인 아내들의 증언을 통해 그들의 투쟁을 파악할 수 있었다.

상당히 많은 수의 조선인 군무원들이 부당하다고 생각할 수밖에 없는 네덜란드의 '보복적' 전쟁 재판으로 전범이 되었고, 심지어 사형을 당하기도 했다. 그들은 일본군의 가장 말단에서 포로수용소와 억류소의 감시원 역할을 담당하고 있었기 때문에, 상당수가 어처구니없게도 전범 판결을 받고 범죄자가 되고 말았다. 가까스로 사형을 면하고 징역을 받았다 해도, 스가모巢鴨교도소[03]로 이관되어 샌프란시스코 강화조약(1951. 9)이 체결되고 난 뒤에도 몇 년을 더 복역하고서야 겨우 조국이 아닌 일본 '땅'을 밟은 이들도 있다. 그나마 아직 형기가 끝나지 않은 가석방 형식으로 풀려났기 때문에 고국으로 돌아갈 수도 없었다. 더욱이 일본 정부는 귀국을 원하는 이들에게 비용조차 마련해주지 않았다.

한편 전범으로 사형당한 조선인 군무원들의 유골 대부분은 아직도 고국인 한국으로 돌아가지 못한 채 방치되어 있다.[04] 이 어처구니없는 전후 처리에 대해 이야기해준 옛 군무원들 앞에서, 우리는 오직 안타까운 심정뿐이었다. 전쟁은 '먼 과거'가 아니라 지금 바로 우리 곁에 있었다. 유사입법有事立法,[05] 징병제, RIMPAC(Rim of the Pacific Exercise)[06] 따위를 시끄럽게 주장하는 이들을 바라보면서, 우리는 점점 절망적인 생각에 사로잡혔다.

"독립(운동)을 한 적도 있어."

옛 군무원들의 이야기를 듣고 있던 중 누군가 불쑥 이런 말을 꺼냈다. 아무 생각 없이 불쑥 내뱉은 이 한마디 말을 단서로, 우리는 일본 군정 치하의 자바에서 조직된 조선인 군무원의 항일 비밀결사 고려독립청년당高麗獨立青年黨이라는 단체와 그들의 반란 사건을 규명할 수 있었다. 그 당원들을 찾아서 한국으로 취재를 가기도 했고, 사건의 목격자를 찾아 다시 자바를 방문하기도 했다. 그리고 당시의 일본군 상관들의 이야기를 듣기도 했다. 이 단체와 반란 사건에 대해서는 이 책에서 대체로 규명해냈다고 생각한다. 그 작업을 위해 한국인 여러분이 귀중한 증언을 해주셨고, 또 자료도 제공해주셨다.

'동아시아의 맹주'를 자임했던 일본은 '동아시아 여러 민족을 백인의 쇠사슬에서 해방시킨다'고 호언장담하며 침략 전쟁을 정당화하려 했다. 결과적으로 아시아 여러 민족은 독립했다. 그러나 백인 제국주의로부터 정치적 독립을 쟁취한 것은 그들 자신의 투쟁의 결과일 뿐, 일본의 '덕택' 따위는 전혀 아니다.

물론 일본군 병사 중에는 이른바 '대동아전쟁의 대의'를 믿고 일본이 패전한 뒤에도 아시아 여러 민족의 독립 투쟁에 참가한 이들도 있다. 그러나 '대의'라고까지 말할 수 없는 여러 가지 개인적 사정으로 어쩔 수 없이 참가한 사람들이 좀 더 많았다.

그 독립 해방 투쟁에 외부에서 참가한 사람들은 비단 일본인만 있었던 것은 아니다. 영국군으로서 인도네시아에 진주했던 구르카 Gurkha(네팔의 지명) 병사도 인도네시아 편에 서서 독립 전쟁에 참가했다. 물론 조선인 군무원도, 타이완인도 참가했다. 독립 해방을 향한 투쟁의 불꽃이 타올랐던 이 시기, 2차대전이 끝난 직후 미처 제국주의가 부활하지 못하여 권력의 일시적 공백이 생긴 이 시기에, 아시아 여러 민족은 이른바 '개별 인간들끼리의 연대'를 이루어냈던 것은 아닐까. 비록 아주 짧은 순간이긴 했지만 말이다. 그러나 양칠성(코마르딘)이 게릴라전을 벌이고 있었던 서부 자바 산중에도 곧 정규군, 민병단, 공산군, 종교군 같은 인도네시아 민족 내부의 복잡한 권력 투쟁의 그림자가 소리 없이 다가왔다.

개별 인간들의 수평적 연대는 같은 민족, 같은 국가 내에서도 달성하기 어렵다. 하물며 국가와 민족의 경계를 넘어서 개인 사이에 수평적 관계를 바라는 것은 쉬운 일이 아니다. 이를테면 일본군의 일개 졸병인 경우, 그는 일본에서는 흔한 노동자, 민중일 뿐이지만 군정 치하의 인도네시아에서는 '일본인 나리'로 불렀다. 그러나 패전 직후 바로 그 시기에 인도네시아 독립 전쟁에 참가했던 일본 병사는 '동지'였으며, 조선인 군무원도 구르카 병사도 '동지'였던 것은 틀림없다.

패전으로부터 35년, 반둥회의로부터 25년이 지난 지금, 일본과 아시아 여러 민족 사이에는 유감스럽게도 수평적 연대와 같은 관계는 만들어지지 않고 있다. '시민의 옷을 입은 군대', '군대를 대신한 기업' 등, 수평적이지 못한 관계를 비유하는 말이 아시아 곳곳에서 터져 나오고 있다.

우리는 현재의 일본과 아시아의 관계를 역사적 사실을 거슬러 올라가 되짚어볼 필요가 있다고 생각해서 이 책을 썼다. 많은 분들의 귀중한 증언, 수기에도 불구하고 우리의 역부족으로 사실의 오인이나 정리가 안 된 부분이 많은 것 같다. 삼가 비판과 질정의 말씀을 바란다.

남쪽나라 반둥의 밤 (Bandung Selatan Di Waktu Malam)

고즈넉한 밤의 적막에 잠긴 남반둥
하얀 비단구름으로 치장한 채
그리운 연인 기다리는
너 아름다운 공주여

고즈넉한 밤의 적막에 잠긴 남반둥
만월의 여신 가호 속에 핀
어머니 지구의 응석받이 공주
너 아리따운 작은 재스민 꽃이여

대나무 피리의 멜로디
유혹하는 밤 노래의 감미로움에 귀 기울이다가
어머니가 불러주던 옛 노래
문득 추억의 그 목소리에 이끌리네

고즈넉한 밤의 적막에 잠긴 남반둥
젊은 연인들의 꿈속에서
추억으로 가득 찬 환상의 여행지
아름다운 옛 이야기는 언제까지 잊히지 않으리

적도에 묻히다

1부 • 조선인 군무원의 탄생

1. 가네미쓰나리!

암바라와에서의 만남

키는 작지만 상체가 짧아서 다리가 길어 보이는 옛 일본군 보조병(兵補 : 2차대전 당시 일본군에 의해 보조 병력·노동력으로 동원된 인도네시아인) 출신의 사르무지Sarmudji 씨. 1979년 8월, 제34회 인도네시아 독립기념일 다음 날인 18일 이른 아침에, 그는 거친 숨을 몰아쉬며 우리가 머물고 있던 암바라와Ambarawa의 싸구려 여관 문을 두드렸다.

하늘은 오늘도 끝 간 데 없이 맑고 푸르다. 엷은 안개가 깔린 열대 고원의 정적을 사르무지 씨가 깨뜨렸다. 그는 마치 그 옛날 상관을 대하듯이 우리에게 차렷 자세를 취했다.

"이 편지를 가네미쓰金光 나리에게 전해주세요."

자바 사투리인 빠른 말투의 인도네시아어로 그는 말했다. 그가 내민 편지를 보니, 10엔 정도면 살 수 있는 갱지更紙로 만든 작은 노트였다. 표지에는 '오사카의 가네미쓰 나리에게'라고 적혀 있었다.

표지를 넘기자, 그 안에는 '스마랑Semarang 제3포로수용소 겸 억류소인 문틸란Muntilan 제4파견대 보조병 상병 사르무지'라고 적혀 있다. 그리고 마치 가네미쓰 나리께 자신을 기억해달라고 부탁이라도 하는 듯, 1951년 당시에 찍은 사진과 1965년에 신분증명서용으로 찍은 작은 흑백 사진이 첨부되어 있다. 파란색 볼펜으로 쓴 '경애하는 가네미쓰 나리'에게 보내는 편지는 추신을 포함하여 분량이 14쪽이나 되었다.

> (…) 가네미쓰 나리는 암바라와로 모두가 이동할 때 중병에 걸려 몸도 많이 야위어 있었지요. 건강을 회복하실 때까지 줄곧 간병하며 암바라와로 모셨던 사람이 바로 저였어요. 그리고 저는 또 기억하고 있어요. 우리 보조병들과 가네미쓰 나리와 동료 군무원들이 새벽 3시에 일어나 네덜란드 여자들을 데리고 억류소에서 역까지 걸어가곤 했던 그 정신없이 바빴던 시절의 일들을요. 가네미쓰 나리, 만약 시간이 허락되면 꼭 소식을 주세요. 대동아전쟁을 함께 치른 동료로서 그 변함없는 인연을 기리면서.

사르무지 씨의 편지는, 당시의 보조병들이 현재 살아가는 형편이 그다지 넉넉하지 못하다는 것, 사르무지 자신은 군郡사무소에 근무하고 있지만 자식이 아홉이나 되어 생활이 힘겹다는 이야기들과 함께, 당시 억류소에 근무했던 일본 군인들의 이름을 하나하나 들면서 소식을 묻고 있었다. 당시를 그리워하는 정이 넘쳐흐르는 편지였다.

이 편지에 나오는 가네미쓰 나리는 본명이 김동해金東海인 조선 출신 옛 일본군 군무원이다. 그는 일본군이 연합국 포로와 적성국敵性國 국민을 수용했던 자바 포로수용소 겸 민간인 억류소에 근무했던 인물로서, 바로 사르무지 같은 인도네시아인 보조병들의 상관이기도 했다.

우리가 사르무지 씨를 만나게 된 데는 4년 몇 개월 전에 있었던 일이 계기가 되었다. 1975년 11월 18일, 조선인 양칠성의 유골이 인도네시아 독립 영웅으로 재매장되는 기념식에 우리가 참석한 것이 그를 만나게 되는 과정의 시발이었다.

조선인 양칠성이 국적도 본명도 제대로 밝혀지지 않은 채 옛 일본군 병사라는 식민지 출신 군무원 신분으로 자바 땅에 재매장되는 것을 목격한 우리는, 마음속으로 어떻게 해서든 그의 유족을 찾아내야겠다는 다짐을 했다. 왜냐하면 일본 정부가 양칠성과 함께 인도네시아 독립 전쟁에 참가하여 독립 영웅이 된 두 명의 일본인 병사에 대해서는 기념식에 맞춰 유족을 찾아내 그들의 희망에 따라 분골分骨 의식까지 행하게 했으면서, 조선인 양칠성의 유족에게는 연락조차 하지 않았다는 사실을 알았기 때문이다.

자식이 일본의 침략 전쟁에 내몰린 사실만으로도 부모는 원한에 사무쳐 있을 텐데, 생사조차 모른 채 전후 30여 년의 세월을 흘려보냈다. 일본 정부는 최소한 양칠성이 인도네시아 독립 영웅이 되어 서부 자바의 '가룻 영웅 묘지'에 잠들어 있다는 사실만이라도 그의 유족에게 알려주었어야 하는 것 아닐까. 정부가 그럴 의사가 없다면, 그나마 그 사실을 알고 있는 우리가 직접 유족에게 알리자. 양칠성의 유골을 가슴에 안고 울고 있는 인도네시아인 전우의 모습은, 우리 입장에서는 일본인의 무책임을 힐난하는 것처럼 보였다.

1977년 일본으로 돌아온 우리는 일본에 살고 있는 옛 조선인 군무원들을 찾아다녔다. 가네미쓰 나리를 만난 것도 그 무렵이었다. 조선인 군무원 중에는 전후에 연합군의 전범 재판에서 사형을 당한 사람도 있었고, 유기징역 판결을 받고 남방南方(동남아시아 여러 나라와 남태평양에 산재한 섬들)의 형무소에서 고통의 나날을 보낸 이들도 꽤 많았다.

그들은 옛 동료인 양칠성이 인도네시아 독립 영웅이 된 것을 진심으로 축하해주었다. 자신들은 전후에 전범이라는 어처구니없는 오명을 뒤집어쓰고 일본이 벌인 침략 전쟁의 책임을 이유도 모른 채 감내해야 했지만, 그들도 동료들 중 몇몇이 일본의 패전 이후 인도네시아 독립 전쟁에 참가했다는 사실을 알고 있었다. 양칠성도 그중 한 사람이었다.

양칠성의 유족을 찾아서 한국을 방문한 것은 1978년 9월이었다. 온돌의 따뜻한 느낌에 절로 기분이 좋아지는 초가을, 서울의 푸른 하늘은 양칠성이 잠들어 있는 가룻의 하늘을 떠올리게 했다.

구례의 밤

서울의 어느 사립대학에 다니던 김 군은 우리가 한국에서 옛 일본 군무원들을 찾아다닐 때 동행해준 청년이다. 큰 키에 스포츠맨 스타일의 그는, 일본인인 우리도 깜짝 놀랄 정도로 대범한 생각을 가지고 있었다. 김 군과 우리는 서로 서툰 영어와 부족한 한국어로 그럭저럭 생각을 나눠가며 여행했다.

『춘향전』의 무대인 남원읍에서 출발한 디젤 열차는 구례求禮를 향해 산골짜기를 지나고 강줄기를 더듬어가며 달렸다. 김 군은 이 열차 안에서 한국의 징병 제도와 군사교련에 대한 이야기를 들려주었다. 한국 남쪽 지방의 한가로운 산촌 풍경도 그 순간만큼은 군사적 색채를 띤 기묘한 모습으로 변모한 듯한 느낌이 들었다. 하지만 그것도 잠시, 어느새 빨치산의 중심 무대였던 지리산 연봉이 눈앞으로 다가왔다.

구례의 자그마한 역에 도착했을 때는 날이 이미 저물어가고 있었다. 역 앞 벤치에선 기다란 담뱃대를 문 노인들이 느긋하게 담배를 피우고 있었다. 까만색의 투명한 갓을 쓰고 바지를 입은 그 모습이, 해가 뉘엿뉘엿 저물어가는 산골짜기 시골 거리에 긴 그림자를 드리웠다.

여관방의 창문이 태풍에 세차게 흔들리더니 갑자기 전기불이 나갔다. 여관 안주인이 촛불을 가지고 이층 방으로 올라왔다. 방 전체가 희미한 촛불 빛을 따라 일렁거렸다. 그 희미한 불빛에 이상문李相汶 씨의 안경 낀 꼬장꼬장한 얼굴이 드러났다. 정전과 촛불이라는 뜻밖의 상황 때문이었을까? 그의 무거운 입이 조금씩 열리기 시작했다.

"저 반둥의 밤을 노래했던 그것은 무슨 노래였지?"

"〈남쪽 나라 반둥의 밤〉 아니었나요?"

"으음, 그럴지도 모르겠네요. 그 녹아들 것 같은 달콤한 음악. 우리의 젊은 피가 끓어오르던 때였던 것만은 확실합니다. 고려독립청년당 이야기를 합시다. 아니, 나는 지금 이 순간조차 말을 하는 게 좋을지 어떨지 망설이고 있어요. 그러나 역시 말해야겠지요."

이상문 씨의 얼굴은 노래를 회상할 때 잠시 부드러워지는 것 같더니 표정이 다시 굳어졌다.

자바에서 조선인 군무원들이 조직한 항일 비밀결사의 핵심 인물이었던 이상문, 그의 이야기에는 자못 비장감이 서려 있었다. 특히 스마랑 지구 책임자였던 이상문 씨는 암바라와 사건 현장에도 함께 있었다. 이 항일 결사 사건을 다시 묘사해내는 그의 이야기에, 우리는 밤이 깊어가는 것도 잊은 채 귀를 기울였다. 처음 듣는 이야기에 젊은 김 군은 완전히 압도당하여 숨소리조차 내지 못하는 듯했다. 촛불 빛을 따라 일렁이는 이상문 씨의 옆얼굴을 가만히 바라보는 그의 눈빛은 경외감으로 가득 차 있었다.

암바라와는 자결한 동지 세 사람의 이름과 함께 이상문 씨에게는 결코 잊어버릴 수 없는 지명이며, 청춘의 뜨거운 피를 불태운 땅이기도 했다. 암바라와! 그 지명이 이상문 씨의 기억 속에 묻혀 있던 33년 전의 일들을 조금씩 되살려냈다. 고려독립청년당의 결성, 수송선 탈취 계획, 헌병대의 고문, 제16군 군법회의 판결, 육군 구치소에서의 고통스러웠던 감옥 생활, 엉금엉금 기듯이 감옥을 나와 맞이한 해방…. 전쟁이 끝난 뒤 지금까지 한 번도 부른 적이 없었던 당가黨歌를, 그는 조금도 막힘없이 불렀다.

33년 전의 항일 투사가 여전히 날래고 용감한 모습으로 장중하게 부르는 당가의 곡조는, 듣는 사람들의 심금을 울렸다. 세 사람의 동지가 자결하기 전에 불렀던 이 당가는 조선 독립을 향한 열렬한 소망으로 가득 차 있었다. 그리고 지금 그 당가는 조국 독립을 위해 죽은 세 명의 동지에게 바치는 진혼가인 양 구례의 어둠 속으로 사라져갔다.

구례에서 이상문 씨의 '남방' 체험, 특히 항일 반란 사건을 상세하게 들은 우리는 서울행 급행열차를 탔다. 열차를 탔을 때, 우리가 일본인인 줄 알아본 것인지 열차에 함께 탄 사람들의 표정이 한순간 얼어붙는 것 같았다. 하지만 젊은 김 군은 여전히 크게 신경쓰지 않는 듯했다.

"저는 이상문 선생이 들려주신 그런 역사는 전혀 몰랐어요. 그런 애국자가 있다는 게 너무 자랑스럽네요."

그는 주변 승객들을 의식하지 않고 우리에게도 불편하지 않게 영어로 '남방'의 조선인 군무원에 관해 캐묻기 시작했다. 그리고 마지막에는 〈애국가〉를 가르쳐주며 함께 부르자고 권하기까지 했다.

군사교련에 관한 이야기를 거리낌 없이 하고 한국 민족의 애창가를 큰소리로 부르는 젊은 김 군, 전날 밤 고통스러웠던 체험을 말해주었던 이상문 씨. 우리는 황혼 속을 달리는 한국의 급행열차 안에서 낯선 타국 일본 땅에 뿌리를 내리고 살아야 했던 가네미쓰 씨 같은 조선인 전범들의 일을 떠올렸다.

가네미쓰 나리는 자바에서 근무했지만 이 비밀결사에는 참여하지 않았다. 그렇지만 일본인 한 사람과 둘이서 근무했던 억류소의 관리 책임을 추궁당하여 전후 네덜란드군에 의해 전범으로 기소되었고, 자카르타 소재 치피낭Cipinang형무소에서 고통의 나날을 보냈다.

친구가 전범으로 몰려 총살당했다는 소식을 들었을 때, 그는 쇠창살을 움켜쥐고 조용히 〈바다에 가면〉이라는 노래를 불렀다고 한다. 식민지 지배자였던 일본의 전쟁 책임을 대신 뒤집어쓰고 전범으로 내몰려 억울하게 죽어간 식민지 출신 조선인 군무원을 향한 슬픈 장송곡이었으리라.

이 치피낭형무소에는 일본의 패전 이후 인도네시아 독립군에 투신했던 양칠성도 갇혀 있었다. 서부 자바에서 게릴라 전투를 벌이던 그는, 두 명의 일본인과 함께 가룻 산중에서 사로잡혀 네덜란드군의 포로가 되었다. 총살될 때까지 9개월 가까이 치피낭형무소에서 지냈을 테지만, 가네미쓰 나리는 네덜란드를 상대로 한 독립 전쟁에서 사로잡힌 인도네시아인과 함께 양칠성이 자신과 같은 형무소에 수용되어 있다는 사실을 몰랐다고 한다.

양칠성의 장송곡은 그로부터 오랜 세월이 흐른 1975년 11월 18일, 인도네시아 국군에 의해 연주되었다. 그것은 다른 인도네시아 독립 병사에게 바치는 장송곡과 동일한 〈산화散華(Gugur Bunga di Tanman Bakti)〉라는 곡이었다. 자바 땅에 장중하게 울려 퍼진 노래가 듣는 사람의 심금을 울렸다.

> 내 어이 애석해하지 않으리 / 나의 영웅이 죽었으니. / 내 어이 슬퍼하지 않으리 / 나만 홀로 남겨졌으니.
> 누가 나의 위안이 될까 / 충성스런 자 그리고 용감한 자. / 누가 내 마음의 영웅이 되리 / 진실한 민중의 수호자.
> 나의 영웅은 죽었노라. / 그의 임무는 완수되었노라. / 한 사람이 쓰러지니 천 명이 일어서네 / 내 위대하고 성스러운 조국을 위해.
> 나의 꽃은 헌신의 정원에 떨어졌노라 / 내 어머니의 무릎 위에. / 그 향기는 위대하고 성스러운 내 조국의 영혼에 스며드네.

건기의 자바 하늘은 검푸르게 빛났다. 그 푸른 하늘에는 한국의 가을 하늘처럼 고요한 정적을 느끼게 하는 정취는 없었지만, 몸을 감싸오는 푸르름에는 자못 들뜬 듯한 밝은 기운이 있었고, 가룻 고원의 서늘한 공기가 지닌 투명함은 신령스러운 느낌마저 전해주었다.

크고 붉은 별

암바라와는 중부 자바의 주도州都 스마랑과 고도古都 욕야카르타를 연결하는 국도 연변에 위치한 조그만 고원 마을이다. 조그만 마을인 만큼, 34년 전 조선인 항일 반란 사건을 목격한 사람도 반드시 있을 것이다. 우선 억류소에 근무했던 옛 보조병을 찾아낼 수 없을까 하는 생각으로 1979년 8월, 스마랑의 유력지 『수아라 머르데카(독립의 외침)』를 발행하는 신문사를 방문했다.

수아라 머르데카사社는 스마랑시市 중심부의 창고처럼 허름한 건물 안에 있었다. 일 년 전 9월, 한국에서 양칠성의 누이동생을 수소문하다가 지쳐서 찾아갔던 전주의 전북신문사가 생각났다. 그 신문사를 방문한 덕분에 양칠성의 누이동생 양남수梁南守 씨의 거처를 알 수 있었다. 그 생각을 떠올리며 다시 이 신문사로 달려갔던 것이다.

온후한 인상의 편집장 수와르노Soewarno 씨는 우리가 취재를 하는 입장임에도 그 자신이 암바라와 사건에 구미가 당겼는지, 높은 천정에 작은 채광창이 나 있는 휑한 편집실에서 도리어 우리를 상대로 취재를 시작하며 열심히 메모를 했다.

그는 잠시 후 갑자기 생각이 난 듯 독립 전쟁과 관련하여 상당한 지식을 갖춘 젊은 기자를 불렀다. 그 기자는 우리에게 스마랑 지역에 거주하고 있는 옛 일본군 보조병 세 사람의 소재를 알려주었다.

그들 중 스마랑 시내 고급 주택에 살고 있는 한 사람은 현재 수마트라Sumatera에 근무하는 관계로 부재중이었다. 그의 딸은 자신의 아버지가 일본 군정 당시 술라웨시Sulawesi에 있었기 때문에 암바라와 사건과는 관련이 없을 것이라고 말했다.

우리는 햇볕이 쨍쨍 내리쬐는 가운데 버스를 타고 암바라와를 향해 출발했다. 암바라와에 도착한 것은 이미 땅거미가 지는 어둑어둑한 저녁 무렵이었다. 암바라와와 가까운 거리에 있는 살라티가Salatiga 마을에 또 한 명의 옛 일본군 보조병이 살고 있었다.

싸구려 여관에 짐을 풀고, 미니 합승버스 콜트colt에 올라탔다. 콜트는 비명이 절로 나올 정도로 폭주하며 요리조리 산길을 빠져나가 금세 살라티가에 도착했다. 우리가 만나고자 했던 보조병의 집은 퀴퀴한 냄새가 나는 시장을 지나 길 오른쪽에 있었다. 아쉽게도 이 집 주인도 출장 중이어서, 그의 동생이 우리를 상대해주었다.

그도 옛날에 일본군 보조병으로 형과 함께 중부 자바에서 2천 킬로미터나 떨어진 할마헤라Halmahera섬으로 일본군을 따라갔었다고 한다. 이 섬은 타이완 출신 군무원 이광휘李光輝(아미족 이름 수니온, 일본 이름 나카무라 데루오中村輝夫)[01]가 30년간 숨어 지냈던 모로타이Morotai섬 바로 남쪽에 있다. "일본 최고", "대일본"이라는 등 쾌활하게 말하던 그는, 질문을 받자 비로소 많은 친구들의 죽음에 대해 이야기하기 시작했다. 인도네시아인 보조병의 역사 또한 슬픈 것이었다. 남의 나라를 위한 싸움에서 목숨을 잃은 보상받을 수 없는 죽음이 가진 슬픔이리라.

다시 폭주하는 콜트를 타고 암바라와로 돌아왔다. 이제 보조병은 단 한 사람, 암바라와에 거주하는 사르무지 씨만 남았다. 작은 식당에 들어가 한 그릇에 30엔 정도 하는 나시 소토nasi soto(고기 국물에 밥이나 국수를 만 음식)를 먹으며 10엔짜리 파인애플 주스를 마셨더니 기운이 조금 회복되었다. 항상 그렇듯이 호기심이 많고 친절한 사람들이 떼를 지어 사르무지 씨의 집으로 안내해주었다. 그의 집은 시가지 변두리의 너저분한 주택 밀집 단지에 있었는데, 그는 아직 군사무소에서 퇴근 전이었다. 다음 날 거행될 독립기념식 행사 준비로 바쁜 모양이었다.

암바라와는 1945년 11월 말부터 인도네시아 독립군과 연합군이 대규모 전투를 벌였던 역사적 장소다. 그 전투를 기념하는 멋진 기념물이 아래쪽에서 비추는 조명 불빛을 받아 밤하늘에 뚜렷하게 모습을 드러내고 있었다. 이 역사적인 거리의 밤길을 마차를 타고 딸가닥거리는 말발굽 소리를 들으며 달리고 있노라니 왠지 모르게 의기양양한 기분이 절로 솟아났다.

하지만 싸구려 여관은 이런 의기양양한 기분을 잡칠 만큼 창녀들의 출입이 빈번했다. 실외의 의자에 걸터앉아 군데군데 나무가 심어져 있는 안마당을 우두커니 바라보고 있노라면, 이쪽저쪽 방에서 남녀가 함께 나와 공동 샤워장으로 향하는 모습이 눈에 띈다. 그들은 기가 죽기는커녕 오히려 미소까지 띠고 있었다. 여관 샤워장의 물은 잠시 멈칫할 정도로 더러웠지만, 그들이 기세 좋게 끼얹는 물소리가 상쾌한 밤의 정적을 깨고 들려왔다.

바로 그때 사르무지 부부가 나타났다. 부인은 아름다운 인도네시아 민속 의상인 사롱 차림이었고, 남편은 사파리룩 스타일의 공무원 복장이었다.

사르무지 씨는 기관총처럼 빠른 어조로 보조병 시절의 이야기를 했다. 근무자, 억류소, 가네미쓰 나리, 무사도武士道 같은 일본말이 군데군데 섞여 나왔다. 그리고 그가 바로 '암바라와 사건'을 목격한 장본인이었다.

"내일 군사무소에서 기념식이 끝나면 여기로 오겠습니다. 어디에서 누가 살해되었고 누가 자결했는지 함께 거리를 걸으면서 안내하지요."

암바라와의 항일 반란은 환상 속에 존재하는 이야기가 아닌 현실의 역사였다.

시골 읍내의 싸구려 여관, 흐릿한 알전구에서는 어딘지 모르게 쓸쓸한 분위기가 배어났다. 그러나 당혹해하는 우리를 개의치 않고 쉴 새 없이 떠들어대는 사르무지 씨의 출현에, 우리는 오히려 마음이 설레기 시작했다.

사르무지 부부가 돌아가고 나자 여관은 정적에 잠겼다. 창녀들의 출입도 끊기고, 싸늘한 밤공기가 내려와서 신비의 늪, 페낭 호수로 침전되어갔다. 그때 갑자기 별이 총총한 밤하늘을 가로질러 유성流星이 머르바부Merbabu산 뒤쪽으로 사라졌다. 조선인 군무원들은 팔에 '크고 붉은 별'이 새겨진 완장을 차고 있었다고 한다. 항일 반란을 일으켰던 세 명의 조선인 군무원이 자결했던 그날 밤에도, 오늘처럼 세 개의 유성이 자바의 밤하늘을 가로지르며 흘러갔을까.

2. 하늘에서 내려온 신병神兵

죠요 보요 전설

가네미쓰(김동해) 같은 조선인들은 어떻게 해서 일본군 군무원으로 자바에서 연합군(주로 네덜란드) 포로와 억류자를 감시하는 임무를 맡게 되었을까. 1942년 8월 23일자 『아사히신문朝日新聞』 1면 하단 한쪽에는 다음과 같은 기사가 실려 있다.

> 포로수용소, 조선·타이완·태국 등 일곱 군데 신설
>
> 대동아전쟁에서 혁혁한 전과를 올리면서 홍콩, 필리핀, 말레이시아, 네덜란드령 인도, 미얀마, 보르네오 등 각지에서 영국·미국·네덜란드 병사 중 많은 인원이 일본군의 포로가 되었다. 그동안은 작전 중이었기 때문에 우선 임시 조치로 이들을 가수용하고 있었지만, 작전이 일단락되면서 정식으로 포로수용소를 개설하게 되었다. 이미 지난번 상하이·홍콩·젠츠우지善通寺에 포로수용소를 개설했는데, 거기에 더해 이번에는 조선·타이완·타이·말레이시아·필리핀·자바·보르네오에 포로수용소를 개설하고, 소장을

비롯한 직원들을 임명함과 동시에 각 수용소 업무를 개시했다. (…) 이 정식 포로수용소 개설과 함께 다수의 포로는 육지전쟁법규陸地戰爭法規02 및 1929년의 포로대우조약(제네바조약)03에서 인정하는 바에 따라 일정 범위의 장교를 제외한 포로들에게 노동을 시키는 것이 가능하게 되었다. (…)

일본군은 진주만 공격(1941. 12. 8. 오전 3시) 한 시간 전에 말레이 반도에 상륙을 개시했다. '대동아전쟁'의 발발이었다. 12월 10일에는 필리핀 북부에 상륙했고, 같은 달 25일에는 홍콩의 영국군에게 항복을 받아냈다. 1942년 1월 2일 마닐라 점령, 2월 15일 싱가포르 영국군의 항복, 그야말로 파죽지세 같은 진격이었다. 그리고 1월 11일에 필리핀 민다나오섬의 다바오 비행장을 이륙한 수송기가 북부 술라웨시섬의 항만 도시 머나도Menado에 일본 최초의 낙하산 부대 7백 명을 낙하시켰다. 2월 14일, 대동아전쟁의 최대 목표물 중 하나인 수마트라 남부 팔렘방Palembang 유전油田을 확보하기 위해, 여기에도 또 3백 명의 낙하산 부대가 투하되었다. 이렇게 일본군의 인도네시아(당시는 네덜란드령 인도) 진격이 시작되었다. 신문에는 "하늘의 신병神兵이 강림했다"라고 대대적으로 보도되었고, 〈하늘의 신병〉이라는 노래가 크게 유행했다.

자바섬의 오랜 전설 '죠요보요'에 따르면, 백인의 지배가 오랫동안 계속된 뒤 황색인이 하늘에서 내려와 옥수수 열매가 맺힐 때까지 아주 짧은 기간 동안 자바 땅을 지배한다고 되어 있었다. 그런데 지금, 그야말로 하늘에서 황색인들이 내려온 것이다. 황색인들은 3월 1일

자바섬에 상륙했다. 그리고 3월 9일, 그 땅을 350년 동안 지배해온 백인(네덜란드인)의 항복을 받아냈다.

포로의 처우

황색인 군대의 파죽지세 같은 진격으로 항복한 백인 군인들은 남방 전역에 걸쳐 이십만 명이 넘었다. 포로의 수는 바탄Bataan·코레히도르Corregidor 작전에서 5만 2천여 명, 말레이 작전에서 9만 7천여 명, 자바 작전에서 9만 3천여 명, 홍콩과 그 밖의 지역에서 만 9천여 명으로, 도합 26만 천여 명에 달했다고 한다.[04] "살아서는 포로의 치욕을 당하지 말고 죽어서는 죄인의 오명을 남기지 말라"[05]라는 교육을 받았던 황군皇軍 병사에게, 적군 포로의 이 엄청난 숫자는 경악할 만한 것이었다. 더군다나 군정軍政 시행에 있어서도 포로의 처리는 중요한 문제였다.

포로들은 일단 야전 포로수용소에 수용되었다. 그러나 1942년 5월 1일에 미얀마 만다레이 점령으로 남방 진공 작전이 일단락되자, 포로를 본격적으로 수용하고 나아가 노역勞役에 활용할 방침이 나왔다. 1942년 5월 5일, 병참총감부兵站總監部에서 문서로 남방군에게 통지된 '남방에서의 포로 처리 요령의 건'이 바로 그것이었다. 이 통첩에서 정한 처리 방침과 요령은 다음과 같았다.

(처리 방침)

1. 백인 포로는 우리의 생산 증대 및 군사상의 노무에 이용할 수 있도록 순차적으로 조선, 타이완, 만주, 중국 등지에 수용하고,

당장 그 용도가 정해지지 않은 자는 현지에 신속하게 포로수용소를 개설하여 거기에 수용한다.

2. 백인이 아닌 포로로서 억류할 필요가 없는 자는 신속하게 선서해방宣誓解放[06]을 시킨 뒤 가능한 한 현지에서 활용한다.

(요령)

3. 우선 올해 8월까지 싱가포르섬에 있는 백인 포로 일부를 조선·타이완 등지로 분산 수용하되, 그 인원은 별도로 정한다. 타이완에 수용할 포로에는 현지에서 필요로 하는 인원 외에 뛰어난 기술을 보유한 자 및 상급 장교(대령 이상)를 포함시킨다.

4. 잔여 포로는 신속하게 현지에서 수용소를 편성, 개설하여 거기에 수용한다.

5. 포로수용소를 편성하면서 경계 감시를 위해 조선인 및 타이완인으로 편성한 특종特種 부대의 배치를 미리 정해두거나, 포로수용소를 각 군軍 별로 일괄 편성하여 각 군의 실정에 따라 분할할 수 있도록 한다.[07]

이 문서에는 포로 감시에 조선인과 타이완인을 이용할 계획이 이미 드러나 있다. 또 백인 포로를 생산 확대에 이용하려는 육군성의 의도도 분명하게 드러난다.

포로와 제네바조약

원래 포로수용소는 '육군 관할의 포로를 수용하는 곳'이다. 1941

년 12월 23일에 공포된 칙령 제1182호 '포로수용소령'에 기초하여 설치되고, 육군대신大臣이 정하는 바에 따라 군사령관이나 위수사령관이 이를 관리하며, 육군대신이 통할하는 것으로 되어 있다.[08]

일본에서 포로 감시는 육군이 담당하고 있었기 때문에, 1941년 12월 29일 헤이그 육지전쟁법규 제14조에 기초하여 육군대신 관리하에 포로정보국이 설치되어 포로에 관한 현황 조사가 실시되었다. 그러나 대동아전쟁의 전선 확대로 포로 수가 예상보다 많아졌기 때문에, 1942년 3월에 육군성 내에 포로관리부가 신설되었다. 이 부서가 새롭게 '포로 및 전쟁 지역의 군 억류자 수용·관리·교환·해방·이용(노역·선전 등)·징벌·대우 등 관리의 제반 계획에 관한 사항' 및 그 밖의 노역·통신·포로의 징벌에 관한 사항을 다루게 되었던 것이다.[09]

이십만 명이 넘는 적군 장병을 감독하는 것은 이만저만 어려운 일이 아니다. 게다가 일본 정부는 1929년 7월 27일자로 '포로의 대우에 관한 조약'(제네바조약)에 서명한 상황이었다. 비준까지 이르지는 않았지만 미국, 영국, 캐나다, 호주, 뉴질랜드, 남아연방, 스페인, 적십자 국제위원회 등의 조회에 대해서, 도고 시게노리東鄕茂德 외무대신 명의로 대략 다음과 같은 내용의 회답을 보낸 바 있었다.

> 일본제국 정부는 포로의 대우에 관한 1929년의 국제조약을 비준하지 않았다. 따라서 동 조약에 아무런 구속을 받지 않는다는 입장이지만, 나름대로 일본의 권한 범위 안에 있는 미국 포로에 대해서는 동 조약의 규정을 준용할 것이다.(1941년 1월 29일자 도고 시게노리 외무대신이 도쿄 주재 스위스 공사 앞으로 보낸 서한)

"일본제국 정부"가 준용을 약속한 이 제네바조약은 포로에 관한 자세한 규정을 구비한 97개 조항으로 이루어진 국제조약이다.

예를 들어, 이 조약 제2조에는 "포로는 항상 박애심을 가지고 다루도록 하며 또 폭행, 모욕 및 대중의 호기심으로부터 특별히 보호되어야 한다"라는, 포로를 다루는 기본 이념이 기술되어 있다. 또 제13조에서 "서로 전쟁을 하는 교전자 위치에 있는 나라는 수용소의 청결 및 위생을 확보하고 전염병 예방을 위해 필요한 모든 위생적 조치를 반드시 취할 의무가 있다", "포로는 생리적 현상에 맞춰 항상 청결을 유지할 수 있는 설비를 밤낮으로 제공받을 수 있어야 한다"라고 했으며, 제29조에서는 "포로는 누구라도 육체적으로 부당한 노동에 사역당하는 일이 없도록 한다", "포로를 건강을 해치거나 위험한 노동에 사역하지 않는다"라고 규정하고 있는 등, 포로의 건강관리와 노역에 대한 명확한 규정을 두고 있다.

일본 정부는 이 제네바조약의 준용을 약속했지만, 실제로는 어떤 조치도 취하지 않았다. 「전진훈戰陣訓」이 철저히 주입된 일본군 병사 개개인이 포로에게 멸시감을 품고 그들을 정상적인 인간으로 취급하지 않았다 해도 전혀 이상할 것이 없다. "일본군에서는 포로에 관한 지식은 어느 하나 제대로 가르쳐진 것이 없었"던 현실이었다.[10]

한 일본인 하사관은 "차마 포로를 죽이는 짓은 할 수 없었지만, 솔직히 말하면 영양실조로 한 명이라도 더 많은 포로가 죽어주면 좋겠다는 생각을 하곤 했지요"라고 말했다. 아마도 당시의 솔직한 심정이 아니었을까.

제네바조약을 준용하겠다는 회답과 일본군의 포로 취급 실상 사이의 차이는 이후 전범 재판에서 중요한 문제로 다루어졌다. 가네미쓰 나리와 같은 조선인 군무원 약 3천여 명은 바로 이 차이 때문에 어떤 사람은 전범으로 내몰려 고통의 나날을 보내고, 전범으로 몰리지 않은 경우에도 전원이 부대 단위로 체포되어 꼼짝없이 형무소 생활을 하게 되었던 것이다.

하루 천 칼로리 남짓한 식량이 지급되는 형무소 살이. 자신의 결백이 증명될 때까지 2년 가까운 세월 동안, 포로수용소에 관계했던 일본인과 조선인 전원이 형무소에 수용되어 몇 번이나 '전범 지명 절차'에 시달렸다. 전범으로 지목당하면 그것으로 끝장이었다. 전범 용의자로서 더욱 혹독한 생활이 시작되는 것이다. 몇 번이나 식은땀을 흘리며 온몸이 오그라드는 듯한 처참한 경험을 한 사람도 많았다. 가네미쓰 나리도 귀국한다는 생각만으로 배에 오른 것이 그대로 치피낭형무소로 직행하는 길이 되고 말았던 것이다.

1979년 8월, 우리는 이 치피낭형무소를 방문했다. 르바란Lebaran(한 달간의 단식이 끝난 뒤 맞는 이슬람 축제)으로 붐비는 자카르타 시내 한쪽 귀퉁이에 있는 치피낭형무소 입구는, 몰려든 사람들로 인산인해를 이루고 있었다. 우리가 방문한 날이 바로 일 년에 한번 수감자와 면회가 허용되는 날이었던 것이다. 우리는 담을 따라 걷기 시작했다.

높이가 7, 8미터나 되어 위압적으로 다가오는 하얀색의 높다란 담은, 가네미쓰 나리와 양칠성 등이 수감되어 있던 시절의 모습 그대로라고 했다. 높다란 망루에는 사람의 그림자조차 보이지 않았다. 형무소 뒤쪽에는 민가가 줄지어 있었다. 아직 열매가 맺히지 않은 어린 파파야 나무가 드문드문 만들어낸 그늘에서 햇볕을 피하면서,

그 옛날의 치피낭형무소에 관한 이야기를 들었다. 일본 병사의 도망 사건도 그 집 주인은 알고 있었다. 모두 지나간 먼 옛날의 이야기였다. 그러나 자신도 모르는 사이에 아찔해지게 만드는 작열하는 태양과 높다랗게 솟아 있는 하얀 담장은 옛날 모습 그대로였다.

가네미쓰 나리 같은 사람들은 이 하얀 담장 안쪽에서 '태양 배례拜禮'(태양을 똑바로 보게 하는 처벌)를 하도록 강제당했을까? 뙤약볕 아래서 강제 노동, 강제 체조를 하지 않으면 안 되었을까? 무더운 날씨 탓에 현기증이 일어 털썩 주저앉은 우리에게, 치피낭형무소에 수감되었던 일본인, 조선인, 타이완인 전범 용의자들의 원성이 들려오는 듯했다.

3. 황군의 일원으로

지원병제에서 징병제로

일본 육군성은 어떤 의도로 조선인, 타이완인을 포로수용소 감시원으로 모집한 것일까? 그 이유 중 하나는, 전쟁 수행상 일반병과 후방요원이 대량으로 필요해져 일본인만으로는 수요를 충원할 수 없게 되었기 때문이었다.

군무원 모집에 앞서, 조선에서 징병제를 실시하는 건이 각료회의에서 결정되었다. 1942년 5월 8일의 일이다. 조선인의 손에 총을 들려주는 것을 두려워한 일본 정부도 "대동아전쟁 발발 이후, 조선 동포가 후방에서 적극 협력하는 지극 정성을 감안"하여 징병제를 실시하기로 했다고 한다. 그러나 전선의 확대, 전쟁 상황의 악화로 소모되는 병사를 식민지 조선과 타이완에서 보충해야 했다는 것이 보다 정확한 사정이었으리라. 이 결정에 관하여 『아사히신문』은 다음과 같이 보도했다.[11]

(…) 지난해(1941) 대동아전쟁이 시작된 이후 조선인의 전쟁 완수

에 관한 열의가 헌금으로, 또는 그 밖의 각종 후방 지원으로 매우 강렬하게 표현되는 등 내선일체內鮮一體의 기운은 갈수록 확고해지고 있다. 따라서 정부는 나라를 위한 조선 동포의 이와 같은 지극한 충정에 호응하여 조선에서 징병제를 시행하되 그 실시는 1944년부터 하기로 (…) 결정했다.

열화와 같이 끓어오르는 조선 동포의 충정에 보답하여 징병령徵兵令을 시행할 수 있게 되었다. (…) 내선일여, 불덩이 같은 맹렬한 기세로 성전聖戰을 끝까지 싸워 이기겠다는 애국심에 눈뜬 조선 동포의 열성은, 일중전쟁 이후 전선과 후방에서 불기둥처럼 아름답게 타오르는 수많은 조국애, 동포애의 미담으로 성전을 장식하고 있다. (…) 그러나 조선 동포에게는 병역법兵役法이 적용되지 않았기 때문에 조선 동포의 이런 충정에 보답할 수 없었다. 그래서 이와 같은 열성에 보답하기 위해, 1938년 4월 3일부터 육군특별지원병령(1938년 칙령 제95호)을 실시하게 되었던 것이다.

이후에도 "조선, 징병제에 감격의 드높은 물결", "오직 죽음으로 보답해 올리리", "감사의 편지 수천 통" 등, 징병제를 찬미하는 기사가 온통 지면을 장식했다. 조선인 학도지원병이 입영하기 바로 전날 『경성일보京城日報』 같은 신문은 이러한 분위기를 더욱 증폭시켜 "나서라 학병, 2천 5백만의 선두에! 찬란한 영광 오늘이야말로 그대들에게, 장하다 무적 황군의 정예가 되어라" 같은 요란한 제목으로 지면을 도배하기도 했다.[12]

이 징병제에 앞서 실시되었던 '육군특별지원병 제도'(1938. 2. 22. 칙령 제95호)로 선발된 조선인 청년들은 1938~1943년까지 17,664명에 이르렀다. 지원자의 수와 지원자 훈련소에 실제로 입소한 인원을 비교해보면, 그 높은 경쟁률에 놀라지 않을 수 없다. 1938년 7.3 대 1, 1939년 20.1 대 1, 1940년 27.8 대 1, 1941년 45.1 대 1, 1942년 62.4 대 1, 1943년 48.1 대 1이라는 경쟁률을 보였다.[13]

지원자가 문자 그대로 '지원'한 것만은 아님은, 나중에 기술할 정은석鄭殷錫의 경우를 보더라도 알 수 있다. 그렇다고는 해도 1942년의 62.4 대 1이라는 경쟁률은 경이적이다. 강제가 있었던 것은 물론이지만, 한편으로 앞의 『아사히신문』 보도에서 엿볼 수 있듯이 지원을 선동하는 사회적 풍조가 조장되고 있었다는 점을 간과해서는 안 된다. 군무원으로 '지원'한 고재윤高在潤 씨는, 당시 제1회 지원병 이인석李仁錫 상등병의 용감한 전투 모습이 보도된 것을 보고 어린 마음에 왠지 모를 동경심을 품었다고 한다.

지원병을 지망한 청년들에게는 막연한 동경 이상으로 좀 더 현실적인 동기도 있었다. 지원병으로 나갔다 돌아오면 최소한 순사나 면사무소 서기가 될 수 있었던 것이다. 가난 때문에 진학을 단념해야 했던 수많은 청년들에게, 지원병은 장래를 개척하는 하나의 수단이기도 했다. 지원병 응모는 외부로부터의 강제만이 아니라 이렇게 교묘한 동기부여로 인해 계속 증가했다.

더욱이 관·공립·사립중학교 이상 학교에는 현역 장교가 배치되어 초등학교 졸업자를 대상으로 한 청년 훈련소가 설치되고, 초등학교를 수료하지 못한 자를 대상으로 한 청년 특별 연성소鍊成所가 설치되는가 하면, '일할 능력'을 가진 16세부터 40세 미만의 남자 청장년에 대한 '국민등록'(1941)도 실시되었다. 등록 대상에 해당하는 건강한 남자의 장래는, 일본이 벌이는 전쟁에 대한 협력이라는 좁다란 통로에 갇혀버린 꼴이었다. 이처럼 제한된 선택지 속에서 지원병을 '지원'하는 젊은이들의 수가 날로 증가했던 것이다.

징병제가 처음 실시된 1944년 한 해 동안 조선 부대에는 51,737명, 일본 본토 부대에는 2,260명이 소집되었다. 징병제에 따른 조선인 소집병의 실제 숫자가 명확하게 밝혀진 것은 아니지만, 후생성厚生省 산하 제2복원국復員局[14]의 조사에 따르면, 패전 당시 조선인 군인의 수는 육군 186,980명, 해군 22,299명으로 총 209,279명에 이른다. 지원병 제도를 통해 '지원' 입대한 17,664명을 차감한 191,615명은 징병제에 의해 징집된 병사였다고 볼 수 있다.[15]

또한 복원국의 조사에 따르면, 패전 당시 군무원 수는 육군 70,424명, 해군 84,483명으로 총 154,907명이었다. 그중에는 김동해 같은 포로수용소 감시 요원 3,223명 외에 해군 긴급 토목 작업에 종사한 '해군 작업 애국단' 32,248명, 육군의 요구에 따른 '북부군 경리부 요원' 7,061명, '운수부 요원' 1,320명 등이 포함되어 있다. 중국 대륙에서 탄약 운반을 위해 조선인을 군대 인부로 썼다는 어느 하사관의 이야기를 들은 적이 있지만, 육·해군을 합쳐 154,907명에 이르는 조선인 군무원의 실태는 아직 불확실한 부분이 많이 남아 있다.

이상의 조사에 따르면, 결국 군인·군무원 신분으로 약 36만 4천 명의 조선인이 직접 전쟁터로 내몰렸음을 알 수 있다. 탄광, 광산, 공장 노무자 신분으로 일본, 사할린, 남방에 동원되었던 724,787명과

'위안부'로 끌려갔던 조선인 여성들의 수, 조선 내에서 동원된 수를 더하면 그 숫자는 엄청난 것이 된다. 이는 그야말로 '인력 공출'이었기 때문에 조선인들의 원성의 표적이 되었다.

영미 숭배관념 일소를 위하여

더욱이 간과해선 안 될 또 다른 사실이 있다. 극동군사재판 판결문 일부에는 다음과 같이 경악을 금할 수 없는 구절이 나온다.

> 일본 민족의 우월성을 아시아의 다른 민족이 느낄 수 있도록 연합군 포로를 상대로 폭행, 모욕 및 공공연한 치욕을 가할 방침을 일본은 가지고 있었다.
>
> 1942년 3월 4일, 육군 차관 기무라木村는 이타가키板垣가 사령관으로 있던 조선군의 참모장으로부터 다음과 같은 내용의 전보를 받는다. "조선인들이 가지고 있는 영미 숭배 관념을 일소시켜 이들에게 필승의 신념을 확립시키는 데 더없이 유효하고 또 총독부와 군의 열망을 고려하여 영국과 미국 포로 각각 천 명씩을 조선에서 수용할 수 있도록 특별히 배려해줄 것을 요청함."

나아가 판결문은, 말레이에서 사로잡힌 약 천 명의 포로가 실제로 조선으로 끌려와 시가행진을 당한 경위를 언급하면서 다음과 같이 기록했다.

> 이타가키의 참모장은 이 일본 민족의 우월성 시위에 관하여 스

스로 대성공을 거두었다고 자평하며 자신의 소감을 기무라에게 보고하면서 다음과 같이 조선인 구경꾼의 말을 인용했다. "저 비실비실한 모습을 보니, 일본군에게 지는 것은 당연하겠구먼." 또 다른 조선인 구경꾼의 말도 다음과 같이 인용했다. "조선 청년이 황군의 일원으로 포로를 감시하고 있는 것을 보니 눈물이 날 정도로 기뻤다." 이타가키의 참모장은 "대중에게 영미 숭배 사상을 일소시키고 당면한 국내외 정세를 철저하게 인식시키는 데 있어서 다대한 효과를 거둔 것 같다"라는 의견을 기술하며 보고를 마무리했다.[16]

놀림감이 된 사람들은, 앞서 언급한 '남방에서의 포로 처리 요령의 건'에 따라 싱가포르에서 조선으로 보내진 포로들이었다. 식민지 사람들을 보다 투철한 황국신민으로 만들어내고 그들에게 일본의 우월성을 심어주기 위해서는, 연합군 병사인 백인 포로들의 나약한 모습을 식민지 사람들에게 노출시키고, 심지어 그 포로의 감시를 식민지 사람들에게 맡기는 것이 효과적이라는 생각을, 일본군은 가지고 있었던 것이다. 적어도 연합군은 그렇게 이해하고 있었다. 그리고 이타가키의 참모장 말이 사실이라면, 일본군은 그런 의도적 방침으로 조선인과 타이완인을 포로수용소 감시원으로 양성하여 "조선인과 타이완인이 경계 감시 업무를 수행함으로써 얻을 수 있는 사상적 효과를 도모하도록 지시"받았던 것이 분명하다.[17]

1942년 5월 15일, 포로정보국의 '포로 감시 경계를 위한 특수부대 편성 등에 관한 안'에 근거하여, 조선에서 즉시 그 요원을 모집했다. 모집을 위해 "식량은 정부에서 지급하고, 제복은 빌려주며, 정부의 주거 시설에 수용"하고, 월급은 50엔(전쟁 지역 근무자), 2년 계약이라는 조건이 제시되었다. 연령은 20~35세까지였으며 신분은 군인이 아닌 군무원이었다.

군무원이란, 군인은 아니지만 군에 속해 있는 공무원이다. 일본군의 군무원은 육군과 해군의 문관文官, 고원雇員, 용원傭員으로 구분되어 있었다. 포로수용소 감시 요원으로 모집된 조선인의 신분은 군대에 속한 용원이었다. 그들은 사령부나 군 사무실, 학교 등에 고용된 노동자라고 할 수 있었다. 그들 중에는 나중에 고원으로 승진한 사람도 있었다. 고원은 국가공무원에 준하여 육·해군의 공무에 복무하는 사람으로, 주로 하사관·판임관 이상의 업무를 대신 수행하기 위해 채용되었다고 한다.

어쨌든 그들에게 주어진 역할은, 군의 가장 말단에서 군의 임무를 보조하는 것이었다. 대본영大本營(태평양전쟁 당시 일본 천황 직속으로 육해군 전체를 통솔하던 최고 통수부)과 조선총독부가 "열화와 같이 끓어오르는 조선 동포의 충정"이나 "내선일여" 같은 문구로 선동하고, 신문은 이에 박자를 맞추어 요란하게 써대고 있었지만, 실상은 고작 군의 가장 말단에서 노동을 제공할 사람을 채용하는 것에 지나지 않았다.

백인 포로를 관리하는 이 군무원 모집 계획은 '대동아의 맹주'인 일본군의 '무적無敵'을 과시라도 하는 양 당시 『경성일보』 등의 신문을 통해 대대적으로 선전되었다. 나아가 면사무소 서기와 순사까지 동원되어 '지원자 몰이'가 자행되었다. 그 결과 군郡에 따라서는 경쟁률이 10 대 1이나 되는 곳도 있었다고 한다.

이런 식으로 1942년 6월 12일부터 15일 사이에 조선 각지에서 모집된 3,223명의 조선인 청년들이 포로수용소 감시 요원을 훈련시키는 부산의 '노구치野口 부대'에 입영했다. 그곳에서 그들을 기다리고 있었던 것은 피나는 군사 훈련과 조선의 민족 정신을 말살하는 황민화 교육이었다.

백인 포로들을 경성, 부산, 인천에서 시가행진시켰던 1942년 8월, 3천여 명의 조선인 청년들은 '육군 부산 서면西面 임시 군무원 교육대'(부대장 노구치 유즈루 육군 대령, 통칭 노구치 부대)에서 황군의 일원이 되기 위해 맹훈련을 받았다. 머지않아 배치될 남방에 버금갈 정도로 8월의 부산은 무더웠고, 이글거리는 태양은 틀림없이 조선 청년들의 몸을 검게 태웠으리라.

4. 탈출구 없는 청춘

젊은 지도자

가네미쓰 나리, 김동해는 1916년 황해도의 산간벽지에서 태어났다. 아홉 살 때 아버지를, 열여덟 살 때는 어머니마저 여의고 작은아버지 손에 자랐다. 보통학교를 졸업한 뒤에 교장 우보우치坪內의 적극적인 추천에 힘입어 농업학교에서 3년간 공부했다.

가난한 환경에서 성장했던 김동해에게 잠자리 문제를 해결할 수 있고 식사가 무료로 제공되는 농업학교는 실로 선택받은 환경이었다. 물론 성적도 좋았다고 한다. 농업학교를 졸업한 그는 농사시험장, 축산시험장, 견잠사繭蠶絲(누에고치를 원료로 실을 만드는 일)제조소, 임업시험장 같은 곳에서 3년 반 동안 일하며 공부했다. 이 과정을 통해 그는 한 사람의 훌륭한 농업 전문가로 성장했다. 그리고 그 후 황해도 도청 농무과農務課를 거쳐 연안延安(황해도 해주에서 동쪽으로 50킬로미터)군청에서 근무하게 된다.

연안군청에서 김동해가 맡은 업무는 '농·산·어촌 진흥 계획'(1933. 3)에 기반을 둔 농업 지도였다. 조선총독부 공무원조차 '이것이 인간의 삶이란 말인가' 하며 경악할 만큼, 당시 조선 농민의 삶은 생기라고는 찾아볼 수 없을 정도로 피폐해 있었다. 농민의 80%를 차지하는 소작농 중에는 겨울이면 벌써 식량이 바닥나서 보리 수확기까지 겨우 목숨을 이어가며 보릿고개를 넘어가는 봄철 기근, 이른바 '춘궁春窮 농가'도 많았다. 이 가난한 농민들은 딱딱한 소나무 껍질을 벗겨내 그 속의 연한 속껍질을 먹거나, 보리가 미처 익기도 전에 푸른 이삭을 뜯어 쪄서 말려 죽을 쑤어 먹으며 겨우 연명하는 비참한 상태였다.

이런 춘궁 농가는 오히려 조선의 곡창 지대인 남부 지역에 많았다. 조선 남부의 곡창 지대인 경기도·충청남북도·전라남북도·경상남북도 등 7개도의 소작농가 중 63.5%의 주민이 봄철 기근을 겪고 있었으며, 자작농가, 자소작 겸업농가를 포함한 전체 농가의 50.8%가 봄이 되면 먹을 것이 바닥난 상태였다.

김동해가 근무한 황해도는 조선 북부에 위치했지만, 봄철 기근은 남부 지역과 다를 바 없었다. 자작농가 4,159호의 12.2%, 자소작 겸업농가 22,017호의 34.0%, 소작농가 75,511호의 63.0%가 봄철 기근을 겪는 춘궁 농가였다.[18] 풀뿌리와 나무껍질로 허기를 달래거나 덜 익은 보리로 쑨 죽을 홀짝거리는 농민의 표정은 삶을 포기한 것처럼 어두웠고, 농촌은 극도로 황폐해져 있었다.

이런 농민의 비참한 모습을 직접 목격한 젊은 김동해는 열정으로 불타오르기 시작했다. 부족한 식량을 채우고, 가계 수입과 지출의 균형을 맞추고, 부채를 뿌리째 뽑아버리는 것을 목표로 삼은 '농가 갱생 계획'에 따라 한 집 한 집 일일이 방문하며 지도하고 다니던 그는, 침식도 잊은 채 조선 농촌의 '진흥'에 몰두했다.

조선총독부가 주도한 '농촌진흥운동'은, 사실상 농민의 노동력 동원과 식량 생산 증가를 통한 전쟁 협력 체제 확립을 목표로 조선 농민을 일본 침략 전쟁에 전면적으로 동원하려는 배경을 가진 것이었다. 하지만 굶주림과 지독한 가난에 허덕이는 조선 농민의 절망적인 모습은, 농업 지도원으로서 김동해의 책임감을 강하게 자극하여 바삐 움직이게 만들었다. '전쟁 협력 체제'를 만들어내기 위해서가 아니라, 자신의 눈앞에서 절망적인 가난에 허덕이는 농민에게 웃음을 되찾아주고 싶었던 그는 이 마을 저 마을을 부지런히 돌아다녔다.

가난에 허덕이는 마을

1916년에 태어난 김동해는 '산미증식계획'(1920. 12)이 수립된 진정한 내막을 알 수 없었을 것이다. 1918년의 '도야마 쌀폭동'[19]에 당황한 일본 정부는, 일본 국내에 쌀을 보급하기 위해 조선에서 토지 개량과 경작 방법 개선 등을 통해 쌀 생산을 늘려 그 쌀을 일본으로 반출한다는 계획을 세웠다. 토지 개량, 개량 품종의 파종, 비료 사용 등으로 생산량은 확실히 증가했다. 산미증식계획을 실시하기 전 5년간(1915~1919)의 평균 생산량을 100으로 보았을 때, 실시 후 4년간(1930~1933)의 평균 생산량은 127로 늘어났다.

이 계획은 원래 "일본제국의 식량 문제 해결에 기여하고자" 입안된 것이었으므로, 증산된 쌀은 전량 일본으로 반출하여 조선에는 실질적 증산 효과가 없을 것이라고 예상되긴 했지만, 실제로는 일본이 조선에서 가져간 쌀이 조선의 쌀 생산 증가량을 훨씬 웃돌 정도였다. 이전에 조선 사람들이 먹었을 쌀조차 일본 사람들이 빼앗아 먹는 꼴이 되었다.

조선의 쌀 반출량은 산미증식계획 이전(1915~1919)을 100으로 보았을 때, 계획 실시 이후 4년간(1930~1933) 327로 증가했다. 이는 결과적으로 조선인 일인당 쌀 소비량 감소를 초래했다. 산미증식계획이 실시된 1920년 조선인 일인당 쌀 소비량은 0.612섬이었는데, 1932년에는 0.398섬까지 줄어들었다. 산미증식계획이 실시된 12년 동안 거의 절반 수준으로 감소한 것이다.

조선 농민은 쌀을 생산해도 먹을 수 없었을 뿐만 아니라, 쌀농사를 지으면 지을수록 빚만 늘어나는 꼴이 되었다. 개량 품종을 경작하면 종자 값, 비료 값이 더해지고, 농기구 값, 수리 사업 부담금, 세금 등으로 현금이 필요해진다. 하지만 쌀값은 이 경비를 충당할 만큼 오르지 않았다. 오르기는커녕 일본 국내의 쌀값 하락(1930년 풍년 기근), 쇼와공황[20]의 발생, 1932년 9월 8일의 미곡법 개정에 따른 조선 쌀과 타이완 쌀의 수입 등이 겹치면서 오히려 쌀값이 폭락했다. "벼 한 섬(현미로 치면 약 반 섬)이 이전에는 7, 8엔 하던 것이 5엔이라는 형편없는 가격"으로 하락하여, 수리조합비를 현금으로 납부할 수 없었던 농민들이 현물 납부를 인정해달라고 집단으로 진정을 벌이기도 했다.[21]

산미증식계획의 또 하나의 선전구호였던 '조선에서의 쌀 수요 증가에 대비하고 농가 경제 향상을 도모한다'는 목표는 달성할 수 없었다. 그리고 마침내 1934년, 이 계획에 따라 실시해왔던 토지개량 사업이 중지되었다.

조선총독부 관리들마저 동정심을 느낄 정도로 가난이 극에 달한 조선 농민들의 살림살이는, 청년 김동해에게 크나큰 충격을 안겨주었다. 그는 농민의 살림살이가 조금이라도 개선되리라는 염원으로 자신의 일에 몰두했다. 이런 그의 근무 태도는 본의 아니게 농촌진흥운동을 권장하고 있던 조선총독부의 의도에 부응하는 꼴이 되었다.

농업보국청년대

황해도청 농무과에 근무하고 있던 김동해는 1940년에 일본에 갈 수 있는 기회를 얻게 된다. "일본 본토에서 후방인 농촌은 젊은 남자들을 전쟁터에 내보냈지만 나머지 집안사람들이 합심하여 부지런히 일한 덕분에 생산력은 이전에 비해 결코 떨어지지 않는다. 조선 청년들이 국가의 부름에 응한 군인 가족의 이 용감하고 활기찬 생활을 도와주고 동시에 선진 농업을 몸소 체험한다면, 이는 그들에게 생생한 배움의 기회가 될 것이다"라는 이유로, 조선총독부 총독인 미나미 지로南次郎 대장의 출신지인 규슈九州에 '농업보국청년대農業報國青年隊'를 파견했다.[22] 김동해는 바로 그 멤버로 선발되었다.

일본은 중일전쟁이 발발함에 따라 대륙 병참 전진기지로 삼을 식민지 조선의 농업에 특별한 관심을 쏟았다. 그래서 김동해 같은 젊은 농업 지도자가 앞장서서 농촌의 진흥과 개발을 이끌어주기를 기대하고 있었다. 조선흥업회朝鮮興業會가 창설된 것도 이 무렵이며, 쌀 다수확 경진대회, 가마니 증산 경진회, 농촌 청년 일인일一人一연구회 같은 것이 잇달아 실시되었다. 그 일환으로서 '농업보국청년대'도 선진 지역 농업 견학을 위해 조직되었다.

김동해는 농업보국청년대의 일원으로 규슈를 비롯하여 오사카, 교토, 나라 등지를 둘러보았다. 또 야스쿠니신사도 참배했다. 이 여행은 그에게 당연히 생애 최초의 해외여행이었다. 더구나 엄격한 과정을 거쳐 선발되었다는 청년의 자부심(조선 전체에서 136명)과 비용 150엔을 모두 총독부에서 부담했다는 사실 때문인지, 여행의 추억은 백발이 성성한 지금까지도 김동해의 마음에 강하게 아로새겨졌다.

> "그러니까, 당시에는 완장조차 조선총독부라는 글씨가 새겨진 것을 차고 있었으니까요. 기리시마霧島신사에 올라가자 바로 거기에 다카치호高千穗 산봉우리[23]가 있었죠. 그 산봉우리 정상에 올라가보지 않으면 일본 역사를 알 수 없다고들 해서 우리 일행도 올라갔던 것이죠. 정상에 올라가서 기미가요와 만세 삼창을 함께 불렀을 때… 뭐랄까, 감개무량하다고나 할까, 그런 기분이 들었죠. 왜냐하면 우리는 그런 교육을 계속 받아왔었으니까요."

일제 식민지 치하의 조선에는 김동해와 같은 생각을 가진 청년들이 많이 있었을 것이다. 전쟁은 병참 기지로서 식민지 조선의 위치를 한층 중요하게 만들었기 때문에, '내선일체'라는 미명하에 황민화 정책이 강력하게 추진되고 있었다. 결국 나중에 전쟁터에서 일본군과 일본 제국주의의 본질을 깨닫게 되었지만, 당시 아직 순박한 '애국 청년'에 불과했던 그는 아무런 망설임도 없이 군무원 모집에 응하게 된다.

'잠자는 호랑이.' 일본인들은 조선 북부 지역 사람들을 이렇게 불렀다고 한다. 항일운동이 강하게 뿌리박고 있고 "위험한 사상을 가진 자"가 많다고 하여 식민지 지배자들도 두려워했다. 김동해는 바로 이 잠자는 호랑이의 땅에서 군무원에 응모했다. 북부 지역에서는 도道마다 선발할 수 있는 인원이 다섯 명 정도뿐이었기 때문에, 당연히 경쟁률이 높았다. 위험을 방지하기 위해 군수 정도의 지위를 가진 인물의 추천이 요구되었다고도 한다. 그는 군수의 추천을 받은 모범 청년으로 신체검사와 면접시험을 무난히 통과하고 당당하게 노구치 부대에 입대했다.

"일본 농업 시찰에서 돌아온 뒤, 나는 점점 군대에 가고 싶다는 생각을 하게 되었어요. 전쟁터에 나갔다가 잠시 휴가 나온 지원병들이 멋있어 보이기도 하고, 주변에는 물론 일본 통치에 반감을 품고 있는 사람도 있기는 했지만 대부분의 사람들은 군인이 되라고 권했어요. 부모 형제도 없는 홀몸이었고, 또 나는 지도자라는 생각도 있었던 거죠. 게다가 남방에 대한 동경도 품고 있었지요. 남방으로 가서 내가 배운 농업·축산 기술을 살려보고 싶다는 욕망도 있었어요."

'남방'이란 이름의 비상구

조선 청년들에게 당시는 앞이 꽉 막혀 출구가 보이지 않는 답답한 시대였다. 민족의식은 빼앗겨버렸고, 조선 땅에서 일본 제국주의에 대한 모든 저항운동은 탄압을 받았다. 중일전쟁이 시작된 해부터는 식민지 조선 사람들에게도 '황국신민의 서사誓詞'와 '신사 참배'가 강요되었다. 또한 이듬해인 1938년에는 학교에서 조선어 사용이 금지되었다. 1939년에는 창씨개명이 공포되었고(1940년 실시), 9월부터는 매월 1일을 '흥아봉공일興亞奉公日'[24]로 정했다. 또 신사 참배, 국기 게양 행사가 강화 시행되었고, 국민 징용령이 시행되어 조선인 노무자의 강제 연행이 시작되었는가 하면, 국민복과 전투모의 착용도 강요되었다.

1940년 10월에 발족한 '국민총력운동'은 꽉 막힌 느낌을 더욱 심화시켰다. 천황제 국가의 취지에 따라 신하의 도리를 실천하고 맡은 바 업무를 받들어 행함으로써 "일본제국의 국방국가國防國家 체제 고양"을 확립한다는 목표를 위해 실시된 이 운동은, 총독 정치와 표리일체가 되어 강력하게 추진되었다. 실천 요강에 나열된 실천 사항만 보아도 전후좌우를 막론하고 숨 막힐 듯한 전쟁 직전의 조선 상황을 짐작할 수 있다.

아침마다의 궁성요배宮城遙拜, 신사 참배, 정오의 묵념, 국기 게양, 황국신민의 서사 낭독, 일본어 보급, 일본 본토와 조선의 풍습 융합, 단결 강화, 책임 완수, 능률 증진, 직능 발휘, 업무의 즉시 처리, 무위도식의 배격, 근검절약 생활 강행, 국민복 보급 등과 방공防共, 방첩防諜, 방공防空, 방화防火, 방범防犯, 후방 원호 강화, 정례회의 엄수 등, 각종 실천 사항이 세밀하게 나열되어 있다. 이 실천 사항은 지역과 직장에서 결성된 애국반愛國班을 통해 실행에 옮겨졌다.

1941년 4월 현재, 정町·동洞·리里 등 지역사회에 조직된 애국반의 수는 약 40만 개 정도였고, 여기 가입한 인원은 약 657만 명 정도였다고 한다. 이 인원은 대표 격인 세대주를 가지고 계산한 것이기 때문에, 사실상 조선 주민 전부가 애국반에 가입해 있었다고 해도 틀림없을 것이다. 여기에 더해 '국민총력 농산촌 생산보국 실천요강', '국민총력 상공업지도 조직요강', '국민총력 광산연맹 조직요강', '국민총력 수산보국운동 지도요강' 등에 따라 각 직장에도 애국반이 조직되었다. 조선인들을 가정과 직장 양쪽에서 애국반으로 얽어매는 교묘한 장치가 만들어졌던 것이다.

민족의식을 빼앗고, 말을 빼앗고, 마침내 성과 이름마저 빼앗아버린 일본 제국주의에 '협력'하지 않으면 조선에서는 숨이 막혀 죽어버리게 되어 있었다. 가난에 허덕이며 징병과 노무 동원의 두려움에 떨고, 민족을 억압하는 암울한 폐쇄감에 신음하면서, 더러는 '남방'이라는 이미지가 주는 해방감을 동경하여 조선 청년들은 군무원에 응모하고 지원했던 것이다.

5. 무궁화꽃들

월급 50엔의 매력

조선은 근역槿域(무궁화가 많은 곳)이라는 운치 있는 이름으로 불리기도 한다. 『고금기古今記』라는 책에는 조선이 "군자의 나라, 땅의 넓이는 천리, 무궁화가 많다"라고 소개되어 있다. '근槿'이란 무궁화를 이르는 말이다. 봄부터 가을까지 붉고 흰 다섯 쪽 꽃잎이 아침에 활짝(朝鮮) 피었다가 저녁에 오므라든다. 꽃은 지고 또 지지만, 끈질기게 새로운 꽃을 피워낸다.

> 무궁화 무궁화
> 우리나라 꽃
> 삼천리강산에
> 우리나라 꽃

삼천리 금수강산, 그 동남쪽 끝에 위치한 부산은 배가 드나들기 좋은 천연의 항구로 일본에서 가장 가까운 도시이다. 1914년 이곳에는 이미 일본인 2만 8천여 명이 정착하여 살고 있었다. 그 숫자는 2만 7천 명에 조금 못 미쳤던 조선인 거주자를 상회하는 수준이었다.

1942년 6월 중순, 태백산에서 발원한 낙동강이 대한해협과 만나는 이 부산 거리에, 군무원 채용시험에 합격한 3천여 명의 싱싱한 무궁화꽃들이 조선 각지로부터 모여들었다. 이 무궁화꽃들 중 일부는 머지않아 봉선화처럼 붉게 타올라 몸속에서 끓어오르는 피를 폭발시키게 된다.

포로수용소 감시요원으로 근무할 하급 직원인 군무원에 응모한 조선 사람들의 동기는 저마다 각양각색이었다. 김동해처럼 황민화 교육을 통해 일정 수준의 지도층으로 육성되어 '나라를 위해'라는 의식을 지니고 솔직하게 그것을 드러내는 사람도 있었다. 물론 김동해가 청년으로 성장하여 생업을 지니게 될 즈음이었던 1930년대 식민지 조선의 암담한 상황을 무시한 채, 단순히 그의 황민의식만 부각시키는 것은 위험한 일이리라.

충청남도의 가난한 농가에서 자란 김철수金喆洙의 경우, 직무가 무엇이든 전쟁 지역 수당을 포함한 월 50엔의 급료는 거부할 수 없을 정도로 매력적이었다고 말한다. '포로수용소 고용원 급여에 관한 건'(1942. 5. 20. 陸亞密 495)은 다음과 같이 정하고 있었다.

> 부관이 조선군, 타이완군에 보낸 통첩
>
> 포로의 감시를 맡게 될 하급 용원의 급여는 다음과 같이 정한다.
>
> 1. 식량은 정부에서 지급하고 제복은 빌려주며 정부의 주거 시

설에 수용한다. 급료는 전시戰時 추가분을 포함한 월급으로 하고, 초임자의 월급은 일률적으로 조선과 타이완에서 근무하는 자는 30엔, 전쟁 지역에 근무하는 자는 50엔으로 한다.

2. 기타 급여는 모두 해당 지역에서 근무하는 하급 고용원과 동일하다. 다만 잔업과 야식 비용은 지급하지 않는다.

3. 승급 기타에 관해서는 이후 별도로 지시한다.

이상의 내용에 따라 모집을 실시하도록 할 것.

김철수는 7명의 형제를 포함해 가족이 14명이나 되었다. 당연히 집안 살림이 쪼들려 심한 가난에 허덕이고 있었다. 장남은 돈 벌러 집을 떠나 만주로 갔다. 그가 농업학교에 진학할 무렵 공교롭게도 아버지가 돌아가셔서, 그는 진학을 포기하고 면사무소 사환으로 일하게 되었다. 사환 월급은 24엔이었다. 출퇴근 자전거는 산길에서 자주 펑크가 났다. 도시락과 의복 비용, 가족의 생활 보조금 등을 빼고 나면 실제로 자신이 마음대로 쓸 수 있는 돈은 겨우 4엔 정도에 불과했다. 당시 일본에서는 식품공장에서 일하는 공장 노동자의 하루 품삯이 1엔 99전(1941)으로 한 달에 25일을 근무할 경우 약 50엔을 벌던 시절이다.

조선에서는 '식민지적 저임금'이라고 할 수밖에 없는 일본인과의 임금 격차가 있었다. 일본인 남자 공장 노동자가 하루 품삯 1엔 88전을 받던 1937년에, 조선인 남자 공장 노동자의 하루 품삯은 고작 95전에 불과했다. 나이 어린 공장 노동자의 경우, 일본인은 85전인데 조선인은 42전이었다. 면사무소 사환으로서 받았던 김철수의 월

급은 1937년 조선인 남자 공장 노동자가 받는 한 달 수입과 거의 같은 액수였던 셈이다.[25]

이처럼 어려운 형편에 놓여 있던 무렵, 면사무소로 군무원 모집 통지가 내려왔다. 입대와 동시에 의식주가 제공되고, 거기에 월급 30엔을 받을 수 있다. 더욱이 전쟁 지역으로 가면 액수는 50엔으로 늘어난다. 2년을 근무하고 나면 하다못해 순사 수준의 공무원으로 뽑아준다고 했다.

그는 두말없이 응모했다. 그러나 응모자가 면에 배정된 모집 인원 30명에 미달되자, 부족한 인원을 채우기 위해 적령기 청년들을 반강제적으로 응모하게 만들었다. 김철수의 어머니와 형제들은 비록 군무원이라 해도 전쟁터로 가는 것은 군인과 다름없다며 그만두라고 말렸지만, 그는 가족을 위한다는 생각으로 만류를 뿌리치고 응모하여 군무원으로 채용되었다.

이후 그는 인도네시아에서 몇 차례 승급을 거듭해 월 80엔 이상의 돈을 고향의 가족에게 송금할 수 있었다. 당시 면장面長 월급이 55엔이었기 때문에, 이 액수는 면에서 화젯거리가 되었다고 한다. 그런 그의 이야기에 자극을 받았던 것일까? 그 후 이 면에서 군무원이나 군의 인부로 남방에 간 이가 꽤 있었던 모양이다. 그러나 그들 중 아직까지 돌아오지 않은 사람이 대여섯 명이나 된다고 한다.

강요된 지원

군무원 모집은 자발적 지원을 명분으로 내세웠지만, 실제로는 뭔가 이유를 달아서 강제 또는 반강제적으로 전쟁 지역으로 보낸 경우도 상당히 많았다.

경기도 시흥군에 살고 있던 정은석은 한창 일할 나이의 대장부다운 풍모를 지닌 청년이었다. 아버지는 큰 건축자재 상점을 운영했으며, 그는 집안의 장남으로 경방단警防團(일제 말기에 치안 강화를 위해 소방대와 방호단을 통합한 단체)과 청년단靑年團에서 활동하고 있었다.

정은석은 스물두 살 때인 1941년 10월, '지원병' 배정 통지를 받았다. '지원'인데 '배정'이라는 묘한 이야기였지만, "조선 동포의 참된 정성"을 증거로 내세우기 위해서는 좌우지간 앞뒤가 안 맞는 조작조차 필요했을 것이다. 이것이 지원자 62.5배라는 숫자에 숨겨진 현실이었다.

정은석은 마음이 복잡했지만 일단 지원병에 응모하여 신체검사와 필기시험을 통과했다. 그리고 마지막 과정으로 경기도 경찰서장의 면접을 보았다. 서장은 그에게 지원 의사를 확인했다.

"자네는 정말 자신의 의사에 따라 지원했는가?"

"네."

"정말 그런 거지?"

"네. 정말 그렇습니다."

"자네 부모도 승낙했겠지?"

이 마지막 질문에서 그는 마음이 흔들렸다.

"그다지 승낙하는 편은 아닙니다."

서장은 "좋아, 돌아가"라고 한마디만 했다. 결국 그는 지원병으로 채용되지 못했다.

그 후 그는 심한 중압감에 시달렸다. 아버지 가게에 자주 얼굴을 비치는 면의 경찰관은 자신의 체면이 깎였다고 생각한 것인지, 그를 만나도 싸늘한 눈길로 대할 뿐 말 한마디 붙일 틈을 주지 않았다. 그리고 알게 모르게 그를 괴롭히기 시작했다.

다음 해, 이번에는 면에서 군무원 모집 배정 통지가 왔다. 청년 정은석은 이제 도망칠 수 없었다. 이미 지난번 지원병 모집 때 신체검사와 필기시험을 통과했기 때문에, 이번에는 시험을 면제받는 형식으로 군무원에 강제로 응모하게 되었다. 면사무소에 발표를 보러 갔더니 그의 이름이 맨 앞에 적혀 있었다.

> "멍하니 정신없이 어디를 어떻게 걸어서 돌아왔는지 저 자신도 전혀 기억이 안 나요. 그러나 온돌방에서 거울을 들여다보았더니 제 얼굴이 창백했던 것은 지금도 기억이 나네요. 군무원은 지원이라고는 하지만, 우리 면에서는 위에서 몇 사람이 필요하다고 하자 거기에 따라 어쩔 수 없이 배정 통지를 한 것이 실제 내막이었지요. 인간 공출과 조금도 다를 게 없어요."

정은석이 체험하고 느꼈던 것처럼, 많은 조선인들은 명목만 지원일 뿐 사실상 '징용'이었다고 당시 상황을 회상하고 있다.

절망 속의 선택

9월 초였지만 서울의 여관방 온돌은 벌써 따뜻하게 데워져 있었다. 두 평이 채 안 되는 화장실 옆 작은 방의 누런 장판 위에, 마치 감옥 창살을 연상시키는 바둑판 모양의 창을 통해 들어온 가을날 아침 햇살이 볕을 드리웠다.

온돌의 따뜻함에 나른해진 우리가 골목 안을 누비는 행상이 목청껏 외쳐대는 소리를 들으면서 깜박깜박 졸고 있을 때, 박창원朴昶遠 씨가 불쑥 나타났다. 비좁은 여관방에서 배와 군밤을 먹어가면서, 박창원 씨는 군무원으로 끌려간 뒤의 운명과 그의 젊은 피를 들끓게 만들었던 고려독립청년당의 이야기를 장장 몇 시간에 걸쳐 들려주었다.

1921년 경성에서 태어난 그는 천천히 그리고 조용조용, 한마디 한마디를 음미하는 듯한 말투로 당시 이야기를 풀어놓았다. 때로는 오랫동안 사용하지 않았던 일본말이 생각나지 않아서 미안하다는 듯이 얼굴을 찡그리기도 했지만, 죄송하게 생각해야 할 쪽은 우리였기에 일본말로 이야기할 때 그가 느끼는 마음의 고통을 통감하지 않을 수 없었다.

박창원은 중학교 2학년을 중퇴하고 집에서 가업인 농사일을 돕고 있었다. 당시는 '내선일체'라는 구호에 호응하여 지원병 제도가 조선 청년들을 전쟁으로 끌어들이고 있었다. 물론 젊은 사람들 중 대다수는 전쟁에 참가하는 것을 싫어했지만, 학교의 동창회 명부 같은 것을 이용하여 경찰관이 직접 집으로 찾아와 지원을 권유하곤 했다. 그의 집에도 경찰관이 찾아왔다. 그는 지원병이 되기 싫어 일부러 여행을 떠나기까지 했지만, 어느 날 무심코 집에 들렀다가 운 나쁘게 경찰관의 눈에 띄고 말았다.

"군대가 아니라 군무원이야. 그러니까 꼭 가주게."

경찰관은 거의 강제적으로 권했다고 한다. 박창원도 지원병으로

가기보다는 후방 근무 2년이라는 조건이 나을 듯해서 응하게 되었다. 하지만 노구치 부대에서 받았던 훈련은 완전한 신병 교육이었다. 그때의 지독한 교육은 도저히 말로 표현할 수 없다고, 그는 몇 번이나 거듭 강조했다.

서울에 살고 있는 옛 조선인 군무원들은 아직도 자주 만나며 친분을 나누고 있다. 자그마한 체구의 최기전崔基銓 씨는 독실한 기독교인이다. 일제하 조선에서 기독교도는 철저한 탄압을 받았다. 1931년 조선총독부는 조선 사람들에게 신사 참배를 강요했다. 그리고 1937년에는 여기에 따르지 않는 사람들을 불경죄로 걸어서 문제 삼았다. 기독교인 50만 명 가운데 수천 명이 검거되었고, 그중 50여 명이 감옥에서 죽었다고 한다. 최 씨가 기독교인이었던 것과 군무원이 된 일은 연관이 있다.

그는 전라북도 전주에 있던 미국 남부 장로회파의 미션 스쿨인 전주 신흥학교에서 공부하고 있었다. 이 학교는 조선인 학생만 다니는 학교였는데, 신사 참배 문제로 1937년에 폐교되었다. 그는 어린 시절부터 기독교인이었기에 신사 참배는 당연히 반대였다. 다니던 학교가 폐교되었지만, 다른 학교로 전학하는 것을 거부하고 아버지의 한약방에서 일을 거들며 시간을 보내고 있었다.

하지만 징용으로 언제 어디로 끌려갈지 모르는 불안한 나날이었다. 군대에 잡혀갈 수도 있다는 두려움이 늘 그를 압박했다. 일도 손에 잡히지 않는 가운데, 그는 한 가지 결심을 굳혔다.

'차라리 2년 기한 조건에 급여도 좋은 군무원으로 남방에 가는 거야.'

최기전의 미션 스쿨 은사였던 미국인 선교사들은 모두 조선에서 추방되고 없었다. 남방에서 포로수용소 감시원이라도 하다 보면 행여 추방된 선교사들을 만날 수도 있지 않을까? 그런 막연한 기대도 마음에 품었다. 그는 노구치 부대에 입대할 때 가지고 갔던 일본어 번역판 『괴테 시집』과 조선어 『성서』를 1947년 귀국할 때까지 잠시도 몸에서 떼어놓지 않고 지니고 다녔다.

군무원으로 '지원'한 조선 사람들에게는 각자 저마다의 동기가 있었을 것이다. 하지만 그들의 선택은 개인의 의사가 존중되는 자유로운 상태에서 이루어진 것이 아니었다. 일본 제국주의 치하의 가난, 탄압, 억압, 전쟁터로 내몰림, 황민화 교육 등 어찌해볼 수 없는 강요된 상황 속에서 '대일본제국 육군 조선인 군무원'이 탄생했던 것이다.

6. 노구치 부대의 맹훈련

마주 보고 뺨 때리기

"너희는 조선인이다. 지금부터 훌륭한 일본인으로 만들어주겠다."

포로수용소 감시 임무를 담당할 3천여 명의 군무원들은 1942년 6월 12일부터 4일 동안 노구치 부대에 전원 입영했다. 이곳은 부산 교외인 서면西面의 육군 막사. 함경남북도, 평안남북도 4개도를 제외한 전국 각지에서 모여든 20~35살의 청년들은 '지원'의 동기야 무엇이었든 신체 건장하고 사상적으로도 '양호'한 엄선된 사람들이었다.

'조선총독부 육군병 지원자 훈련소 생도 채용 규칙'(1938. 4. 2. 조선총독부령 71. 개정 1940년 조선총독부령 157, 1941년 조선총독부령 265)에 따르면, 다음의 조건을 갖춘 자 중에서 관할 도지사가 추천한 자를 선발 채용한다고 되어 있다.

1. 연령 17세 이상인 자
2. 키 155센티미터 이상으로, 육군 신체검사 규칙에서 정하고 있는 체격 등급 갑종 또는 제1을종에 해당하는 자

3. 사상이 확고하고 신체 건강하며 아울러 정신에 이상이 없는 자
4. 4년제 소학교를 졸업한 자 또는 그와 동등한 수준 이상의 학력을 가진 자
5. 품행이 반듯하고 금고禁錮 이상의 형刑을 받은 일이 없는 자
6. 훈련소 및 근무 중 가족의 생계 및 살림살이에 지장이 없는 자

이런 조건에 맞는 자가 원서를 제출하면, 도지사가 신체검사, 면접시험, 학과시험을 시행하고 군에 추천한다. 그리고 군은 최종적으로 다시 한 번 신체검사를 실시하여 채용 여부를 결정했다.

군무원 채용에 관한 규칙은 생각건대 틀림없이 이 육군병 지원자 훈련소 채용 규정을 기준으로 삼았을 것이다. 단지 군무원의 경우 연령을 20~35세로 정했다. 3천여 명에 이르는 군무원들은 대부분 중학교 졸업자 및 중퇴자였고, 개중에는 전문학교 졸업자와 대학 졸업자도 있었다. 당시 교관으로 근무했던 어느 일본인은 "중학교 졸업 이상의 우수한 청년들이 많았고 근무를 마친 2년 뒤에는 지도자가 될 사람들이라는 말을 상관으로부터 들은 적이 있다"고 했다.

'부산 서면 임시 군무원 교육대'(노구치 부대)에서 실시하는 훈련은 원래 세 달로 예정되어 있었다. 그러나 6월 5일 미드웨이 해전이 발생했고, 이 해전에서 일본이 패하자 7월 1일 대본영은 남태평양 진격 작전을 중지하기로 결정했다. 그리고 8월 7일에는 미군 해병 1개 사단이 솔로몬 제도의 투라기, 과달카날Guadalcanal섬에 상륙하는 등 전

쟁 상황이 매우 빨리 악화되었기 때문에, 훈련을 두 달로 단축하고 부족한 훈련은 근무지에서 실제 훈련으로 보충하도록 결정되었다.

조선인 군무원들의 공통된 지적은, 자신들이 담당할 임무는 포로수용소 감시원이라는 후방 업무였는데 실제로 받은 훈련은 완전히 신병 교육이었다는 점이다. 이 예상 밖의 훈련에 그들은 심한 충격을 받았던 것 같다. 그들 중 한 사람은 자신의 수기에 당시 상황을 다음과 같이 썼다.

> 우선 우리는 처음에 선서식을 했는데, 각자 『군무원독본軍屬讀法』(여기에는 '상관의 명령은 내용에 관계없이 바로 복종할 것'과 같은 구절도 있었다)을 확실히 준수할 것을 선서한다는 요지의 서명 날인을 해야 했다. 또 군인과 마찬가지로 군인칙유軍人勅諭와 전진훈을 중심으로 한, 특히 군대 규율에 중점을 둔 매우 엄격하고 편협한 훈련과 대우를 받았다. "너희는 조선인이다. 지금부터 훌륭한 일본인으로 만들어주겠다", "군인 정신이 부족하다"라는 말을 자주 들었고, 매일 두세 차례 뺨을 맞는 것은 보통이었다. 군화의 손질 상태가 불량하다며 군화 밑바닥을 혀로 핥도록 강요했고, 병기 손질이 잘 안 되어 있다고 받들어총 자세를 취한 채 몇 십 분 동안 부동자세로 서 있게 했다. 그 밖에 우리가 가장 싫어한 것은 서로 마주 보며 뺨 때리기였다. 이것은 두 사람이 서로 마주 보고 서서 상대방의 뺨을 때리는 기합이다. 처음에는 서로 가볍게 때리지만, 옆에서 지켜보던 담임 상등병이 시범을 보이겠다며 힘껏 때리면 어쩔 수 없이 서로 아무런 미움이나

증오의 감정도 없는 사람들이 상대방의 뺨이 부풀어 오를 때까지 때리게 된다. (…) **포로를 감시해야 할 우리에게 포로 취급 규정은 가르치지 않고**, 이런 일들이 매일같이 반복되었다. 이 혹독한 사적 제재, 특히 빰 때리기는, 민족적 편견을 떠나 일본 군대에서 전통적으로 행해지는 하나의 교육 방법이었다. 특별히 나를 담당했던 상관을 비난하려는 것이 아니라, 이런 분위기를 가진 일본 군대 바로 그 조직 속에서 교육 훈련을 받았다는 점을 말해두고 싶다.(이학래, 「나의 수기」, 강조—인용자)

군인칙유와 전진훈

일본인 중에는 이들과 약간 다른 증언을 하는 사람도 있다. 전 싱가포르 포로수용소 직원으로 부산 교육대에서 교관을 했던 육군 대위 후쿠다 쓰네오福田恒夫는 "교육과 관련해서 포로 취급 규정의 대략적인 취지를 가르쳤고, 감시에 필요한 기초 훈련이 있었던 것은 당연한 일"이라고 말한다. 또 교육대 대장인 노구치 유즈루野口讓는 당시의 교육 내용을 다음과 같이 총괄하고 있다.

이 교육은 군대에서 신병에게 2달 동안 실시하는 기본 교육과 같은 요령으로 실시했다. 특별히 강조한 것을 몇 가지 예로 들어보면,

1. 입대 시 선서식을 행하여 각자 『군무원독본』(특히 군대의 규율에 복종할 것)을 확실히 준수할 것을 다짐하는 취지의 서명 날인을 하도록 한다.

2. 정신 교육으로는 군인과 마찬가지로 군인칙유와 전진훈을 핵심 사항으로 가르친다.

3. 기술 병과는 특히 군율 훈련에 중점을 두어 교육한다.[26]

노구치 대장의 말을 봐도, 군무원 교육은 군에서 행하는 신병 교육과 거의 비슷했다는 것을 알 수 있다. 그래서 설령 포로 취급에 관한 교육이 이루어졌다 해도 군무원들의 기억에 남을 만한 게 없었던 것이다. 가장 비중을 두고 적극적으로 교육을 실시한 것은 '군인칙유'와 '전진훈'이었다 해도 지나친 말이 아닐 것이다. 정신 교육 면에서는, 오히려 포로를 상대로 우월의식을 갖도록 가르치고 있었다고 할 수 있다. 이는 앞에서 살펴본 조선군 사령관 이타가키 세이시로板垣征四郎의 참모장이 한 말에서도 엿볼 수 있다. "백인이 항상 가지고 있는 민족 우월감과 그 결과로 초래되는 동양인 멸시에 대한 의연한 민족의식 함양", "조선인으로 하여금 대동아전쟁에 황군의 일부로 참가하는 영광을 누리게 한다"는 것이, 군무원 교육과 포로 감시 임무를 맡기는 목표였다고 당시의 상관들은 증언하고 있다.

군무원 3천여 명은 가·나·다·라 4개의 특별 부대로 나누어졌다. '가' 부대는 다시 14개 소대로, '나' 부대는 7개 소대로, '다' 부대는 8개 소대로, '라' 부대는 4개 소대로 편성되었다. 소대 밑에는 약 30명 단위로 이루어진 분대가 편성되었다. 교관은 조선에 주둔하는 모든 일본군을 대상으로 모집한 육군 예비역 장교, 하사관들이 맡았다. 소대장에는 위관급, 분대장에는 중사(軍曹)와 상사(曹長)가 배치되었고, 각 분대에서는 두세 명의 병사가 조교 역할을 맡았다. 약 150명 정도의 일본군이 조선인 군무원 3천여 명의 훈련을 담당하고 있었다. 조교 역할을 담당한 병사를 제외한 교관들 대부분이 군무원들과 함께 남방으로 파견되어 포로수용소에서도 함께 근무하게 되었다.

이 교육대는 부대가 모두 신참으로 편성되어 있었기 때문에, 흔히 말하는 고참 병사에 의한 신참 병사 괴롭히기 같은 일은 없었다. 하지만 난생 처음 군대 교육을 접한 조선인에게는 "생각조차 하기 싫은" 정도의 체험이었다고 한다. 조선말 사용이 금지된 것은 말할 필요조차 없다. 일본말마저도 특별한 군대 용어가 주입되어, 그런 표현을 못하겠다든가 말하기 까다롭다고 하면 얻어맞았다. 군무원이라는 명칭에 이끌려 지원한 자신의 어수룩함에 스스로 이를 갈았던 사람도 한둘이 아니었다. 일본 군대에 들어와 비로소 일본군에게 배신당했다는 것을 깨달은 사람도 많았다.

일본군 '병사'의 탄생

소설가 시바 료타로司馬遼太郎의 『길을 가다—한국 기행(街道をゆく—韓のくに紀行)』에는 부산 서면에 있는 육군 막사 이야기가 나온다. 전차병이었던 그가 부산 역에서 서면의 육군 막사까지 전차를 몰고 갔던 이야기다. 이곳이 군무원 교육에도 사용되었던 것일까?

군무원들의 숙소는 조잡한 임시 가건물이었다고 하는데, 그 임시 가건물에는 2개 소대에 1개 분대를 합하여 모두 180명의 조선인이 수용되었다. 또 소대장, 분대장이 이곳에서 조선인 군무원과 침식을 함께 하면서 감시 분위기를 조성하고 있었다. 기독교인이었던 최기전은 "탈주하면 군법회의감이다"라는 말을 자주 들었다. 그러나 훈련용 헌옷 한 벌과 군화 한 켤레만이 지급되었는데, 그 군화로 말하자면 발에 맞지 않아서 '군화에 발을 맞추라'는 식이어서 신발 끝부분을 잘라내 억지로 신고 있는 사람마저 있는 형편이라, 너무나 비참한 나머지 탈주는 생각조차 할 수 없었다. 말 그대로 '거지 부대'라 해도 좋을 정도였다. 몸집이 작았던 최기전에게 훈련은 고되었지만, 탈주하고 싶은 생각은 없었다고 한다. 훈련 기간 동안 외출은 완전히 금지되었기 때문에, 한 가닥 재미라고는 면회밖에 없었다.

그들은 군무원이었지만 총을 다루는 법, 사격, 총검술, 소대·분대 전투 훈련, 보초, 경례 등 군인과 다름없는 훈련을 받으며 일본군 병사로 양성되었다. 그러나 이런 맹훈련은 탈락자도 많이 발생시켰다. 훈련을 견디지 못해 정신병에 걸린 사람, 몸이 쇠약해진 사람이 상당히 많았다.

탈락자가 정확히 몇 명인지 확실하게 밝혀진 것은 없다. 어느 일본인 하사관은 백여 명이라 하고, 어느 조선인은 204명이라고도 하며, 또 다른 조선인은 3백 명이라고도 한다. 탈주한 이들도 꽤 되었다는 증언도 있지만, 이조차 확인할 길이 없다. 어쨌든 훈련이 시작되고 한 달 뒤 인원 부족이 생겼기 때문에, 그때까지 군무원 모집을 하지 않았던 북쪽의 함경남북도, 평안남북도 4개도에서도 보충 채용을 했다는 사실만은 많은 사람들이 증언하고 있다.

일본인 하사관들 중에는 "그런 걸 신병 교육이라고 할 순 없지요. 애당초 두 달짜리 신병 교육 같은 건 있을 수 없어요"라고 말하는 이들도 있다. 훈련 기간은 분명 그 말처럼 신병 교육보다 한 달이 짧았다. 또 조선인 군무원 교육대라는 성격 때문에, 일반적으로 군대 내에 존재하는 야만적이고 음험한 선임자에 의한 사적 제재는 적었을지도 모른다. 그러나 상당수의 탈락자가 발생해 인원을 보충한 점을 보면, 결코 호락호락한 훈련은 아니었다고 봐야 하지 않을까.

조선인 군무원들에게 무엇보다 뜻밖이었던 것은, 후방의 포로수용소에서 근무할 자신들에게 군대와 똑같은 훈련을 시켰다는 점이다. 그리고 동방예의지국으로 알려진 환경 속에 있다가 일본 군인들과 직접 접촉하게 되면서, 일본인과 일본 군대 조직이 지닌 낯선 문화와 관습에 대한 충격이 상당히 컸던 것은 아닐까 상상해본다. 여기에 더하여 식민지 지배자인 일본 군대가 갖는 위상을 고려하면, 조선인 군무원들이 느꼈을 충격은 생각보다 훨씬 컸으리라.

예교禮教(유교儒教)의 나라, 동방예의지국 조선 사람들은 "달랑 훈도시 하나만 걸친 채 긴 칼을 등에 메고 어깨에 잔뜩 힘을 주고 있는"[27] 일본인들을 문화적·역사적으로 '왜놈'(조그마한 놈, 일본 놈)이라는 경멸조의 호칭으로 불러왔다. 7월이면 부산도 상당히 더운 편이다. 어쩌면 군무원의 교관이었던 일본 군인들은 훈도시 하나만 걸친 알몸으로 시원한 저녁 바람을 쐬기도 했을 것이다. 군무원들이 하나같이 말하는 '훈련 중의 고통'은 바로 눈앞에서 보았던 그 '상스럽기 짝이 없는 군인'의 모습으로 인해 더욱 증폭되었을지도 모른다.

드디어 8월 15일, 훈련은 예정 기일을 한 달 앞당겨 끝났다. 훈련을 마친 군무원들은 조선에 근무할 70명을 남겨두고 2년 근무라는 조건으로 마침내 남방으로 떠나는 배를 타게 되었다.

부산 앞바다가 내려다보이는 용두산龍頭山에는 도요토미 히데요시豊臣秀吉가 두 번에 걸쳐 조선을 침략했을 때 거북선을 이끌고 일본

수군을 무찔렀던 이순신李舜臣 장군의 동상이 있다. 이순신 장군은 조선의 수호신이라 불릴 만큼 뛰어난 명장이다. 러일전쟁 당시 도고 헤이하치로東鄕平八郞 함대가 러시아의 발틱 함대를 맞아 싸우려고 부산 서쪽의 진해만에 잠복하고 있을 때, 어느 일본 장군이 이순신 장군의 영전靈前에 기도를 올렸다는 이야기도 있다.

1942년 8월 19일 밤, 남방으로 파견되는 조선인 군무원들은 머리카락과 손톱을 잘라 가족에게 남기고, 별 하나가 새겨진 군모를 쓰고 배낭을 짊어졌다. 그들은 화물선을 개조한 6천 톤급 수송선 브리스베인호를 비롯, 10여 척의 배에 차례차례 승선했다. 교육대는 해산했고, 교육생들은 포로 감시 업무를 수행할 남방으로 출발했다. 조선인 군무원들이 장도에 오른 부산항 제3부두에는 배웅하는 사람 하나 없었다. 마침내 브리스베인호는 어둠에 잠긴 대한해협을 향해 남쪽으로 출발했다.

부산 앞바다가 내려다보이는 조금 높은 언덕 위에는 임진왜란 당시의 성터가 있다. 조선의 무장 정발鄭撥[28] 장군이 성문을 닫아걸고 얼마 안 되는 병사들을 이끌고 끝까지 싸우다 전원이 장렬하게 전사한 곳이다. 그 성이 있던 언덕도 짐칸 깊숙이 처박힌 군무원들의 눈에는 보이지 않았으리라.

그러나 브리스베인호에 탄 이들 조선인 군무원 중에는 정발 장군과 이순신 장군처럼 강인한 민족의식을 마음속에 불태우고 있는 이들이 있었다.

'아시아의 강도, 제국주의 일본에 항거하는 폭탄아가 되어라!'

부산항을 출발한 배는 이 섬뜩한 폭탄을 품은 채 뱃머리를 남쪽으로 돌렸다.

헬로, 헬로, 반둥 (Hello Hello Bandung)

헬로, 헬로, 반둥
서부 자바의 수도여
헬로, 헬로, 반둥
추억의 도시여
내 너를 보지 못한 지 오래인데
이제 불바다 되고 말았구나
정녕 우리가 너를 다시 살려내리라

2부 • 죽음의 철도, 허기진 비행장

1. 남쪽으로, 남쪽으로

서대문형무소

브리스베인호는 부산을 떠난 다음 날 아침 규슈 앞바다에서 군무원들을 실은 다른 배 9척, 구축함 2척과 합류하여 선단船團을 이루었다. 시속 10노트로 동지나해를 남하하기 시작한 것은 1942년 8월 20일 어둠이 내리는 저녁 무렵이었다.

브리스베인호는 원래 화물 수송선이었는데, 짐칸을 2층으로 나누어 좁은 공간에 조선인 군무원들을 짐짝처럼 실었다. 채 반 평도 안 되는 비좁은 공간에 두세 명을 억지로 쑤셔 넣듯이 했기 때문에, 몸을 움직이는 것조차 불편했다. 게다가 언제 연합군의 공습이 있을지 알 수 없었기 때문에, 갑판에 나가는 것은 일체 허용되지 않았다.

'가' 정대挺隊(어뢰정, 소해정 따위의 작은 배 두 척 이상으로 이루어진 해군 조직) 1,400명의 최종 목적지는 자바였지만, 배가 항해하는 동안에는 자신들이 어디로 가는지조차 몰랐다. 다만 배는 남쪽으로 남쪽으로 향하고 있을 뿐이었다.

'가' 정대 1소대에는 예리한 눈매에 눈빛이 범상치 않은 한 사내가 있었다. 그의 차분하고 당당한 모습에서는 은연중에 주위 사람들을 압도하는 풍모가 배어났다. 나중에 고려독립청년당의 총령總領이 되는 이억관李億觀이 바로 그 사람이었다.

이억관은 브리스베인호의 어두컴컴한 짐칸에서 군무원 한 명 한 명을 세심하게 살펴보다가 '이 사람이다' 생각되는 이가 있으면 슬며시 말을 걸었다. 그가 조선 민족의 혼을 이야기했을 때 너나할 것 없이 그의 말투에 엉겁결에 매료되어버렸다고 한다.

이억관은 1915년 경성에서 태어났다.[01] 군무원에 지원할 당시 그는 몸도 마음도 건실한 27살 한창 때의 젊은이였다. 그가 현재 어디서 무엇을 하고 있는지, 아니면 이미 고인이 되었는지, 유감스럽지만 우리는 규명할 수 없었다. 그의 옛 동지들이 증언한 내용에 의하면, 한국에 살고 있지 않은 것만은 거의 확실하다.

고려독립청년당 동지들이 밝힌 이억관의 경력은 대략 다음과 같다. 이억관은 경성에서 태어나 중학교까지 다녔고, 뛰어난 한문 실력을 갖추고 있었다. 그는 중학교를 졸업하고 조선총독부의 하급 공무원으로 채용되어 서대문형무소 간수가 되었다. 이 형무소 간수라는 직업이 그에게 사상의 전환을 가져다주는 계기가 되었다.

서대문형무소는 지금은 서울교도소[02]로 이름이 바뀌었다. 이 형무소는 서대문구 현저동 안산鞍山 기슭에 있다. 조선이 청나라의 속박에서 벗어난 것을 기념하여 건립한(1896) 독립문 바로 서북쪽에 위치했다. 서대문형무소는 일제 식민지하 조선에서 가장 규모가 큰 형무소 중 하나였으며, 조선 사람들이 가장 두려워하고 증오한 곳이기도 했다.

김달수金達壽[03]의 소설 『현해탄』에는 이 형무소와 관련하여 다음과 같은 내용의 대화가 나온다.

> "서대문이라면, 그건 이보게, 바로 감옥이 있는 곳이잖아. 자네는 여기 경성에 살면서 아직 거기를 모르고 있었나?"
>
> "……."
>
> "그렇군. 자네는 아직 거기에 가본 적이 없는가 보군. 조선 사람으로 감옥을 모른다면 아직 온전한 사내대장부라고 할 수 없는데 말이야."

서대문형무소는 1924년 조선총독부에 의해 만들어졌다. 서대문형무소가 만들어진 배경에는 1919년 조선 전역에서 발생한 만세 사건인 3·1 독립운동이 있다. 그해 5월에 이미 "보안 위반 및 소요죄로 검거되어 수감된 사람이 너무 많아 (…) 수감자가 18,050명에 이르렀다. 이들의 구금 및 처우에 극도의 곤란을 겪고 있"었다고 한다.[04] 수감자의 대다수가 3·1 독립운동 관련자들이었던 것은 물론이며, 이런 '위험사상범'의 격증이야말로 서대문을 비롯한 전국 16곳에 형무소를, 11곳에 지소支所를 설치하게 된 배경이었던 것이다.

조선총독부 형무국 기록에 의하면, 3월 1일부터 6월 30일 사이에 일본 공권력에 의해 살해당한 조선인이 553명, 부상자는 1,409명, 검거된 사람은 13,175명이나 된다. 그러나 실제 숫자는 총독부의 공식 기록보다 훨씬 많았으며 3·1 독립운동으로 사망한 사람은 7천 5백여 명, 검거된 사람은 4만 6천여 명을 넘는다는 추계도 있다.[05]

조선총독부 기록에 따르면, 3·1 독립운동이 일단 진압된 다음부터 1929년까지는 형무소 수감자가 감소 경향을 보였지만, 그해 11월 광주학생운동의 발생, 다음 해인 1930년 쇼와공황의 여파로 조선 전역에서 빈번하게 발생한 노동자 파업, 또 중국 동북 지방인 간도間島에서의 조선 공산주의자 검거와 농민의 반일 봉기(5·30 간도 농민봉기) 등으로 다수의 농민과 민족 지도자들이 검거되었다. 1931년에는 중국 지린吉林성에서 조선 농민과 중국 농민 사이의 분쟁이 일본 관리와 중국 관리의 충돌로 비화된 완바오산萬寶山 사건[06]이 일어났으며, 이 사건의 여파는 조선에도 파급되었다.

조선의 1930년대 초반은 이처럼 어수선한 분위기 속에서 시작되었으며, 자연히 형무소에 수감된 조선인의 수도 증가했다. 1929년까지 점차 감소 추세를 보였던 수감자 수는 이때를 전환점으로 다시 증가하기 시작하여, 1933년에는 3·1 독립운동 직후 수감자 수를 상회하는 19,254명에 달했다. 그중에서도 "위험사상범 또는 지능범의 증가가 두드러져 수감자의 10% 이상을 차지했다"고 총독부는 기록하고 있다.[07]

이억관이 1930년대 초반부터 중반까지 서대문형무소에서 근무한 것은 분명한 사실인 듯하다. 당시 한창 감수성이 예민한 청년이었을 이억관은, 민족 독립이라는 대의에 헌신하다 체포되어 감옥에 갇힌 수많은 조선인 지사志士들과 매일같이 얼굴을 마주 대했을 것이다. 또 식민지 지배자인 일본인들이 이들에게 자행하는 잔혹한 행위도 두 눈으로 똑똑히 지켜보았을 것이다.

1930년 5·30 간도 농민봉기 당시에는 많은 농민들이 일본군의 대검에 찔려 죽었고, 4백 명이 넘는 농민이 감옥에 갇혔다. 이 봉기의 지도자 격이었던 주현갑周現甲·이동선李東鮮 등 21명은 1936년 8월 16일 서대문형무소에서 교수형을 당했다.

중국으로 도망하다

동포가 교수형을 당하는 처참한 광경을 직접 목격하면서 이억관은 민족운동가들과 접촉하게 되었고, 그들의 설득으로 마침내 외부와의 연락원 역할을 하게 되었다. 그러면서 수감자들에게 여러 가지 편의를 봐주기도 했다. 그러던 어느 시점부터인지 확실하지는 않지만, 그는 자신도 위험에 처했다는 것을 알게 되었다. 아마도 이억관의 행동을 밀고한 자가 있었던 것이리라.

그리하여 그는 총독부 공무원 자리를 그만두고 중국 동북 지방으로 달아났다. 압록강을 건너 옛 남만주와 동만주 일대를 돌아다녔다는데, 그곳에서 그가 구체적으로 어떤 일을 했는지 알려진 사실은 전혀 없다. 다만 동료들이 남긴 기록에 의하면, 그는 그 지역에서 대한독립군단大韓獨立軍團[08]이 남긴 항일 게릴라 투쟁의 발자취에 큰 관심을 가지고 있었다고 한다.

대한독립군단은 3·1 독립운동이 일어난 바로 다음 해인 1920년, 동간도국민회군東間島國民會軍[09]을 통솔하고 있던 홍범도洪範圖와 남만주 서로군정서西路軍政署[10]의 통솔자인 이청천李青天이 안투현安圖縣 삼림 지대에서 만나 의견을 나눈 결과, 홍범도 부대 6백여 명과 이청천 부대 4백여 명이 합류하여 단일 부대를 편성한 항일 독립군이다. 이 부대는 그 후 소만蘇滿 국경을 넘어 소련 땅으로 들어가, 소련 정부의 지원을 받아 무기를 보충하여 항일 전쟁을 전개했다. 대한독립군은 나아가 간도대한국민회間島大韓國民會(기독교 계열), 대한신민회大韓新民會, 혈성단血誠團, 야단野團(청림교靑林敎 교도들을 주축으로 조직됨) 등 여러 조직을 규합하여 서일徐一[11]을 총재로 하는 3개 대대大隊 3천 5백여 명에 이르는 군대 조직이 되었다고 한다.[12]

일본 측 관헌 자료에 의하면, 당시 간도에 산재해 있던 여러 조직은 "만주의 마적 부대를 모방하여 병영 시설을 갖추는 등 제법 부대다운 모습을 구비한 다음 대원과 무기를 확보했다. 그리고 거기서 양성한 대원으로 대열을 편성하여 대낮에도 거침없이 행동"했다고 한다.[13]

홍범도 휘하의 군대가 벌인 강계江界 만포진滿浦鎭·자성慈城 전투(1919), 독립군이 벌인 봉오동鳳梧洞 전투,[14] 보합단普合團[15]의 일본 순사 암살 사건, 훈춘琿春 영사관 습격 사건(이상 1920) 등, 민족운동의 선봉에 서서 간도 지역을 근거지 삼아 항일 전투를 벌인 대한독립군단의 빛나는 무용담에 가슴 설레며 친척 친구들이 수군대는 이야기에 귀 기울였을 젊은 이억관의 당시 모습을 상상하기란 별로 어려운 일이 아니다.

청년 이억관이 서대문형무소를 그만두고 은신하던 1930년대 말기에, 중국 동북 지방은 조선 민족 독립 혁명의 근거지였다. 1934년에는 조선인민혁명군[16]이 편성되었고, 1936년 5월에는 안투현과 퉁화通化성 푸쑹撫松현에서 반일통일전선인 조국광복회[17]가 결성되었다. 조국광복회는 강령 제1항에서 "조선 민족의 총동원으로 광범한 반일통일전선을 실현함으로써 강도 일본 제국주의의 통치를 전복하고 진정한 조선 인민 정부를 수립할 것"이라고 선언했다. 조선 광복을 위한 혁명의 근거지였던 만큼, 간도 지방에 대한 일본의 탄압도 더없이 철저했다.

중국어도 어느 정도 능숙해진 이억관은 만주 땅 여기저기를 헤매고 다니다 간도에서 신변에 위험을 느꼈는지 상하이로 건너갔다. 그가 언제 상하이로 옮겨왔는지 시기는 확실하지 않다. 하지만 분명 1930년대 말기였을 것이다.

상하이는 1919년에 대한민국 임시정부가 수립되어 1940년 9월 충칭重慶으로 옮겨가기 전까지, 조선 민족의 다양한 해외 독립운동에 일종의 구심점 역할을 하고 있었다. 또 상하이에서는 1922년에 항일조직 의열단[18] 단원 김익상金益相이 다나카 기이치田中義一에게 폭탄을 던진 사건[19]이 발생했고, 1932년에는 천장절天長節 관병식觀兵式에서 김구金九 계열의 민족주의자 윤봉길尹奉吉이 폭탄을 투척하여 시라카와 요시노리白川義則 군사령관이 사망하고 나중에 외무대신이 된 시게미쓰 마모루重光葵가 중상을 입는 사건이 발생했다. 이처럼 상하이는 조선 독립과 끊을 수 없는 의미를 지닌 곳이다.

나중에 이억관 등이 창설한 고려독립청년당이 상하이 임시정부 지도자이자 민족운동의 핵심 인물이었던 김구와 접촉했다는 설도 있지만, 상하이에서 이억관은 일본군 군무원으로 헌병대에서 통역을 맡고 있었다고 한다. 당시 그는 헌병대에 수감되어 있던 사상범과 접촉하면서 독립운동에도 관여했던 것 같다. 그러나 그곳에도 일본 관헌의 손이 미쳐왔기 때문에 그는 다시 경성으로 돌아왔고, 때마침 남방으로 파견하는 군무원을 모집하고 있다는 것을 알게 되었다.

일본군 군무원에 지원하는 것이야말로 자신의 신변을 보호할 수 있는 최선의 선택이었다. 또한 남방의 군무원이 됨으로써 자기 내면에서 무르익어가는 하나의 뜻을 실현하려고 생각했을지도 모른다. 그의 뜻은 브리스베인호 안에서 재빨리 실행으로 옮겨졌다. 우선 서로 마음이 통하는 동지를 규합하는 것, 그것이 이억관이 남방 파견 군무원으로서 벌인 첫 번째 활동이었다.

브리스베인호, 구니타마호 등으로 구성된 선단은 8월 말 동지나해를 곧장 남하하여 도중에 타이완 북단에 위치한 지룽基隆에 잠시 들렀다가 타이완해협으로 들어섰다. 그 무렵, 미군 잠수함이 나타났다는 정보가 입수되어 배에 타고 있던 전원이 구명조끼를 입고 만일의 사태에 대비했다. 선단은 미군의 공격을 피하기 위해 지그재그로 항로를 바꾸며 항해했다. 펑후도澎湖島의 마공馬公 앞바다를 지나서 남지나해에 들어서자, 이번에는 태풍이 엄습했다. 중고 수송선인 브리스베인호의 선체는 숨이 넘어가기 직전 맹수의 마지막 몸부림처럼 격렬하게 흔들렸다.

잠수함의 공격을 당할지 모른다는 공포와 태풍의 엄습으로, 긴 항해 경험이 없었던 대부분의 군무원들은 뱃멀미 때문에 그야말로 초주검이 되어 밥도 제대로 먹을 수 없을 정도로 지쳐 있었다. 그러나 이억관이 조직한 일단의 멤버들은 자못 의기가 드높았다. 그들은 함께 둘러앉아 걸신들린 것처럼 밥을 먹어댔고, 활발하게 이야기를 주고받으며 잠수함의 공격도 태풍의 엄습도 개의치 않았다고 한다. 개중에는 이미 배를 타기 전에 말레이어 사전을 준비하여 배 안에서 공부하는 이도 있었다고 한다.

부산을 떠난 지 15일 뒤, 군무원들을 실은 배는 메콩강 입구에 위치한 세인트자크[20]에 정박했다. 메콩강에서 흘러드는 진흙탕 물이 바다를 누렇게 물들이고 있었다. 그 누런 바다 너머로 펼쳐진 광활한 베트남 땅에서는 짙은 녹음의 열대 숲이 조용히 숨 쉬고 있었다. 그리고 군데군데 프랑스인의 별장인 듯한 하얀 색의 번듯한 건물들이 눈에 들어왔다.

조선인 군무원들은 난생 처음 보는 남국의 풍경에 정신없이 빠져들었다. 그러나 사이공에 전염병이 만연하고 있다는 정보가 있어서 상륙하지 못하고, 식수조차 공급받지 못한 채 다시 남쪽으로 항해를 시작했다.

자바 상륙

자바로 가는 조선인 군무원 중 일부는 싱가포르(당시 일본은 이곳을 '쇼난昭南'이라 불렀다)에서 규슈호(9,500톤급)로 옮겨 탔다. 구니타마호 등에 타고 있었던 군무원들은 상륙 허가도 받지 못한 채 이틀 동안 싱가포르 앞바다에 정박한 배 안에서 지내야만 했다. 그나마 이들의 무료함을 달래준 유일한 낙은, 작은 배를 타고 장사하러 나온 말레이 사람들과 물물교환을 하는 재미였다.

줄에 매단 바구니를 장사꾼의 작은 배에 내려주면, 그들은 바나나와 진기한 열대 과일들을 바구니에 담아주었다. 대신 군무원들은 지급받은 담배를 그들에게 건네주었다. 마음이 푸근해지는 한순간이었다. 한 달 가까이 배를 타고 항해하면서 목욕도 하지 못한 채 뱃멀미와 땀띠로 고생하느라 누적된 피로도, 밤하늘에 반짝이는 별무리가 씻어주었다. 갑판에서 밤바람을 쐬고 있노라면, 부산을 떠났던 것이 아득한 옛일처럼 생각되었다. 밤의 정적은 너무나 그윽하여, 지금이 전쟁 중이라는 것이 거짓말 같다는 생각마저 들게 했다.

배는 식수 공급과 하역 작업을 마치고 다시 싱가포르항을 떠났다. 세 척의 수송선은 남쪽으로 뱃머리를 돌렸다. 배는 달빛을 받으며 배웅하는 사람 하나 없는 부두를 뒤로 하고 조용히 적막한 밤의 바다로 미끄러지듯 나아갔다. 파도에 부서지는 달빛이 아름다운 밤의 정취를 더해주었다. 규슈호는 곧바로 적도를 통과했다. 적도제赤道祭가 거행되었고, 일본인 상관이 제법 그럴싸한 연설을 한 것도 같은데, 그 연설 내용을 기억하는 군무원은 아무도 없었다.

한편, 이억관은 '대동아전쟁'을 냉철하게 분석하여 다음과 같이 동료들에게 호소했다.

"과달카날, 솔로몬, 뉴기니, 자바, 말레이, 미얀마, 그리고 북쪽으로 애튜Attu섬에 이르기까지 활모양으로 길게 펼쳐진 2만 킬로미터나 되는 긴 전선에는 무리가 있다. 일본의 현재 전력으론 도저히 감당할 수 없다. 호주로 퇴각한 연합군은 조만간 반격을 개시할 것이며, 그렇게 되면 머지않아 일본의 방위선은 붕괴할 것이다. 우리는 조선 민족의 독립을 위해 남방 땅에서 그날을 기다리자."

김주석金周奭은 그의 말에 깊이 고개를 끄덕이며 공감을 표하고 있었다. 얼굴이 통통하여 나이보다 어려 보이는 데다, 테가 굵은 안경까지 끼고 있어 마냥 온화해 보이던 그의 얼굴에 순간 긴장감이 감돌았다. 이억관이 매우 높이 평가한 인물이었던 김주석은 이후 자바에서 타이-미얀마 철도[21] 현장으로 전근을 가게 되고, 거기서 어마

어마한 사건을 일으키게 된다.

규슈호에는 군마軍馬도 실려 있었다. 짐칸 한쪽 구석에는 마초馬草와 말먹이용 옥수수가 쌓여 있었다. 군무원들은 푹신하고 따스한 마초 더미 위에 벌렁 드러누워 뒹굴면서 옥수수를 씹었다. 둥그런 창문으로 별이 흘렀다. 그들은 어린 시절의 고국 강산을 떠올리며 조국에 대한 애틋한 그리움에 사로잡혔다.

싱가포르로부터 이틀, 부산을 출발한 지 25일째 되던 1942년 9월 14일, 땅거미가 깔리는 자카르타 외항 탄중브리옥Tanjungperiuk에 규슈호 등 세 척의 수송선이 접안했다. 바타비아Batavia가 자카르타로 이름을 변경한 것은 약 한 달 전인 8월 5일부터였다. 자바 해전으로 부두 일부가 파손되어, 배와 안벽岸壁(항만이나 운하의 가에 배를 대기 좋게 쌓은 벽) 사이에 틈이 벌어져 있었다.

자바 포로수용소 본소本所에서 나온 중위가 천 4백 명의 조선인 군무원들을 맞이했다. 집합, 정렬, 점호가 끝난 뒤 중위는 한바탕 연설을 했다. 공식적인 이야기뿐이었는데, 말하는 중간 중간 중위의 팔에 모기가 달라붙었기 때문에 모기를 세차게 때리면서 "말라리아에 주의하도록"이라는 말을 헛기침을 해가며 덧붙였다.

9월 중순이었지만 자바는 아직 건기가 계속되고 있었다. 한낮에 생겨난 하늘의 구름도 저녁때가 되면 사라지고 만다. 황혼 무렵의 하늘은 화려한 색채로 물들어 대지의 구석구석을 아름다운 색조로 변모시켰다. 항구의 하늘에는 바다제비가 휙휙 날아다녔고, 그 뒤를 박쥐가 시끄럽게 날고 있었다.

조선인 군무원들은 트럭을 타고 저물어가는 시가지를 행진했다.

항구 가까이의 조그마한 늪에 우거진 줄(볏과의 여러해살이풀. 높이는 약 2미터, 잎은 좁은 피침 모양)과 비슷한 수초가 정겨운 풀 냄새를 후끈 내뿜어 잠시 잊었던 감각을 되살려주었다. 하늘에는 오리온자리의 별 세 개가 반짝이고 있었다. 남십자성이 어디 있는지 찾는 사람도 있었다.

군무원들을 실은 트럭 행렬을 캄풍Kampung(주택 밀집 지역) 주민들이 나와 구경했다. 그들 중에는 손을 흔드는 사람도 있었다. 화염수flamboyant(일명 봉황목. 나비 모양의 화려한 꽃이 핀다)의 불타는 듯한 새빨간 꽃과, 향기를 내뿜는 새하얀 캄보자kamboja 꽃을 넋을 잃고 바라보는 이도 있었다. 감미로운 남국의 정취에 길고 지루한 여행의 피로가 한순간에 날아가버린 듯 모두들 들떠 있었다.

자카르타 시내 행진을 마친 군무원 전원은 일단 캉호르닝 광장(현재 라팡간 반텡 광장)에 집합하여 제16군 군사령관 하라다 구마키치原田熊吉 중장의 열병을 받았다. 흥분과 긴장으로 지쳐 있던 군무원들의 뺨을, 시원한 밤바람이 기분 좋게 스치고 지나갔다. 하라다 중장이 말한 내용이 무엇인지 대다수 군무원들은 기억조차 하지 못했다.

남국의 밤하늘에 빛나는 별처럼 붉은색 큰 별이 새겨진 완장을 팔에 차자, 다시 온몸이 긴장되는 것 같았다. 군무원들은 한 달간의 길고 힘든 항해와 앞으로 2년 동안 낯선 이국땅에서 수행해야 할 근무를 곰곰이 생각하고 있었다. 본소에는 30여 명이 남았고, 나머지 인원은 자카르타의 총분견소總分遣所와 자바섬 안에 소재한 네 곳의 분소分所에 배치되었다. 이억관은 본소에 근무하게 되었다.

연합군 포로 약 8만 명이 8월 17일자로 제16군 사령관 관리하의 야전 포로수용소로부터 같은 부대 안에 개설된 제16군 포로수용소로 이관되었는데, 그들 포로의 관리가 조선인 군무원들이 담당할 주요 업무였다.

2. 자바 포로수용소

네덜란드 지배의 종언

1942년 3월 9일, 대동아전쟁이 발발한 날로부터 91일째 되던 날 정오에, 네덜란드령 인도 육군 장관 테르포르트틴 중장을 대리하여 페스만 소장이 반둥Bandung의 방송국에서 침통한 목소리로 다음과 같은 내용의 방송을 했다.

> "일본군은 자바의 산악 지대를 돌파하는 데 성공했다. 그들은 제공권을 완전히 장악하여 반둥의 산악 지대에서 우리가 저항을 지속할 수 없도록 만들었다. 그 때문에 우리는 정전교섭을 하지 않을 수 없는 상황에 처했다."

네덜란드령 인도군이 일본에게 사실상 항복을 선언한 것이었다.

자바섬에서 발생한 연합군 포로는 총 82,628명에 달했다. 국가별로 살펴보면 네덜란드령 인도군 66,219명, 호주군 4,890명, 영국군 10,636명, 미군이 883명이다. 이 밖에 자바섬 외의 지역에서도 네덜란드령 인도군 약 만 8천여 명, 의용군 만 5천여 명이 일본군의 포로가 되었다. 그중 장교는 약 2천 명 정도였으며, 정규군인 네덜란드령 인도군 가운데 백인의 비율은 약 20%인 것으로 알려졌다. 사실 포로의 대다수는 인도네시아 사람들로, 특히 암본Ambon과 머나도 등 기독교 교화가 일찍 진행된 지역 출신이 많았다.[22]

자바 작전은 일본군에게 남방 작전을 모두 마무리하는 의미를 가진 작전이었다. 연합군 지배하에 있는 지역을 탈취·확보함으로써 석유를 비롯한 다양한 자원을 확보하는 것이 대동아전쟁의 주된 동기였다. 그중에서도 가장 핵심적인 표적은 칼리만탄Kalimantan과 수마트라의 석유였다. 우선 이들 자바 외곽 영역을 제압하여 그 사령부인 자바(1942년 8월 5일 자카르타로 도시 이름을 변경한 수도 바타비아와 군사령부가 위치한 반둥)를 마지막에 장악한다는 것이 자바 작전의 실체였다.

널리 알려져 있듯이, 일본의 선전조서宣戰詔書는 1941년 12월 8일에 공포되었다. 그러나 이 조서에는 네덜란드가 전쟁 상대국으로 명시되어 있지 않았다. 일본 정부와 대본영은 이미 네덜란드령 인도에 대한 군사 행동을 예정하고 있었지만, 일본 쪽에서 적극적으로 전쟁 상태를 초래하는 것을 회피하기 위해 네덜란드를 준적국準敵國으로 간주할 방침을 가지고 있었다. 그러나 네덜란드는 12월 10일 '일본이 우리나라와 매우 긴밀하여 서로 불가분의 관계에 있는 미국과 영국 두 나라에 대해 전쟁을 시작했기 때문에 네덜란드와 일본 두 나라도 전쟁 상태에 이르게 되었다는 것을 인정한다'는 요지의 통고를 해왔다. 일본 정부는 이를 무시한 채, 1942년 1월 11일 칼리만탄 동북 방향에 위치한 타라칸Tarakan섬과 북쪽 술라웨시섬의 머나도에 최초로 상륙함과 동시에 공정강하空挺降下(지상 부대가 항공기를 이용해 전투 지역 또는 적 후방에 투입되어 공격하는 일)를 시작했다. 그리고 그 다음 날에야 마지못해 11일자로 '전쟁을 개시하게 되었다'라는 짤막한 제국 정부 성명을 내놓았다.

필리핀, 말레이, 싱가포르를 함락시키고 타라칸, 발릭파판Balikpapan, 팔렘방 등 석유 생산 기지를 손에 넣은 일본군은, 자바를 외곽에서 포위한 형세를 갖추게 되었다. 그리고 3월 1일, 마침내 자바섬 세 곳으로 침공을 시도했다. 육군 제16군 5만 5천여 명은 서부 자바 서북방향 끝에 위치한 반텐Banten만灣, 서부 자바 북쪽 해안에 위치한 에레탄Eretan, 동부 자바의 크라간Kragan 등 세 지역에서 상당히 격렬한 해전을 치른 뒤에야 상륙할 수 있었다. 사령관 이마무라 히토시今村均 중장이 타고 있던 류조마루竜城丸는 반텐만에서 어뢰 공격을 받고 폭발했다. 이마무라 중장은 배의 엔진 기름을 흠뻑 뒤집어쓴 채 밤이 되어서야 구출되었다.

3월 9일에 네덜란드령 인도군이 항복하고, 12일에 영국군과 호주군 8천여 명이 반둥 동쪽 산악 지대에서 항복함으로써, 자바 공략은 일단락되었다. 비록 대규모 전투는 없었지만, 3월 5일까지 자바에서 전사한 일본 군인은 총 255명, 부상자는 702명에 달했다.

이 전투에서 네덜란드군과 연합군 쪽의 사상자가 어느 정도였는지는 분명하지 않다. 다만 항복 이전에 이미 많은 인원이 사로잡혀 포로가 되었던 것만은 확실하다. 예를 들면, 3월 1일 일본군 상륙 직후 머락Merak에서 랑카스비퉁Rangkasbitung으로 향하던 나수那須 지대支隊의 선발대는 판데글랑Pandeglang에서 우연히 영국군과 호주군 1개 중대와 마주치게 되어 그중 일부를 사로잡았다. 자카르타 앞바다의 해전에서 군함이 격침된 뒤 살아남아 표류하고 있던 백인 해군 병사 35명도 이날 사로잡혔다. 크라간으로 상륙한 사카구치坂口 지대의 일부는 칠라찹Cilacap을 향해 거침없이 진격해가던 중, 3월 5일 욕야카르타에서 약 7백 명에 달하는 네덜란드령 인도군을 포로로 사로잡았다. 그 밖의 지역에서도 네덜란드령 인도군이 잇달아 항복하여, 포로의 수는 걷잡을 수 없이 증가하고 있었다.

8월 15일에 자바 포로수용소가 개설될 때까지 약 8만 명의 포로들이 야전 포로수용소에 수용되어 있었다. 수용소 내부 사정이 어땠는지 자세히 알려진 것은 없지만, 욕야카르타에서 7백여 명의 포로를 사로잡았던 사카구치 지대支隊에서 "포로 7백여 명은 대위, 하사관, 병사 한 명씩으로 구성된 세 명의 감시 조직이 처리하도록 했다"라고 한 것을 보면, 초기에는 무장해제를 시킨 다음 그대로 군 막사에 수용하여 매우 적은 인원이 감시했던 것 같다. 출입도 상당히 자유로워서, 어느 일본인 장교는 포로인 네덜란드 장교의 초대를 받아 자주 커피를 마시러 갔었다고 한다. 식량 지급 등 포로 관리 체제가 정비되기까지는 그 후 상당한 시일이 걸렸다.

포로수용소 기구

'자후카이爪俘會'라는 이름의 모임이 있다. 옛 자바 포로수용소·억류소에 근무했던 장병, 군무원의 모임으로, 회원은 75명(1979년 5월 현재)이다. 이들은 일 년에 한 번, 5월에 전범으로 사형을 당한 사람과 사망한 회원의 넋을 위로하기 위해 모이고 있다. 이 자후카이가 작

〈표 1〉 자바 포로수용소·억류소 기구도

포로수용소(1942년 8월 개설)

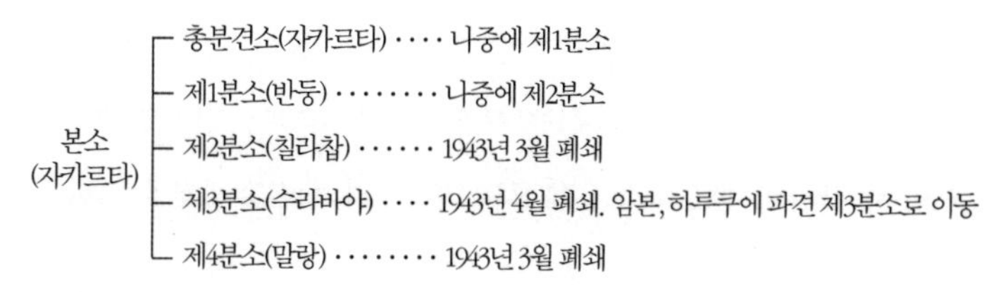

억류소(1944년 개설)

본소
(자카르타)
총분견소(자카르타) · · · · 나중에 제1분소
제1분소(반둥) · · · · · · · · 나중에 제2분소
제2분소(스마랑) · · · · · · 나중에 제3분소

성한 자료를 토대로 포로수용소 기구와 변천 과정을 살펴보도록 하자(〈표 1〉 참조).

자바 포로수용소는 1942년 7월 군령으로 편성 지시가 하달되어, 8월 15일에 편성을 마치고, 제16군 사령관이 관리하던 야전 포로수용소의 포로 약 8만 명을 인계받아 포로 관리 업무를 시작했다. 포로수용소 본소는 자카르타 시내 중심부에 있는 군정감부軍政監部에서 그다지 멀지 않은 지금의 반텡 광장Lapangan Banteng 동쪽 가톨릭교회 맞은편에 있었다. 본소의 초대 소장은 사이토 마사토시齋藤正銳였으며, 1944년 3월 포로수용소에 억류소가 병설되면서 소장은 나카타 마사유키中田正之 중령으로 바뀌었다. 억류소는 연합국의 민간인을 억류하기 위한 시설로서, 1944년 3월에 군정감부로부터 자바 포로수용소가 관리 업무를 넘겨받았다. 당시 억류자는 약 11만 명에 달했다.

이 본소와 함께 실제로 포로를 수용하여 감시 업무를 담당할 분소(자카르타, 반둥, 칠라참, 말랑Malang, 수라바야Surabaya. 이 중에서 자카르타는 처음부터 총분견소라고 불렸다)가 자바섬 다섯 곳에 설치되었다. 다시 각각의 분소 밑에 포로를 수용하는 분견소가 설치되어 자바 전체에 약 20~25곳 가량의 분견소가 있었으며, 한 개의 분견소에는 약 3천 명 안팎의 포로가 수용되었다. 포로는 군인 막사, 교회, 학교 같은 곳에 수용되었는데, 주로 옛 네덜란드군 막사가 수용소로 사용되었다. 수용소 중에는 주위에 겨우 철조망만 쳐져 있을 정도로 허술한 곳도 있었다.

예를 들면, 자카르타 총분견소 관리하에는 다섯 개의 분견소가 있었다. 그중 자카르타 제1분견소는 군무원들이 상륙했던 탄중브리욱항港에 있었다. 이곳은 시내 일부 지역을 접수하여 주위에 철조망만 두르고 포로를 수용했을 정도로 시설과 경비가 허술했다. 당연히 도망자도 나왔지만, 점호도 포로들이 자체적으로 하고 있었기 때문에 도망자가 붙잡히고 나서야 비로소 도망 사실을 알게 될 정도였다고 한다.

제5분견소는 자카르타에서 보고르Bogor로 향하는 도로변에 위치해 있었다. 이 분견소에는 약 2천 명의 포로가 수용되어 있었으며, 포로 농장이 개설되어 있었다. 일본군은 이 농장에서 포로들에게 야채 등을 직접 재배하게 함으로써, 포로의 식량과 운동 부족을 보충할 계획이었다고 한다. 그러나 실제로는 계획대로 진행되지 않았다.

제3분견소는 영국군 포로 약 3천 2백 명을 수용하고 있었는데, 나중에 신체가 튼튼한 포로 5백 명을 골라 일본으로 보냈다. 일본인 하사관과 조선인 감시원들의 증언에 따르면, 일반적으로 네덜란드군 포로에 비해 영국군 포로는 거만했다고 한다. 네덜란드 본국 정부가 나치 독일의 전격 공격으로 급히 영국에 망명 정권을 만들었다는 미묘한 사정이 작용했던 것은 아닐까.

분소장은 영관급領官級 군인이 임무를 맡아 분소 전체를 관리하는 사무를 총괄했고, 사무직으로 일본인 하사관과 조선인 군무원이 몇 명씩 배치되었다. 조선인 군무원 가운데 영어가 가능한 사람들은 주로 분소에서 근무하게 되었다. 분견소 소장으로는 위관급尉官級 장교가 배치되었다. 하사관 2~4명이 소장을 보좌했으며, 그 아래 조선인 군무원들이 포로 감시 업무를 위해 배치되었다. 분견소의 조선인 군무원들은 '근무대'라는 팀을 편성하여 포로 약 30명당 근무원 한 명을 배치하는 기준을 세웠다.

그러나 포로 수가 8만여 명에 달하는 데 비해 조선인 군무원은 천4백 명밖에 안 되었기 때문에, 처음부터 포로 30명당 군무원 한 명이라는 기준은 무리한 숫자였다. 앞서 말한 제5분견소의 경우, 포로 백 명당 군무원 한 사람꼴로 배치되어, 열차로 포로를 이동시킬 경우 차량 한 대에 겨우 한 명의 군무원이 감시를 맡았다. 이처럼 허술한 상황에서 포로들이 도망칠 가능성은 충분히 있었지만, 실제로 그런 일이 발생한 적은 거의 없었다고 한다.

포로들은 그들 내부의 군 계급을 이용하여 자체적으로 내부 통치 원칙을 관철하고 있었으며, 장교 포로의 경우 자질구레한 일은 병사들이 대신 처리해주었다. 또한 취사는 포로 내부에서 당번제를 채택하여 담당자를 정해놓고 있었다.

포로 감시는 하루 24시간 동안 쉬지 않고 매일매일 지속되는 업무여서, 군무원들은 3교대를 했고 수위들도 마찬가지로 3교대를 했다. 포로 중에 일본어를 할 수 있는 사람이나 분소 근무자 가운데 영어를 할 수 있는 사람이 서로 중요한 사항을 주고받았다고 하지만, 다수의 포로를 감시하는 일상의 현장에서 의사소통은 원활하게 이루어지지 않았던 것 같다.

포로수용소의 기구는 〈표 1〉(101쪽)과 같았지만, 기구 개편이나 위치 이동이 빈번하게 일어났다. 1942년 10월 이후 포로의 노동력을 이용하기 위해 분견소 자체가 이동해버리는 일이 자주 있었기 때문이다. 따라서 조선인 군무원들도 한 장소에 계속 머물며 근무한 사람은 거의 없었고, 포로와 함께 이리저리 이동하고 있었다.

1942년 10월 자바 포로수용소는 타이-미얀마 철도 건설 현장 및 일본 국내에서 증가하고 있는 노동력 공급 압박을 해소하기 위해 포로 다수를 이관하라는 명령을 받고, 다음 해 3월까지 약 5만 명의 포로를 이관시켰다. 그 결과 칠라참의 제2분소, 말랑의 제4분소가 폐쇄되었다. 게다가 호주 진격 작전을 위해 말루쿠Maluku(몰루카Molucca) 제도諸島, 소小순다Sunda 열도列島에 비행장 건설 계획이 수립되었다. 이를 위해 1942년 4월에 수라바야에 있던 제3분견소를 폐쇄하고 체력이 좋은 포로 6천여 명을 선발하여 파견 제3분소라는 형태로 재편했다. 파견 제3분소는 말루쿠 제도의 암본섬, 세람섬, 하루쿠Haruku섬 및 소순다 열도에 분견소를 두고 비행장 건설에 포로들을 동원했다(〈지도 1〉 참조).

그 결과 자바섬에는 한동안 자카르타와 반둥 두 곳의 분소만 남게

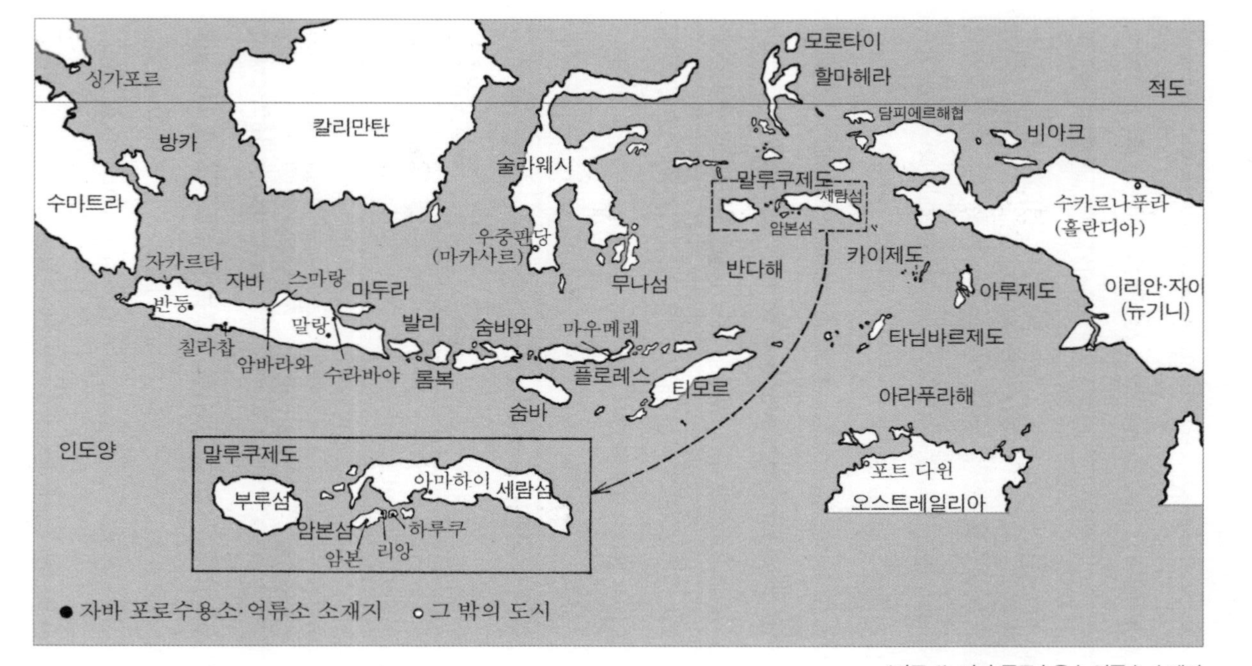

〈지도 1〉 자바 포로수용소·억류소 소재지

되었다. 암본섬 방면과 플로레스Flores섬의 비행장 건설에 끌려가 강제 노동을 당한 포로 6천여 명의 운명은 비참 그 자체였다. 그들 중 2천여 명의 포로가 사망했다. 패전 후 바로 이 포로의 죽음과 학대에 대한 책임을 물어 일본인 장교와 하사관, 그리고 조선인 군무원 다수가 전범이 되었다. 당시 파견 제3분소장은 육군 중령 아나미 미소오阿南三蘇男였는데, 그는 영국군 싱가포르 지구 법정에서 사형을 선고받았다.

억류소 개설

1944년 3월에 자바 억류소가 포로수용소에 병설되었다. 거기에는 다음과 같은 경위가 있었다.

육군의 '군 억류자 취급 규정'(1943. 11. 7, 陸亞密 7391)에 의하면, 억류란 '육군이 전쟁 지역에서 적국 국민 또는 제3국 국민의 행동을 제한하거나 그들을 보호하기 위해 일정한 장소에 수용한다'는 것으로, 이 규정에 따른 억류 대상자를 수용하기 위해 군사령관은 가능한 한 신속하게 억류소를 개설해야만 했다.

자바에는 연합군 군인 외에 주로 네덜란드 민간인이 많이 거주하고 있었다. 또 네덜란드인과의 혼혈 주민, 화교와 중국인도 많았다. 일본은 전쟁 수행상 이들 적국인과 제3국인들이 제멋대로 행동하도록 방치할 수 없었다. 그러므로 그들을 수용해버리자는 것이 억류소 설치를 구상하게 된 배경이었다.

1942년 3월 9일에 네덜란드령 인도군이 항복하자, 스기야마杉山 참모총장을 비롯한 군 수뇌부가 잇달아 자바 군정軍政을 시찰하러 왔다. 그때 이마무라 히토시 중장(후일 대장으로 승진)이 사령관으로 있는 제16군 군정에 대해 '적성국 국민에 대한 처우가 지나치게 관대하고, 제멋대로 하도록 방치하고 있다'는 비판이 강하게 제기되었다고 한다. 이런 비판은 인도네시아인의 민족주의운동, 독립운동에 비교적 관대한 사고를 가지고 있었던 이마무라 군정에 대한 군 최고 통수부인 대본영의 비판이었다.

그런 이유 때문인지, 이후 제16군은 방향을 전환하여 인도네시아인의 독립운동에 탄압적인 태도를 취했다. 동시에 대본영 측의 비판을 의식한 제16군은 4월에 곧바로 네덜란드인, 중국인, 제3국인의 등록 실시와 네덜란드 공무원 및 기타 공공 기관이나 단체 종사자 2천여 명을 대상으로 한 구금 명령을 내렸다. 이것이 아마도 민간인 억류의 시작이었다고 생각된다. 5월 25일에는 포고 제16호를 통해 언론·정보의 감독과 검열에 관한 방침을 발표하는가 하면, 자바섬에 거주하는 모든 네덜란드인을 자바섬 동부 지역으로 이주시켜 집단 거주하도록 조치를 취하기도 했다.[23]

1944년 3월에 억류소가 개설되기까지 네덜란드인 등 적성국 사람들은 지정받은 거주 지역에서 비교적 느슨한 감시 상태에 있었다.

그러나 남방 작전이 일단락된 1942년 5월 이후 전쟁 상황은 일본군에게 매우 불리하게 진행되었다. 미드웨이 해전(1942. 6), 과달카날 철수 결정(1942. 12), 담피에르Dampier해협에서 뉴기니아 증원 수송 선단의 전멸(1943. 3), 미군의 애튜섬 상륙(1943. 5)과 솔로몬 군도群島 상륙(1943. 6)에 이어 어전회의에서 절대방위선을 마리아나Mariana·캐롤린Caroline·서뉴기니아의 선으로 후퇴시킨다는 결정이 내려졌고, 계속해서 뉴브리튼New Britain섬에 미군이 상륙했으며(1943. 12), 트룩Truk섬(서태평양 캐롤린 제도에 속함. 태평양전쟁 당시 일본 해군기지가 있었다) 공습이 발생했다(1944. 2). 옛 네덜란드령 인도 지역 일본군에게 동쪽에서 연합군이 가하는 압박과 위협은 날이 갈수록 강해지고 있었다. 1943년 3월 담피에르해협(서뉴기니아 북부)에서 일본 수송 선단 8척이 전멸한 것은, 연합군의 제공권이 이미 인도네시아 동부 여러 섬 및 그 주변 해역까지 미치고 있다는 것을 증명한 사건이었다.

연합군의 후방 교란

미군은 선전용 전단을 공중에서 살포했다. 당시 보르네오 제111 비행장 대대에 근무하던 항공 대위 핫토리 야스요服部恭大는, 1944년 보르네오 북부 미리(현재 말레이시아의 사라왁Sarawak)에서 말레이어로 작성된 전단을 주웠다. 전단에는 "우리의 친구들인 라부안Labuan, 북보르네오, 브루나이Brunei와 사라왁 주민 여러분, 일본군은 필리핀에서 우리에게 패하여 후퇴했습니다. 이제 우리는 여러분을 일본군의 가혹한 압제로부터 구해줄 것입니다"라고 적혀 있었다. 그리고 뒷면에는 피골이 상접한 인도네시아인 보조병의 사진이 실려 있었다고 한다.[24]

또 자바섬 스마랑 헌병 분대에서 근무했던 다나카 도시오田中年夫 중사는 연합군이 공중에서 암바라와 억류소를 향해 살포한 반일 선전 전단을 회수하는 데 애를 먹었다고 수기에 기록했다.

적기는 고도高度 비행으로 자바섬 상공을 침공하여, 스마랑에서

> 남쪽으로 40킬로미터나 떨어져 있는 암바라와 상공까지 날아왔다. 이곳은 자바섬에서 유일하게 네덜란드인 부녀자 억류소가 있던 곳으로, 수만 명의 억류자가 수용되어 있었다. 비행기에서 투하하는 선전 전단에는 여러 종류가 있었는데, 대부분 연합군의 공세와 일본군의 패퇴를 과장 선전하는 것들이었다. 그중에는 사진이 실린 일본어 선전문도 있었다. 자바 주둔 일본군·군무원 및 일반 국민의 전의 상실을 겨냥한 것이었다. (…) 억류소 안팎에서 적기가 투하한 선전 전단을 회수하는 데 전력을 쏟아야만 했다. 이 선전 전단 회수는 모두가 땀을 흠뻑 흘릴 정도로 중노동이었다.(다나카 도시오의 수기)

연합군의 후방 교란은 공중에서 살포하는 전단뿐만 아니라 전파에 실려 오기도 했다. 단파방송이었다. 시드니나 샌프란시스코, 또는 그 밖의 지역에서, 연합군은 일본군의 패전 상황을 또렷하게 전해오고 있었다. 포로수용소 안에도 수신 기구를 분해해서 몰래 가지고 들어온 뒤 재조립해서 숨어서 단파방송을 듣는 포로가 있었다고 한다.

자바에서 외국 방송을 듣는 것은 엄격하게 금지되어 있었고, 도시의 모든 라디오는 봉인되었다. 그러나 헌병대가 아무리 강력하다 해도, 드넓은 자바 땅에 살고 있는 모든 사람의 귀를 막아버릴 수는 없는 일이었다. 일본의 전쟁 국면이 악화되어갈수록 연합군의 후방 교란은 더욱 활발해졌다. 이런 상황 변화 때문에 군은 민간인이라 해도 엄격한 감시 상태를 유지할 필요가 있다고 판단하게 되었고, 그 판단이 결국 억류소를 정식으로 개설하는 배경이 되었다.

당시 포로 중 대부분이 이미 타이-미얀마 철도 건설 현장에 파견되어, 자바의 조선인 군무원 일부는 일손이 비어 있는 상황이었다. 하지만 민간인 억류자가 11만 명에 달하여 당연히 일손이 부족하게 되었다. 그래서 경비 요원으로 인도네시아인 보조병 3천 명을 새로 채용해 그들을 훈련시켜 경비 임무를 맡도록 한 것이다. 이 책의 첫머리에 등장하는 사르무지 씨는 이런 경위로 조선인 군무원 가네미쓰 나리, 김동해와 만나게 되었다.

3. 죽음의 타이-미얀마 철도

하루 1킬로미터

잘 다듬어진 파릇파릇한 잔디가 깔린 묘역 한가운데로 길이 나 있다. 저 멀리 하얀색의 커다란 십자가가 보이고, 녹색의 복도 양쪽에는 마치 다리를 잘라낸 독서대 같은 자그마한 직사각형의 검은 묘석 수천 개가 일정한 간격으로 기하학적 조형을 이루며 땅에 박혀 있다. 붉고 노란 꽃들이 검은 묘석의 주인들을 위로하는 듯하다. 묘석에는 금빛으로 글자가 새겨져 있었다.

5776403 병사

B. W. 벨

영연방왕국 노폭 연대

1943년 9월 25일 사망, 25세

우리는 그가 변함없이 존재하는 것을 믿으며

그는 죽은 것이 아니며,

단지 저세상에 있을 뿐이라고 단언하노라

위에서 내리꽂히는 강한 햇살에 머리가 어질해졌다. 타이 방콕에서 동쪽으로 75킬로미터 떨어진 깐짜나부리 전쟁 묘지이다. 너무나도 엄청난 사망자 수와 숨막히는 무더위에 순간적으로 구토가 일었다. 타이-미얀마 철도 건설 현장에서 희생된 영국인과 네덜란드인 포로들의 묘지에서는, 일본을 원망하는 말 같은 건 아무리 찾아봐도 눈에 띄지 않았다.

> 주께서 말씀하셨다. 내가 너의 갇힌 몸을 네가 보는 앞에서 되돌려놓을 때, 지상의 모든 사람들이 너에게 명성과 칭찬을 부여할 것이다.(구약성서 스바냐야서 3장 20절)

이것은 묘지 정문의 건물 한쪽 구석에 적혀 있는 성서의 한 구절이다. 섬뜩하리만치 냉정하게 일본을 비판하는 인간의 보편적 도리를 표현한 것처럼 느껴진다. 그에 비하면 영화 〈콰이강의 다리(The Bridge on the River Kwai)〉로 유명해진 매끄롱 철교(영화 속에서는 콰이 다리. 탈주한 미 해군 장교에 의해 폭파된다는 영화 줄거리는 허구다) 옆에 백인 관광객 대상으로 개설된 토산품 상점의 노골적인 상업주의적 전쟁 회고가 그나마 일본인인 우리를 구제해주는 듯한 기분이 들었다.

일본이 미얀마 전역을 점령하기 위해서는 싱가포르를 경유하는 해상 통로만으로 군수물자를 수송하기엔 한계가 있었다. 그런 이유로 1942년 7월부터 1943년 10월까지 일 년 삼 개월 동안 타이의 논쁘라둑과 미얀마의 탄비우자야트를 연결하는 총 414.916킬로미터 구간에 급조된 것이 타이-미얀마 연결 철도이다(〈지도 2〉 참조). 특히

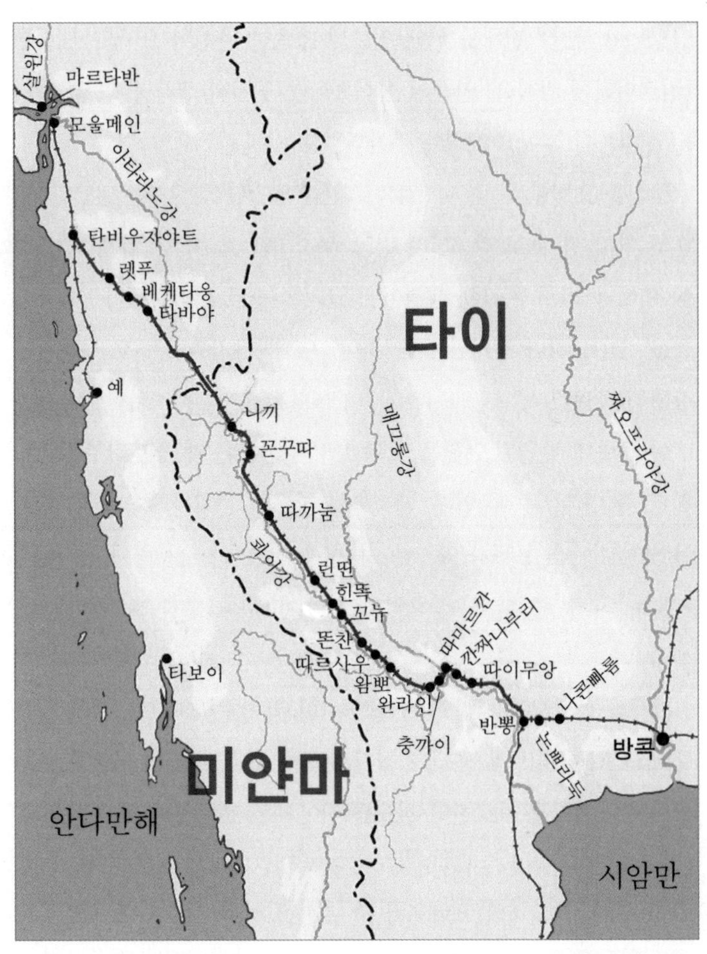

〈지도 2〉 타이-미얀마 연결 철도

임팔Imphal 작전[25] 전개를 위해 철도의 조속한 완성이 요구되어, 하루 1킬로미터에 가까운, 인간의 상식으로는 도저히 생각할 수 없는 속도로 침목이 놓이고 레일이 부설되었다.

상식을 초월한 무리한 작업은 그만큼 엄청난 희생자를 낳았다. 일본군 천여 명, 포로 만 3천여 명, 노무자 3만 3천여 명, 합계 4만 7천여 명이나 되는 존귀한 생명이 정글의 이슬로 사라져갔다. '죽음의 철도', '침목 하나에 사람 목숨 하나'라고 이야기될 정도로 무리하게 강행된 공사였다.[26]

이 공사에 투입된 인원을 살펴보면, 일본군은 제2철도감부鐵道監部, 철도 제5연대, 동 제9연대, 제4 특설 철도대 등에서 약 만 명, 포로 약 5만 5천 명, 노무자 약 7만 명, 합계 약 13만 5천 명에 달한다.[27] 포로는 네 명 중 한 명이 죽었고, 노무자는 두 명 중 한 명이 죽은 셈이다.

아득한 옛날부터 사람의 발길이 미친 적 없는 전인미답의 첩첩산중, 그 열대의 밀림을 헤치고 철길을 내야 했고, 우기의 탁류가 소용돌이치는 계곡을 가로질러 철교를 놓아가는 고통이 극에 달한 참혹한 공사였다. 말라리아와 콜레라, 영양실조, 그리고 중노동까지, 철도 공사 역사상 세기의 기록인 이 공사의 이면에 겹겹이 쌓여 있는 시체들의 원혼이 배회하는 타이-미얀마 철도는 전쟁의 어두운 그림자를 영원히 지울 수 없을 것이다.

자바에서 타이로

자바 포로수용소 제3분소(수라바야)의 마쓰자키 미노루松崎稔 육군

타이-미얀마 철도 중 현재 운행되고 있는 남똑선(타이)

스마랑 억류소 앞의
소년 노동자 추모 동상

중위와 조선인 군무원 백여 명이 이 타이-미얀마 철도 건설을 위해 타이로 파견되었다. 그들이 수라바야에서 배편으로 타이-미얀마 철도의 타이 기점인 논쁘라둑 서쪽 반뽕에 도착한 것은 1942년 12월 24일이었다. 이곳에서 그들은 타이 포로수용소 제5분소에 합류했다. 미얀마 쪽 근무를 명령받은 미즈타니 후지타로水谷藤太郎 대위가 제5분소의 소장을 맡고 있었다.

미즈타니 대위는 미얀마로 전속된 분소원들과 함께 육로로 싱가포르까지 남하하여, 거기에서 자바 포로수용소에서 이송된 2천여 명의 포로를 넘겨받은 뒤, 몬지호門司號와 일명호日明號 편으로 1943년 1월 10일 싱가포르항을 출발해 양곤Yangon으로 향했다. 배가 안다만해海에 들어선 1월 15일 오후 3시 무렵, 일명호(5천 톤급)는 두 대의 연합군 폭격기로부터 공격을 받고 격침되었다. 하지만 함께 항해하던 몬지호의 구조 활동으로 대부분의 군인, 군무원, 포로가 구출되었다. 그러나 조선인 군무원 6명이 직격탄의 폭풍으로 사망했고, 포로 20여 명도 행방불명이 되었다. 자바 포로수용소 조선인 군무원으로서는 최초의 전사戰死였다. 이때 사망한 다마가와 세이이치玉川清一, 다카야마 요시노스케高山義之助, 남상철南相喆, 마사야마 요시야키昌山善喆, 오오하라 유타카大原豊, 아라이 이사무新井勇(이들 중 대부분은 조선 이름이 밝혀지지 않았다) 등 여섯 명의 위패는 1944년 3월 야스쿠니신사에 합사合祀되었다.

연합군의 공습에서 살아남은 몬지호는 행선지를 변경하여 1943년 1월 17일 미얀마의 항구 도시 모울메인Moulmein에 도착했다. 자바로부터 이송된 포로 2천여 명을 수용한 타이 포로수용소 제5분소는,

미얀마 쪽 철도 기점 탄비우자야트에 본소를 설치하고, 포로와 감시 역할을 맡은 조선인 군무원들을 곧바로 건설 현장으로 보냈다.

한편, 타이 포로수용소에서는 1943년 3월 무렵이 되자 포로들 사이에서 질병이 만연하기 시작했다. 타이 포로수용소는 자바 포로수용소와 마찬가지로 1942년 8월에 개설되었다. 이 수용소는 타이에 5개 분소, 미얀마에 3개 분소 등 모두 8개 분소를 두고 있었다. 포로 수가 가장 많았을 때는 총 5만 5천 명(타이에만 3만 7천 명)에 달했다. 수용소를 개설할 당시에는 영국군 포로 3천여 명만 수용되어 있었지만, 그 후 말레이 포로수용소, 자바 포로수용소로부터 철도 건설을 위해 5만 명 이상의 연합군 포로가 이곳으로 이송되었기 때문이다.

처음부터 타이에 배치된 조선인 군무원은 8백 명이었다. 그들도 자바로 간 부대나 그 밖의 부대처럼, 1942년 8월 19일에 부산을 출발했다. 그들은 9월 중순경 타이에 도착하여 130명 정도의 단위로 나뉘어 각 분소에 배치되었고, 현장에서 보충 교육을 받으면서 포로 취급법 등을 배웠다. 이 8백 명에 더하여, 1942년 12월 자바에서 백여 명의 조선인 군무원이 타이 포로수용소로 온 사실은 이미 앞에서 말했다.

포로들 사이에서 질병이 만연하자 작업 능률이 떨어지기 시작했기 때문에, 거듭하여 자바에서 포로들이 끌려왔다. 제2분소 및 제4분소에서는 포로의 작업율이 30%까지 떨어졌었다고 한다. 자바에서는 칠라참 제2분소의 에비코海老子 소령(자후카이 자료에서는 우바코姥子)이 6천여 명의 포로를 타이로 끌고 가서 1943년 5월 초에 제6분소를 개설했다. 이때도 백여 명 정도의 조선인 군무원이 함께 온 것으로 추정된다. 결국 타이 포로수용소에서 포로 감시 업무를 담당했던 조선인 군무원은 거의 천여 명에 달했다.

전인미답의 정글에서

전라남도 보성 출신의 이학래李鶴來(1924년생)는 당시 17살로, 군무원 중 나이가 가장 어린 축에 속했다. 그런 그가 군무원으로 근무한 곳이 타이였다. 1943년 2월, 그는 동료 군무원 6명, 포로(호주·네덜란드·영국) 5백 명과 함께 힌똑Hintok(타이-미얀마 철도의 타이 기점에서 150킬로미터 지점)의 제4분소 제3분견소의 분주소分駐所에 배치되었다.

공사가 진척되면서 첩첩산중에 차례차례 분주소가 개설되었다. 그는 직경 15센티미터 이상의 대나무가 무리지어 서식하고, 하늘을 가린 나무들이 덩굴처럼 뒤엉킨, 일찍이 사람의 발길이 미친 적 없는 정글을 개척하는 공사의 쓰라린 고초는 말로 표현하기 어려운 것이었다고 수기에 쓰고 있다.

> 처음 두 달은 주로 분주소에 필요한 시설을 준비하는 작업을 했고, 철도 공사에 본격적으로 종사하게 된 것은 그 후의 일이다. 포로들이 머무는 건물은 비가 새고, 포로의 옷은 그들이 가지고 있던 게 전부였지만, 일본군으로부터 옷은 지급되지 않았다(후반기로 가면서 조금씩 지급되었다). 식량은 자잘한 돌과 뉘가 조금씩 섞여 있는 도정搗精이 잘 안 된 쌀(후반기에는 나아졌지만)과 소금에 절여 말린 생선 한 토막이 전부였다(후반기에는 쇠고기와 야채도 있었다). 이런 사정은 포로만이 아니라 일본군도 마찬가지여서, 숙

소도 옷도 식량(쌀은 포로들이 먹는 것보다 좋았다)도 매우 열악한 상황이었다. (…) 일본군이 제공하는 식사에 제대로 적응하지 못한 포로들은 배탈이 나서 설사를 했고, 고된 노동까지 겹쳐 지칠 대로 지친 몸으로 병마와 힘든 싸움을 벌이고 있었다.

미얀마로 향하는 험준한 산속 깊은 골짜기에, 차례로 분주소가 개설되었다. 이학래는 포로들과 함께 갖은 고초를 겪으면서 산속 깊이 들어갔다. 자연과의 싸움이 곧 전쟁일 정도로, 고통스런 나날이 계속되었다.

그가 소속되었던 제4분소를 응원하기 위해 방문한 제2분소장 야나기다 쇼이치柳田正一 중령은 그 가혹했던 작업 상황을 다음과 같이 회상했다.

"1943년 5월 24일, 포로 막사에서 콜레라가 발생하고 나서 방역 대책을 세웠어요. 그 대책에 따라 건강 검진을 실시한 결과, 30명 안팎의 유사 콜레라 환자가 매일 발생했고 사망자도 수십 명에 이르렀어요. 방역을 위해서는 급수부給水部의 급수가 필요한 상황이었지만, 급수를 받을 수 없는 분소는 직접 밥을 지어야 하는 등 환경이 열악해서 방역 활동 자체가 매우 힘든 상황이었고요. 게다가 5월 하순부터는 이처럼 열악한 환경에 더해 이미 알려졌듯이 주식主食의 정량定量이 반으로 줄어들었고, 야채는 이전의 1/3에도 못 미치는 등, 상황이 극도로 악화되었어요. 또 매일 같이 스콜이 내리고 콜레라 외에 말라리아, 위장병 환자도 5백여 명이나 있었지요. 날이 갈수록 환자가 급증하는 상황이어서, 건강한 사람도 눈에 띄게 쇠약해지고 영양실조 상태에 빠져들었어요. 그런데도 하루 실제 노동은 12시간, 휴식도 없이 이런 작업을 계속한다면 머지않아 포로는 작업 때문에 전멸하고 말겠지요. 철도 개통까지 일주일이나 열흘 동안 기간을 정해놓고 하는 작업이라면 몰라도, 철도 개통이 언제일지 아득한 시점에서 이런 작업 요구는 포로를 관리하는 입장에서는 정말 곤란했어요. 대충 이런 요지의 방문 결과를 대대장에게 보고했을 뿐, 대대장과는 더 이상 이야기도 나누고 싶지 않았어요."

이 가혹한 작업으로 포로 네 명 중 한 명, 노무자 두 명 중 한 명꼴로 사망하여 모두 4만 7천여 명이 타이-미얀마 철도 공사 현장에서 죽어갔다.

작업이냐, 휴식이냐

연합국 측의 전후 전범 재판에서 타이-미얀마 철도 관계자만 111명(기소 120명)이 유죄 판결을 받았다. 유죄 판결 내용을 살펴보면 사형 32명, 종신형 16명, 유기형有期刑 63명, 무죄는 5명, 기소 각하 4명이었다. 이들 가운데는 조선인 군무원 33명(기소는 35명)도 포함되어 있었다.

조선인 군무원으로서 사형 판결을 받은 이는 모두 13명, 그들 중 실제로 사형을 당한 사람은 9명이다. 사형을 면한 네 명 중 한 명은 무죄, 세 명은 감형이 되었다. 당초 기소되었던 35명 중 최종 판결에서 33명이 유죄를, 나머지 2명은 무죄 판결을 받았다. 유죄 판결 내용을 살펴보면 사형 9명, 종신형 7명, 유기징역 17명이다. 이는 타이–미얀마 철도 관련 전범자 세 명 중 한 명이 조선인 군무원이라는 사실을 말해준다. 이처럼 조선인 군무원들의 높은 전범 비율은 도대체 무엇을 의미하는 것일까? 일본군의 가장 말단에 있었던 조선인 군무원들에게 일본의 전쟁 책임이 집중된 것은 무슨 이유 때문일까?

조선인 군무원들이 포로 관리를 담당했다고는 하지만, 그들이 직접 포로를 부릴 수 있는 입장은 아니었다. 포로의 사역은 철도 건설대가 직접 담당했으며, 포로수용소는 철도 건설대가 요구하는 작업 인원을 내주는 것이 주된 업무였다. 더욱이 포로가 작업에 나갈 수 있는 상태인지 아닌지를 판단하는 것도 동료 포로인 군의軍醫가 담당했다.

먹고 입을 것이 제대로 공급되지 않는 가운데, 대다수 포로는 극도로 몸이 쇠약해져 있었다. 군의는 포로들을 공사 현장에 내보내지 않으려 했고, 철도 건설대는 한 명의 포로라도 더 많은 인원을 공사 현장에 내보내라고 요구했다. 그 사이에 낀 포로수용소는 매우 고심했지만, 철도 건설이라는 대의명분에 내몰려 눈을 질끈 감고 병으로 쇠약해진 포로마저 공사 현장에 내보낸 적도 있었다고, 이학래는 회고했다.

철도 건설 현장에서 죽도록 고생하고 전후에는 전범으로 내몰려 육체와 영혼이 다함께 고통을 당한 포로수용소 관계자와 조선인 군무원들은, 당시에 이처럼 제국의 광기와 포로의 비애 사이에서 거북한 선택을 강요당하고 있었던 것이다.

연합군 포로를 타이-미얀마 철도 건설에 동원하도록 명령한 것은 남방총군南方總軍이었으며(남방군 명령, 1942. 6. 7), 남방총군의 조치는 대본영 육군부陸軍部의 지시에 따른 것이었다. 포로 사역 문제와 관련하여 책임을 져야 할 주체가 있다면 그것은 당연히 대본영과 남방총군일 것이다. 그리고 실제로 타이-미얀마 철도 건설을 실행하면서 건설 현장에 포로들을 투입하라고 요구했던 최고 책임은 남방군 야전 철도대 지휘하의 제2철도감부에 있으며, 바로 이 철도감부가 이른바 타이-미얀마 철도 건설 추진 본부였다. 철도 건설대는 어차피 포로의 숫자만 맞으면 개의치 않았고, 포로의 처우에 관해서는 아예 모른 척하는 풍조가 있었다고 한다. 그래서일까, 포로수용소와 철도 건설대는 사이가 좋지 않았다.

> 철도 연대는 포로들을 마음대로 부리면서 포로들이 먹고 입는 것에 대해서는 전혀 배려해주지 않았다. 철도 제5연대에 배속된 제4분소도, 철도 제9연대에 배속된 제3분소도 이 문제로 어려움을 겪었다. (…) 철도대와 타이 포로수용소는 사이가 좋지 않았다. 이런 문제는 타이 포로수용소 창립 초기부터 존재했다. 왜 그런 문제가 발생했을까? 포로수용소가 창립되기 전에는 육상 근무대가 3천여 명의 포로를 관리하고 있었다. 포로 대우에 관한 만국조약 같은 건 조금도 모르는 오카자키岡崎 중위가 중대장으로 있으면서 포로를 관리했기 때문에, 포로를 제멋대로 부려먹었다. 그런데 타이 포로수용소가 생긴 뒤로는 포로를 이전처럼 마음대로 부릴 수 없게 되었고, 자연히 철도 연대 입장에서는

포로수용소를 성가신 기관쯤으로 여기게 된 것 같다.[28]

가혹한 군의 방침

앞서 말한 것처럼, 일본 정부는 1942년 1월 29일 도고 시게노리 외무대신 명의로 '포로의 대우에 관한 조약'(제네바조약)을 준용한다는 취지를 연합군에게 약속했다. 그러나 실제로는 제네바조약의 정신을 존중하려는 방침은 아니었다. 예를 들면, 제네바조약 제27조(제3관 포로의 노동)는 "교전자는 장교 및 그에 준하는 자를 제외하고 건강한 포로를 그 계급 및 재능에 따라 노동자로 부릴 수 있다"고 정하여, 장교에게 노동을 강요하거나 건강하지 못한 사람에게 노동을 시키는 것을 금지하고 있다. 다만 장교의 경우, 그들 자신이 "자기에게 적합한 노동을 원하는 경우"에 한하여 노동을 "부여할" 수 있다고 되어 있다. 일본의 '포로 노역 규칙'(1904년 제정, 1943년 '포로 노무 규칙'으로 변경)에서도 준위准尉 이상의 포로는 사역을 면제시킬 것을 규정하고 있다. 또 1943년 5월 20일 발령한 '포로 노무 규칙'(陸軍省令 22)에서도 "장교인 포로는 그 자신이 의견을 표명한 경우에 한하여 노역에 종사시킬 수 있다", "노역은 포로의 건강, 기능, 포로의 모국에서의 지위 등을 고려하여 정한다"(동 규칙 제1조)고 하여, 장교의 강제 노동을 금지하고 포로의 건강에 유의해야 한다고 정하고 있다.

이런 규정이 있었지만, 현실에서 일본군이 포로에게 적용한 포로 취급 방침은 매우 가혹했다. 도조 육군대신은 포로와 관련한 훈시에서 "설령 장교일지라도 무위도식을 허용하지 않는다"라고 분명한 의지를 표명했다. '대동아전쟁'이 시작되자 '포로인 장교와 준위의 노역에 관한 건'이라는 통지 문서가 1942년 6월 3일 포로관리부장 명의로 발령되었다. 이 문서에는 앞서 말한 도조 육군대신의 의지가 반영되어 있었다. 문서의 요지는 다음과 같다.

"포로가 된 장교 및 준위의 노역은 '포로 노역 규칙' 제1조에서 금지하는 것이기는 하지만, 단 한 사람이라도 무위도식을 허용하지 않는 우리나라의 현실 상황과 포로의 건강 유지를 고려하여, 이들에 대해서도 그 신분·직능·체력 상태 등에 따라 자발적으로 노역에 나가게 하는 것이 중앙의 방침이므로, 이에 따라 지도해줄 것"이라며 일단 자발성을 강조했지만, 이는 사실상 모든 군에게 포로가 된 장교를 노역에 내보내라고 부추기는 것과 다를 게 없었다.

더욱이 포로 중 하사관이나 병사의 경우, 노동력 부족에 시달리던 군은 마치 부족한 노동력을 보충할 황금어장을 만난 것처럼 생각하고 있었으므로, 포로수용소 측의 논리가 통할 리 없었다. 이런 상황에서 말단 감시원이 현장에서 체력은 소진되고 병마에 시달리는 포로를 어떻게든 감싸주려 해도, 그의 의견 따위가 받아들여질 수 없음은 자명한 사실이었다.

타이 포로수용소 제2분소장 야나기다 쇼이치 중령은 철도 건설대 장교와 수용소 관련자들이 함께한 회담 석상(1942. 8. 15)에서 어느 고급 참모가 "타이-미얀마 철도 건설만 끝낼 수 있다면 포로는 전부 쓰러져도 상관없어"라고 말했다고 자신의 수기에서 밝혔다. 이런 분위기는 타이-미얀마 철도 현장에만 국한된 것이 아니라 자바에서도, 암본섬에서도, 플로레스섬에서도 마찬가지였다. "포로를 중요한 노동력으로 가장 유효하게 사용하라", "약간의 희생은 어쩔 수 없다"라는 것이 군의 방침이었다.

필리핀에서 일본군의 포로가 된 조나단 웨인라이트Jonathan Wainwright 미군 중장(필리핀 지역 최고 지휘관. 후에 대장으로 진급)은, 일본군이 얼마나 음험한 방법으로 포로가 된 적국 장교에게 노동을 강제했는지 생생하게 증언했다. 그는 1942년 5월 7일 코레히도르 함락과 함께 일본군에 항복하여 포로가 된 뒤, 잠시 마닐라에 수용되었다가 같은 해 8월 타이완의 화리엔花蓮항 포로수용소로 이송되었다. 그곳은 주로 고급 장교들이 수용된 곳으로, 네덜란드령 인도 사령관과 네덜란드령 인도 총독 같은 주요 인사들이 수용되어 있었다.

10월 초순, 일본 측은 수용소에 수용되어 있던 장교들에게 '노동일을 지원할 수 있다'고 전달했다. 장교들은 제네바조약을 알고 있었기 때문에 당연히 노동을 거부했다. 그러자 일본 측은 곧바로 음식물을 삭감했다. 밥의 양이 줄었고, 스프는 묽어졌다. 굶주림의 한계에 이르러 영양실조와 다름없는 상태에 놓인 장교들은 어쩔 수 없이 노동을 지원했다. 일하지 않으면 굶어 죽을 수밖에 없었기 때문이다. 실제로는 노동을 하지 않으면 죽음으로 몰아가면서, 형식적으로는 제네바조약에 저촉되지 않도록, 일본 측은 '노동일을 허가해달라는 신청'을 하라고 포로 측 장교들에게 요구했던 것이다.

포로, 노무자, 조선인

포로수용소 측이 포로를 충분히 보호했는지 여부에는 의문이 남지만, 급여·식량·노역 등 포로의 대우와 관련한 모든 책임을 포로수용소가 떠안을 수 없다는 점은 분명하다. 아니, 포로수용소는 매우 제한된 범위에서 책임을 지는 것이 마땅할 것이다.

하지만 연합군 전범 재판에서 타이-미얀마 철도 관련 유죄 판결을 받은 111명 가운데 69명, 사형 32명 가운데 25명이 포로수용소 관계자들이었다. 그 69명 가운데 조선인 군무원이 무려 33명(48%)이나 된다. 결국, 포로수용소의 가장 말단에서 명령에 복종하는 것만이 목숨을 부지하는 유일한 길이었던 식민지 군무원에게 전쟁 책임의 대부분을 억지로 떠넘긴 것 아닐까. 타이-미얀마 철도와 관련하여 장성급으로서 사형을 당한 사람은 포로수용소 소장이었던 사사마코토佐佐誠 소장小將이 유일하다. 또한 장성급으로 유기징역을 받은 인물은 철도 건설 제4대 사령관 이시다 에이구마石田榮熊 소장뿐이다. 하급 기관인 포로수용소에는 엄중한 처벌(하급자에게 더욱 엄중)을, 상급 기관에는 가벼운 처벌이라는 결과를 낳은 전쟁 재판이었다.

타이-미얀마 철도와 관련된 다양한 문제는 그동안 많은 이야기와 글로 다루어졌다. 그런 만큼 전쟁 재판의 부당성도 나름대로 표출되었다. 그러나 타이-미얀마 철도 문제를 다루면서, 포로수용소의 조선인 군무원에게 덮어씌운 '죄'에 대해서는 전혀 언급되지 않았다. 도대체 어찌된 일일까? 게다가 남방의 각 지역에서 끌려온 노무자의 희생에 대해서는 정녕 누가 책임을 졌다는 것인가.

백인 관광객들로 홍청거리는 매끄롱 다리 바로 옆에는 '위령慰靈'이라 새겨진 커다란 비석이 있다. 철도 건설대가 타이-미얀마 철도 완성 직후인 1944년 2월에 철도 공사 중 사망한 노무자와 포로의 넋을 위로한다는 명분으로 건립한 것이다. 비석 뒷면 중앙 7미터쯤에 다음과 같은 말이 새겨져 있다.

> 타이-미얀마를 연결하는 철도를 건설하는 동안 불행하게도 병에 걸려 죽어간 남방 각국의 노무자 및 포로를 위해 이 비를 세우고 삼가 그 넋을 위로한다.—1944년 2월 일본 철도 건설대

몇 가닥 가느다란 향이 찌는 듯한 더위 속에서 보라색 처량한 연기를 피워 올리고 있었다. 비석을 가운데 두고 콘크리트 담이 에워싼 형태의 높이 10미터에 이르는 네모난 위령비의 네 귀퉁이에는 영어, 태국어, 베트남어, 중국어, 말레이어로 위령의 말이 새겨진 석판이 있다. 글자의 일부가 손상된 말레이어는 다음과 같이 애도한다.

> 여기에서 일한 이슬람교도들의 혼령에 경의를 표합니다. 알라신께서 보답해주실 것입니다.

타이, 미얀마, 베트남, 말레이, 싱가포르, 인도네시아 등 일본군 지배 지역에서 끌려온 이름도 알 수 없는 무수한 노무자들에게는, 깐짜나부리의 연합군 포로 묘지야말로 오히려 부러움의 대상이 아닐까. 이 낡은 위령탑만이 그들 수만 명의 죽음을 애도한 유일한 장소니까.

자신들의 억울한 죽음을 하소연할 길조차 없는 슬픈 피해를 간직한 아시아 민중의 행렬, 그 가운데 조선인 군무원들의 얼굴이 어른거렸다. 지금까지 전쟁 책임을 연합국과의 대항이라는 좁은 틀 속에 국한시켜 생각해온 일본인들은, 이제 다시 아시아의 무고한 민중을 어떤 얼굴로 마주 대할 것인가.

4. 굶주림의 비행장

산호초 섬들

반다Banda해海 말루쿠 제도의 자연 풍광은 말로 표현할 수 없을 정도로 아름답다. 그중에서도 새하얀 산호초 해변은 눈이 부실 정도이다. 에메랄드 바다 속에는 흑진주가 잠들어 있다. 이곳 사람들은 타고난 음악가로, 일본이 이 섬을 침략했을 때도 이런 노래를 부르며 환영했다고 한다.

> 비가 내리면 산양이 달아나고
> 일본이 오더니 네덜란드가 달아나네
> 미국이 오면 누가 달아날까[29]

그러나 이 아름답고 발랄한 음악이 흘러나오는 향료의 섬들은 포로들에게, 또 그 포로들을 감시하는 조선인 군무원들에게 문자 그대로 '지옥의 섬'이었다.

"모두 쇠약해져 급성 전염병인 적리赤痢[30]에 걸렸어요. 이 전염병에 걸리면 영양실조에 이르고 끝내 죽게 되죠. (…) 환자가 영양실조에 빠져서 마침내 삶과 죽음의 경계에 접어들게 되면 말이죠, 대나무를 반쪽으로 갈라서 그것을 쭉 깔아놓고 침대 대용으로 그 위에 누워 있게 합니다. 몸에서 배어 나온 물이 대나무 틈으로 방울방울 땅에 떨어지고, 그 물이 고인 곳에는 구더기가 들끓고 냄새가 나요. 부근 일대는 시체 썩는 냄새가 코를 찌르고… 그런 식으로 많은 사람들이 죽어갔습니다. 영양실조로 피부에 물집이 생기기도 하고, 하여튼 엄청나게 많은 사람들이 죽었어요. 너무나 비참하고 애처로웠지만 달리 방법이 없었어요."

조선인 군무원 2백여 명과 포로 6천여 명, 일본인 장교와 하사관 30여 명이 자바 동쪽 수라바야항에서 세 척의 배로 출항한 것은 1943년 4월 26일이었다. 그들은 암본섬, 세람섬, 하루쿠섬, 플로레스섬 등 네 곳에 비행장을 건설하기 위해 자바를 떠났다.

이 지역의 비행장 건설 계획은 원래 1942년 6월 29일 대본영이 지시한 것이었다. 이 지시는 남방 작전이 일단락됨에 따라 다음 작전에 즉시 대응하고 남방의 주요 지역을 방위하기 위해 남방 방면에 약 백 개의 항공 기지를 건설하라는 것이었다. 남방, 특히 네덜란드령 인도 동부와 뉴기니 방면이 중시되었던 것은, 일본에 대항하는 연합군의 반격 거점인 호주가 바로 남쪽에 위치해 있고, 미국과 호주의 연락선 역할을 하는 남태평양으로 연결되는 지역이기 때문이었다. 해군 측은 일본에 대항하는 연합군의 반격 거점인 호주 거점을 사전에 제거하자는 호주 공격론을 주장했지만, 육군의 반대에 부딪혀 실행되지 못했다. 대본영은 연합군의 대규모 반격 시기를 1943년 이후로 판단했고, 그때의 반격에 대비하는 작전의 일환으로 남방 방면의 항공 기지를 보완하고 새로운 항공 기지를 건설할 계획을 세웠던 것이다.[31]

그러나 연합군의 반격은 대본영의 예상보다 훨씬 빨랐다. 연합군은 1942년 8월 7일에 과달카날섬에 상륙했으며, 이어서 같은 해 12월에 뉴기니 동쪽의 부나Buna를 장악했다. 이렇게 되면 연합군이 과달카날섬의 북동쪽에 위치한 솔로몬 제도와 뉴기니 북쪽 해안을 따라서 필리핀을 목표로 북상할 수 있었다. 1943년 3월 하순 무렵의 항공 정세 개황을 살펴보면, 포트 다윈Port darwin[32]을 중심으로 한 호주 북부에는 약 백 대의 연합군 항공기가 배치되어 있었다. 만약 이곳에서 B24가 이륙하면 플로레스섬과 암본섬, 서부 뉴기니가 연합군의 제공권 아래에 놓이게 된다. 동부 뉴기니에는 이미 포트 모르즈비Port Moresby와 부나를 중심으로 약 3백 대의 연합군 비행기가 배치되어 있었다. 일본군은 티모르Timor섬을 장악하고 그곳에서 호주 북부를 주시했다.

앞서 말한 대본영의 항공 기지 건설 지시에 근거하여, 대본영 육군부는 1942년 12월 14일에 반다해 방면 방위를 위해 비밀리에 제7비행사단 사령부 편성을 지시했다. 그리고 다음 해인 1943년 2월 10일을 전후하여 자바 동부의 수라바야에서 육해군 합동 도상 훈련을 실시했다. 그 합동 훈련의 결론은, 만약 포트 다윈 방면에서 미국과 호주의 연합 병단이 반다해 정면에 산재한 섬들(카이Kai 제도, 타님바르

Tanimbar 제도 등)을 침공하게 되면 약 3주 만에 암본 부근의 방어선까지 무너지게 된다는 것, 따라서 항공 기지 건설은 최대한 신속하게 진행되어야 한다는 것이었다. 그리하여 마침내 3월 초, 반다해 정면에 위치한 할마헤라, 암본, 하루쿠, 세람, 티모르, 숨바Sumba, 플로레스, 숨바와Sumbawa 등의 섬에 총 22~27개의 비행장을 신설하는 계획이 구체화되었다.

이런 사정 때문에 자바 포로수용소의 포로 6천여 명이 하루쿠(하루쿠섬), 아마하이Amahai(세람섬), 리앙Liang(암본섬), 마우메레Maumere(플로레스섬) 등 4개 비행장 건설에 내몰리게 되었다(105쪽 〈지도 1〉 참조). 포로들은 주로 하사관과 병사들로 이루어진 네덜란드군 혼성 부대였으며, 네덜란드군 병사들은 대부분 암본섬 출신이거나 네덜란드인과 인도네시아인 사이에서 출생한 혼혈인들이었다.

암본섬을 중심으로 한 말루쿠 제도는 식민지화가 일찍부터 진행되어 식민지 역사가 깊은 곳이다. '향료의 섬'이라 불렸던 암본에서 생산되는 너트메그nutmeg(육두구)를 찾아서 서양 여러 나라가 몰려들었기 때문에, 기독교의 교화도 다른 지역보다 빨리 진행되었다. 향료를 생산하는 여러 섬을 식민지로 지배했던 네덜란드는, 암본 사람들을 앞잡이로 길들여 그들을 식민지 군인과 경찰관으로 부려먹었다. 네덜란드군 포로 가운데 유독 암본 출신자가 많았던 것도 그 불행한 역사의 산물이었다.

끊어진 보급로

4월 26일에 수라바야항을 떠난 세 척의 배 가운데 두 척은 5월 1

일 무사히 암본항에 도착했다. 암본은 5월부터 9월까지 약 5개월 동안 비가 많이 내린다. 자바 등지와는 달리 건기는 오히려 10월 이후에야 찾아온다. 또한 산호초 섬이기 때문에, 토질 자체가 작물 재배에 적합하지 않아 쌀을 경작할 수 없는 곳이기도 했다. 비행장은 리앙(암본섬 동북 해안), 하루쿠(하루쿠섬 북쪽 해안), 아마하이(세람섬 남쪽 해안) 등 세 곳에 만들었는데, 모두 해안 가까운 곳에 위치한 탓에 산호초 퇴적층이 단단한 지질을 형성하고 있었다.

도조 육군대신은 '미군은 비행장을 일주일 만에 건설한다. 그렇다면 일본은 3일 만에 만들어낼 수 있도록 연구하라'고 했다고 한다. 육군대신의 말에 따라, 육군 중앙부는 1942년 9월부터 기계화 작업 부대 편성을 검토하여 1943년 6월에는 기계화 작업 부대(갑甲)의 편성 장비를 결정했다. 이 작업 부대는 불도저, 견인차, 화물 자동차, 콘크리트 믹서기, 쇄석기, 굴착기(削土機) 등 근대적 토목 기계를 갖춘 세 개 중대 648명으로 구성되었다. 고마쓰 제작소 등이 그 토목 기계를 개발했다. 그러나 기계 고장이나 폭격의 우려 때문에, 남방에서 이 작업 부대(甲)가 제대로 기능을 발휘할 수 있을지 의문이 제기되었다. 결국 이 지역에는 반半기계화 작업 부대(을乙)가 더 적합하다는 판단이 내려졌다. 이 반半기계화 작업 부대는 대장 이하 149명의 대원으로 구성되어 "현지 노동력을 중심으로 작업하는 것을 원칙"으로 삼은 부대였다. 기계는 삽(군용 삽. 보통 삽보다 조금 작다) 9백 자루, 피켈(지팡이 끝에 곡괭이 모양의 금속이 달린 작업 용구) 250개 등, 사람이 직접 사용하는 작업 도구가 주를 이루었고, 대형 기계는 견인차 2대, 화물 자동차 15대, 10톤 규모의 땅을 다지는 롤러 2대 정도가 전부였다.

하루쿠, 리앙, 아마하이에 파견된 부대는 제9 항공 지구(제7 비행사단) 사령관 아카자와 마사노조赤澤正之丞 대령이 지휘하는 비행장 대대였다. 이 대대는 작업 부대(乙)처럼 포로와 현지인 노무자를 중심으로 한 반기계화 장비로 편성된 건설대였던 것 같다.

아카자와 부대(포장 부대)에는 자바에서 파견된 다수의 인도네시아인 노무자가 있었는데, 포로와 노무자가 함께 작업을 한 적은 없었다고 한다. 조선인 군무원들은 노무자가 있다는 것을 알고는 있었지만, 일상적으로 접할 수 없었기 때문에 그들의 실정은 전혀 몰랐다. 이들 노무자는 아카자와 부대가 직접 사역을 시키고 있었다.

리앙 비행장 건설 현장

암본섬 동북 해안의 리앙에서 포로 감시 업무를 담당했던 야마모토 기이치山本義一 상사(曹長)는, 수송 지휘관으로서 수라바야 제3분소에서 조선인 군무원 및 포로와 함께 리앙으로 옮겨 왔다. 리앙에 건설될 비행장은 길이 약 2,000미터, 너비 약 100미터 규모의 활주로였다. 비행장 건설은 5월 말에 시작되었는데, 3개월 동안 활주로 작업을 끝내고, 이어서 비행장 방호용 엄호벽체(掩體)와 부속 설비의 증강 작업이 계속되었다. 야마모토 상사가 근무했던 리앙(정식 명칭은 자바 포로수용소 파견 제3분소 제4분견소)에는 포로수용소의 군인과 군무원 약 70명, 그리고 영국군 포로가 9백 명쯤 있었다. 아카자와 부대에서 건설을 담당했던 군인은 약 240명 정도였고, 노무자가 실제로 몇 명이었는지는 거의 알려지지 않았다.

야마모토 상사 등이 암본항에 도착했을 때는 포로 중 일부가 이미 적리에 걸린 상태였다. 포로들을 시켜 배에 싣고 온 짐을 내리고, 약 30킬로미터 떨어진 리앙까지 가는 데 이틀이 걸렸다. 리앙에는 숙소는커녕 아무것도 없었다. 비를 맞으며 3일 동안 숙소 설치 작업을 했다. 야자나무 잎과 대나무로 만든 니파하우스nipa house(니파야자 잎으로 지붕을 이은 인도네시아 토착민들의 집)였다.

이곳은 산호초 토질이어서 우물조차 팔 수 없었고, 물을 얻을 수 있는 강변까지 4킬로미터 정도 걸어가야 했다. 나중에는 속이 빈 대나무 토막을 연결하여 산에서 물을 끌어오는 간이 수도를 만들기도 했지만, 대나무 마디가 충분히 뚫려 있지 않았기 때문에 자주 물이 막혔다. 토막과 토막 사이의 이음새가 벌어지거나 무더운 날씨에 대나무가 갈라 터지기도 해서, 간이 수도를 수리하는 특설반을 따로 두어야 할 지경이었다. 그나마 밥은 강가에서 계속 지어서 트럭으로 숙소까지 실어 날랐다.

아카자와 부대의 건설용 기계 장비는 수송 도중 폭격을 당해 바다에 가라앉아버렸다고 한다. 그 때문에 온전히 사람의 노동력만으로 비행장을 건설해야 했다. 게다가 자바에서 포로수용소로 보내줘야 할 식량도 연합군의 공습이 심해지면서 점차 공급이 끊겼다. 남아 있는 것은 출발할 때 몸에 지니고 온 쌀이 고작이었다. 그러나 이마저도 포로들에게 나누어줄 만큼 여유 있는 분량은 아니었다.

1944년 중반 무렵부터는 빈 깡통에 가득 담은 찐옥수수, 타피오카tapioca(열대 식물인 카사바 뿌리의 섬유질을 갈아서 만든다. 포도당·죽·수프 등의 원료) 녹말로 끓인 멀건 죽에 소금이나 설탕을 탄 것, 거기에 약간의 말린 우렁을 넣은 식사가 포로에게 주어졌다. 명색은 하루 세 끼였지만 양이 놀랄 만큼 적어서 허기조차 달랠 수 없었다.

그나마 작업을 나가면 작업 부대가 도시락을 지급했다. 작업 부대 쪽은 그때까지 식량 사정이 좋았던 탓일까, 포로들은 다소 무리를 해서라도 작업을 나갔다고 한다. 반면 몸을 움직일 수 없는 포로들에게는 쇠약에 박차를 가하기라도 하듯이 더욱 형편없는 식사가 주어졌다.

야채 부족도 심각해서, 푸른 채소라고는 고작 감자 이파리 정도가 전부였다. 카사바 잎과 줄기를 건더기로 국을 끓였다. 반면, 눈앞의 바다에는 물고기가 많이 있었을 것이다. 1943년 무렵에는 바다에 수류탄을 던져 떠오른 물고기를 모아서 배급했다고 한다. 그러나 1944년부터 연합군의 공습이 심해지면서, 물고기를 잡는 데도 목숨을 걸어야 했다. 뱀이나 도마뱀, 그 밖에 뭐든지 먹을 수 있는 것이라면 모두 잡아서 포로들에게 배급했다. 들개 또한 포로들의 중요한 단백질 공급원이 되었을 정도였다.

적도의 뜨거운 햇볕이 내리쬐는 무더위 속에서 고된 노동과 식량 부족이라는 악조건이 지속되고 있었으니, 병에 걸리지 않는 게 오히려 이상한 일이었으리라. 그러나 환자가 속출해도 치료할 의약품은 턱없이 부족했다. 말라리아에 걸린 환자들에게 일인당 키니네 한 알씩도 돌아가지 않아서, 한 되짜리 병(1.8리터짜리 병)에 물을 가득 채운 뒤 키니네 한 알을 녹여서 그 물을 환자에게 먹였다고 한다. 이런 식으로는 병이 나을 수 없었다.

식량이 바닥나자 주변의 가까운 섬으로 식량을 사러 나가기도 했다. 하지만 주변 섬들도 원래 식량이 넉넉한 편이 아닌 데다, 상당수의 일본군이 상륙해 있었다. 통통배를 구해 식량을 사러 가는 것도 생각처럼 쉽지 않았다. 한 번 식량을 사러 나가면 이틀이나 사흘 정도가 걸렸다. 바다도 하늘도 짙푸르게 빛나는 무심한 자연은 아름답지 않은 곳이 없었지만, 그 새하얀 산호초 섬에서 인간은 굶주림과 싸우면서 하루하루 목숨을 이어가고 있었다.

육군이 정한 '포로용 피복 정비에 관한 건'(1942. 12. 15. 陸亞普 1497)과 '포로의 주식主食 급여 양의 건'(1942. 10. 29. 陸亞密 4190)을 보면, 일단 겉모양은 흠잡을 데 없는 규정이다. 우선 복장에 관한 부분을 살펴보면, 작업복, 비옷, 신발 등을 제공하게 되어 있었지만 규정대로 시행된 적이 전혀 없었고, 옷이라고는 몸에 걸치고 있는 게 전부였다고 한다. 신발의 경우, 노획품인 군화가 지급되었다고 한다. 주식은 장교가 하루 곡류穀類 420그램, 하사관이 570그램(노동, 건강 등의 상태에 따라서 220그램 이내에서 증량 가능)이라고 규정되었다. 570그램은 대략 4홉(1홉은 약 180밀리리터) 정도 되는 양이다.

전쟁 상황이 악화 일로로 치닫던 1944년 5월 6일에는 '식량 등 절약에 관한 건'을 다룬 육군 차관의 통지문서(陸亞密 3827)가 나온다. 이 문서에도 주식 배급량은 현미 540그램(건빵 690그램), 보리쌀 165그램으로 되어 있다. 주식 배급량은 규정대로 실시되기만 했다면 특별히 문제가 될 양이라고 할 수 없다. 덧붙여서 말하면, 전쟁 중이던 당시 일본 국내의 배급 쌀은 하루 2홉 3작(1작은 약 18밀리리터)에 불과했다.

〈표 2〉 포로·억류자·일본 병사의 식량

구분	포로	억류자	일본 병사*
주식(쌀)	550그램	400그램	800그램
육류	50그램	25그램	210그램
야채	400그램	400그램	600그램
설탕	20그램	20그램	20그램
식용유	25그램	?	?
소금	20그램	20그램	5그램
차(홍차)	3그램	?	3그램
중노동 증가표			
쌀	200그램	?	–
육류	50그램	?	–
야채	200그램	?	–
합계 칼로리	3,171칼로리	1,611칼로리	2,900~3,206칼로리

출처: 宮元靜雄, 『ジャワ終戰處理記』, 373쪽; 廣池俊雄, 『泰緬鐵道』, 415~416쪽.
* 일본 병사의 식량 양은 타이-미얀마 철도 자료에 따름. 칼로리는 宮元靜雄, 『ジャワ終戰處理記』를 참조.

제16군 사령부가 정한 포로 및 억류자의 식량 배급량은 〈표 2〉와 같았다. 이 표에 따르면 주식 부분은 육군 중앙 부서 규정과 거의 같은 수준이다. 자바 포로수용소·억류소에서는 1944년 3월에 야채 100그램, 식용유 20그램, 차 2그램, 향신료 20그램을 더하여 합계 220칼로리를 추가했다. 이렇게 되면 형식적으로 억류자는 하루 1,836~2,136칼로리, 포로(중노동 종사자)는 3,341~3,641칼로리를 공급받는 것이 된다.[33] 전후 자카르타의 치피낭형무소에 수용된 일본인이 하루에 겨우 1,101칼로리 상당의 식량밖에 지급받지 못했다는 기록도 있는데, 이에 비하면 상당히 양호한 수준이라고 할 수 있다.

그러나 이는 어디까지나 규정에 불과했다. 포로 7천여 명 중 사망자가 3,087명이나 되었던 타이 포로수용소 이타노板野 분소(미얀마 쪽)에서는, 하루에 100그램의 쌀이 배급되는 나날이 한 달 가까이 계속된 적도 있었다고 한다. 깊은 산중에서 행군을 해가며 공사를 했기 때문에, 보급이 극도로 열악했던 탓도 있었을 것이다. 그러나 육류 배급은 일본 측과 포로 사이에 4배가 넘는 격차가 있었으며, 중노동을 한다 하더라도 여전히 배 정도의 차이가 있었다. 이런 수준의 식생활을 제공하면서 하루 종일 중노동을 시킨다는 것은 애당초 무리였다. 쌀 100그램은 겨우 7작에 지나지 않고, 한 끼 분량은 작은 찻잔 한 잔에 불과했다.

원래 암본섬, 세람섬 등에서는 해군 군정이 시행되고 있었고, 육군이 군정을 맡은 곳은 수마트라와 자바뿐이었다. 두 곳을 제외한 나머지 인도네시아 지역은 해군 군정하에 있었다. 남서 방면 함대의 해군 민정부는 마카사르Makasar(술라웨시섬 남부, 현재의 우중판당)에 설치되어 있었다. 자바섬의 수라바야에서 암본섬까지는 직선거리로도 1,800킬로미터나 된다. 암본 지역은 쌀이 매우 귀한 곳이었지만, 그렇다고 이 지역의 군정을 맡고 있는 해군으로부터 보급을 기대할 형편도 아니었다.

아카자와 부대는 작업을 나온 포로에게 점심만 지급했다. 더욱이 1,800킬로미터에 걸친 해상 수송로는 1943년 하반기에 이미 안전을 보장할 수 없는 상황이었다. 호주 북부 포트 모르즈비에서 출격한 뷰파이터[34]는 반다해 정면까지 제공권을 장악했고, B24가 출격할 경우 세람섬과 플로레스섬까지 연합군의 사정권에 포함되었다. 1943년 7월 22일에는 실제로 B24가 수라바야까지 공습했다. 이처럼 암본섬, 세람섬, 플로레스섬을 연결하는 해상 수송로는 최악의 상태에 처해 있었다.

리앙은 날이 갈수록 식량 부족에 시달렸다. 포로들은 잇달아 적리에 걸리고, 영양실조 상태에 빠졌다. 곡괭이로 산호석을 내리찍으면 곡괭이가 도로 튀어 올랐고, 야자나무 한 그루를 넘어뜨리고 뿌리까지 제거하자면 열 명이 일주일 이상 매달려야 했다. 그 야자나무가 포로들의 관이 되었다. 포로들은 제때 관을 만들 수 없을 정도로 많이 죽어갔다. 어쩔 수 없이 모포로 시체를 둘둘 말아서 매장하는 경우도 종종 있었다. 이렇게 죽어간 포로의 수는 전체 포로의 1/3에 이르렀다. 살아남은 포로들도 절반 정도는 영양실조 상태였다. 조선인 군무원은 암본섬과 하루쿠섬에서 두 명이 각기脚氣(충심증)로,[35] 한 명이 장티푸스 겸 기관지염으로 죽었다.

이런 섬에도 위안소慰安所가 있었다. 두 채의 위안소에는 20~30명 가량의 '위안부'가 있었다. 모두 자바섬에서 끌려온 여성들이었다고 한다. 암본섬 중부의 와이에는 조선인 '위안부'도 있었다고 하는데, 패전 이후 그녀들이 무사히 자바와 조선으로 돌아갔는지는 전혀 밝혀지지 않았다.

마침내 비행장과 부속 시설까지 완성될 무렵, 거의 매일 같이 연합군의 폭격이 이어졌다. 그러나 리앙에서 출격한 일본군 비행기는 한 대도 없었다. 폭격으로 망가진 활주로를 수리하기 위해, 부대는 1944년 10월까지 그곳에 머물러 있었다. 그리고 정작 자바섬으로 돌아가게 되었을 때쯤에는 야마모토 상사 등 부대원들이 다함께 탈 수 있는 온전한 배가 없었다.

할 수 없이 작은 배를 조달하여 탈 수 있는 인원만큼 타고, 어둠을 틈타 반다해로 나아갔다. 별을 의지하여 어두운 바다를 계속 항해한 배도 있었다. 뿔뿔이 흩어져 제각각 자바섬으로 돌아가는 항해였다.

하루쿠 비행장 건설 현장

암본섬 바로 동쪽의 하루쿠섬은 동서 15킬로미터, 남북 10킬로미터 정도의 작은 섬이다. 일본군은 이 겨자씨처럼 작은 섬 북쪽 해안에 길이 1,500미터, 폭 65미터의 활주로를 건설했다. 하루쿠 비행장 공사는 5월 초순에 시작되었는데, 연말에는 활주로는 물론 방호용 엄호벽체까지 거의 완성되었다.

8개월 동안 공사에 동원된 연인원은 군인이 총 13,000명, 노무자와 포로가 258,000명, 합계 271,000명이었으며, 이 공사에 사용된 장비는 고작 불도저 2대, 스크레이퍼scraper 1대가 전부였다. 하루쿠섬에서 비행장 건설 작업을 했던 포로 1,500명은 네덜란드 병사들로, 그들 대부분은 머나도(술라웨시 북부)와 암본섬 출신들이었다. 머나도 역시 암본과 마찬가지로 네덜란드 병사를 많이 배출한 지역이다.

이곳도 다른 곳과 마찬가지로 숙소 시설이 제대로 갖추어져 있지 않았다. 비가 새는 니파하우스에서 포로도 군무원도 하사관도 모두 축축하게 젖은 모포를 덮고 잠을 잤다. 부족한 숙소 시설을 마련하는 동안, 포로들은 맨땅에 모포를 깔고 자야 했다. 하루쿠의 5월은 비가 많이 내리는 시기였다. 비에 젖어 묵직해진 모포를 말리면서, 포로들은 서늘한 한기에 몸을 떨었다.

이처럼 잠조차 편하게 잘 수 없는 상태에서 포로들의 체력은 점점 쇠약해졌다. 밥을 지으려 해도 땔감으로 쓸 마른 장작을 구할 수 없어, 생나무에 중유를 끼얹고 불을 지펴 밥을 지을 정도였다. 숙소를 설치하는 일이 무엇보다 급했다. 작업 인원을 수용할 준비가 전혀 갖추어지지 않은 섬에 1,500명이나 되는 포로들을 이끌고 상륙했던 것이다. 이런 악조건은 결국 포로들의 희생을 강요하는 꼴이 되고 말았다.

이곳에서도 리앙과 마찬가지로 야채와 단백질 부족이 심각했다. 산호초의 하얀 모래는 너무나 눈부시게 빛났다. 영양실조에 걸린 포로들은 빛나는 백사장을 똑바로 바라보면 곧바로 눈물이 쏟아질 정도로 눈이 약해져 있었다. 그들은 대나무를 둥글게 잘라서 안경테를 만들었다. 이 안경테에 셀로판을 붙이고 색을 칠하면 간이 선글라스가 된다.

가장 부족한 것은 소금이었다. 드럼통에 바닷물을 채워 넣고 끓여서 소금을 만들기도 했지만, 하루 종일 끓여도 겨우 한 움큼의 새까만 소금이 만들어질 뿐이었다. 염분이 부족해지자 포로들은 자꾸만 오줌이 마렵다고 호소했다. 조선인 군무원들이 영양실조에 걸려 죽음을 앞둔 포로의 몸에서 물이 뚝뚝 떨어지는 처참한 광경을 목격한 것도 바로 이 하루쿠섬이었다.

시체를 매장할 구덩이도 산호초 때문에 깊이 팔 수 없었다. 비가 내리면 시체를 묻은 곳 주변에서 풍기는 고약한 냄새가 일대에 진동했다. 마치 원한에 사무친 영혼들이 배회하는 것 같았다. 그 자신, 전범으로 내몰렸던 조선인 군무원조차 이렇게 말할 정도였다.

"만약 연합군 군인들이 이런 꼴을 직접 목격했다면, 전범자의 수는 절대 그 수준에서 끝날 수 없었겠지요."

리앙, 하루쿠, 아마하이 등 세 곳의 비행장 건설은 엄청난 수의 포로를 희생시킨 끝에 1943년 중에 모두 완성되었다.

마우메레 비행장 건설 현장

플로레스섬 마우메레에서도 제4 야전 비행장 건설대의 지휘 아래 육군 전용 비행장이 건설되었다. 자바 포로수용소의 포로 3천여 명이 여기에 파견되었다. 마우메레의 제2분견소장은 아시다 쇼지芦田昭二 대위였다. 그는 전후에 네덜란드 법정에서 사형 선고를 받는다.

기독교도였던 조선인 군무원 최기전은 신사 참배 거부로 폐교된 전주의 미션 스쿨 신흥학교를 중퇴하고 부친의 한약방에서 일을 거들다가 군무원이 되어 플로레스섬에 배속되었다.

플로레스섬은 자바섬에서 소순다 열도를 차례로 따라가다 보면 발리섬, 롬복Lombok섬, 숨바와섬 다음에 가로로 길게 놓여 있는 동서 길이가 350킬로미터나 되는 상당히 큰 섬이다. 면적은 14,250㎢로 인도네시아에서 열 번째로 큰 섬이며, 크기는 이와테岩手현과 엇비슷하다. 암본섬과는 달리 이곳의 건기는 4월부터 10월까지인데, 그 기간 동안 비는 거의 내리지 않는다. 인도네시아 전체에서 가장 건조한 지역으로, 옥수수가 주민들의 주식이었다.

아시다 대위가 지휘하는 제2분견소는 일본인 하사관 4명, 통역 1명, 조선인 군무원 약 70명, 포로 약 3천 명(네덜란드 병사인 이들 포로는 대부분 암본, 머나도 출신이거나 혼혈이었다)으로 구성되어 있었다. 가톨릭 색채가 짙은 플로레스는 왠지 최기전의 마음을 편안하게 만들었다. 교회의 십자가, 포르투갈인 신부, 그리고 항상 몸에 지니고 다니는 성경책. 하지만 그는 참혹한 처지의 포로들을 전혀 도울 수 없는 자신의 신세에 마음이 쓰라렸다.

플로레스에는 정찰기용 활주로 두 개와 폭격기용 활주로 한 개가 건설되었다. 기계다운 기계 하나 없이 깊은 산골 적갈색의 카사바 밭에서 괭이질만으로 땅을 고르는 힘든 작업이 포로들의 몫이었다. 숙소는 대나무 침상의 니파하우스였고, 쌀은 그렇다 치더라도 부식품마저 거의 없었다. 건조한 데다 가혹할 만큼 무더운 날씨, 영양실조, 전염병으로 여기서도 포로들이 개처럼 무참하게 죽어갔다. 최기전은 서울의 한 여관에서 당시를 이렇게 회상했다.

"많을 때는 하루에 10명 이상의 포로가 죽었어요. 플로레스에서는 일본인 역시 먹을 것이 부족해서 곤란을 겪을 정도였으니 포로는 오죽했겠어요. 평소 육식을 하던 백인들은 고기를 먹을 수 없었기 때문에… 그러면 그들도 쇠약해지거든요. 묘한 것은 당뇨병이 유행했다는 거죠. 인슐린이 당뇨병에 효과가 있다는 것을 저도 그때 처음 알았어요. 당뇨병이 심한 사람은 발가락이 썩어서 떨어져버리거든요. 그 모습은 참혹했어요. 정말 불쌍했어요. 각기병이 심장까지 퍼져서 죽는 사람도 많았어요.

포로들은 동료가 죽으면 시체를 묻을 구덩이를 직접 파야 했어요. 그것을 우리가 감시했고요. 우리도 총검을 든 채 그저 멍하니 바라보고 있을 뿐이었지요. 구덩이를 파는 포로가 너무 지쳐서 일이 전혀 진척되지 않았어요. 그래서 보다 못한 우리가 포로에게 총검을 넘겨주고 구덩이를 대신 팠던 적도 있어요. 그러다 일본 병사에게 들켜서 호된 질책을 당했지만요.

포로들과 가까이서 매일같이 얼굴을 마주 대하는 것이 바로 우리 조선인이다 보니, 어떻게 해서든 약과 음식물을 조금이라도 변통해주려고 애썼어요. 비행장 건설 명령은 건설대에서 내려왔어요. 하루 몇 미터를 파야 하고, 그것을 위해 몇 명이 필요하다는 식의 명령이었어요. 우리는 포로 대장에게 몇 명을 뽑아내라고 전달했고요. 그러면 포로 대장은 환자가 많아 그런 인원은 낼 수 없다고 심하게 반발하곤 했어요. 하지만 명령이기 때문에 결국 무리를 해서라도 그들에게 요구할 수밖에 없었어요.

우리 조선인 감시원들은 건설 현장에서 그날 배정된 작업량을 채우려고 포로 책임자와 실랑이질까지 해야 했어요. 질병이든 다른 무슨 사정이든, 그날 배정된 작업량을 완성하지 못하면 우리 감시원들이 책임 추궁을 당했기 때문에 "어떻게 해서든 당신들 여기까지 해"라고 명령할 수밖에 없었어요. 전쟁이 끝난 뒤 상당히 많은 우리 조선인들이 전범이 된 것도, 다 그런 말 못할 속사정이 있었기 때문이지요. 우리 조선인들에게 전혀 책임이 없다거나 아무런 나쁜 짓도 하지 않았다고는 할 수 없지만, 우리가 명령을 곧이곧대로 따르면 따를수록 포로들이 고통스러웠던 것은 사실입니다.

우리는 조선인이라는 것만으로 일본인 장교나 하사관으로부터 상당히 업신여김을 당했어요. 포로의 비참한 상태를 동정하면 가차 없이 질책을 당했고요. 규칙에 조금이라도 어긋나면 "너희 조센징은 어쩔 수 없다"라는 모멸적인 말을 듣거나, 하나에서 열까지 조선인이라고 해서 업신여김을 당했어요. 정말 어처구니없는 일은, 우리가 글씨를 잘 쓴다는 이유로 일본인 하사관이 기합을 주었다는 겁니다. 우리가 무슨 일을 하든 그들의 기분에 맞지 않으면 "조센징은…"이라는 모멸적인 말을 들어야 했어요."

일본 군정 시대에 초등학생이었던 플로레스섬 출신의 인도네시아인을 도쿄에서 만날 기회가 있었다. 그가 태어난 곳은 마우메레섬에서 아주 가까운 곳으로, 고래잡이로 생활하는 보기 드문 어촌이었다. 플로레스는 해군 민정民政이 실시되었던 지역으로, 당시 소년이었던 그는 '벚꽃에 닻을 새긴 마크'로 상징되는 해군에 대해 특별히 나쁜 인상은 없었던 같다. 그에 비해 '별 마크'로 상징되는 육군은 "거칠고 막돼먹기가 이를 데 없었다"고 한다. 그 무렵 많은 노무자가 자바섬에서 끌려와 육군 비행장을 건설하는 고된 일에 동원되고 있었다는 것을, 어린 그도 알고 있었다. 일본군에게 잡힌 도둑은 비눗물을 마셔야 했고, 심한 경우에는 화형을 당했다고 한다.

나이는 어렸지만 그도 고향 사람들이 '루마 메라(붉은 집)'라고 부르던 집이 일본군이 성욕을 해소하기 위해 드나드는 위안소라는 것을 알았다. 섬 사람들은 고향 섬에서 함께 살던 아가씨들이 '위안부'가 되어 살고 있는 루마 메라 근처에도 가지 않았다.

노무자와 '위안부', 플로레스섬 주민, 포로, 조선인 군무원, 일본 병사, 하사관과 장교…. 적도의 강렬한 햇빛에 대지가 적갈색으로 변한 남태평양 외딴 섬에도 대동아전쟁의 절망적인 축소판이 존재하고 있었다. 일찍이 민족주의자 수카르노가 네덜란드 식민지 정부의 탄압을 받고 유배되었던 곳도 바로 이 플로레스섬이었다. 그는 이

유배지에서 인도네시아 전 인민에게 보내는 독립 해방의 열렬한 염원을 글로 썼다.

조선인 군무원들도 조국 독립의 염원은 수카르노와 마찬가지로 강렬했을 것이다. 포로가 굶주림에 시달리며 나날이 시체로 쌓여가는 마우메레와 암본의 비행장 건설 공사를 겪으면서, 조선인 군무원들은 식민지와 전쟁의 비참함을 몸으로 한층 절실히 깨닫게 되었으리라.

플로레스섬 제2분견소는 마우메레의 비행장 건설 임무를 끝내고 1944년 9월 남방총군 사령부로부터 자바섬으로 복귀하는 배를 배정받았다. 아시다 대위를 비롯한 조선인 군무원과 모진 환경에서 살아남은 포로들은 비로소 자바섬으로 돌아올 수 있었다.

일본이 패전한 뒤 이 지옥 같은 플로레스섬에서 근무했던 일본인 하사관과 조선인 군무원 몇 명이 일본군을 탈주하여 인도네시아 독립군에 투신했다. 전범이 되는 것이 두려워서였을까, 아니면 전쟁의 비참함을 몸소 겪은 그들이 일본군의 행태에 절망했기 때문일까? 그 이유는 분명하지 않다.

5. 죽음의 바다, 반다해

포로 학살

암본 지역에서 자바로의 귀환은 비극으로 점철된 고난의 길이었다. 남방총군 사령부에서 귀환용 배를 배정받지 못한 데다, 철수가 시작된 1944년 10월 무렵에는 암본과 수라바야를 연결하는 수송로를 겨냥한 연합군의 반격이 점점 치열해지고 있었다. 그래서 연합군의 폭격과 잠수함에 대한 공포로 패전 때까지 자바로 끝내 돌아오지 못한 포로, 군무원, 일본 병사들도 있었다.

앞서 말했던 것처럼, 1943년 하반기부터 뷰파이터와 B24는 반다해 안쪽 깊숙한 곳까지 침투해 들어왔다. 더욱이 12월 하순에는 수라바야를 출항하여 암본으로 항해하던 자재 수송 선단(아마기호, 오오도리호, 호위함 이쓰쿠시마)이 술라웨시섬 동남쪽 끝에 위치한 부퉁Butung섬 부근에서 연합군의 폭격을 당했다. 이때는 B24만이 아니라 B25도 폭격에 가담했다. 그리고 1944년이 되자 뉴기니 북쪽 해안의 굼비, 홀란디아Hollandia, 비악Biak섬, 산사포르Sansapor 등이 잇달아 연합군의 수중에 떨어졌다. 9월에는 연합군이 모로타이섬에 상륙했다. 모로타이 바로 북쪽에는 필리핀이 있을 뿐만 아니라 암본섬, 세람섬이 정남쪽 600킬로미터 지점에 있다. 이런 상황에서 대규모 선단을 꾸려 자바로 돌아간다는 것은 거의 불가능한 일이었다.

1944년이 막 시작되었을 무렵 병에 걸린 포로들을 자바로 후송시킨 일이 있었다. 배의 수송 지휘관은 I라는 경리 담당 소위였다. 이 배는 반다해를 항해하다가 적의 잠수함으로부터 어뢰 공격을 받고 침몰했다. 때마침 그곳을 지나가던 일본군 소해정掃海艇(바다에 부설된 기뢰 등 위험물을 제거하는 배)이 바다에 빠진 일본 병사와 조선인 감시원들을 구출했다. 그러나 바다 위에는 구명조끼를 걸친 병든 포로들이 아직 떠다니고 있었다. 조그마한 소해정은 일본 병사와 감시원들을 태운 것만으로도 가득 차버렸다.

더 이상 태울 수 없다고 판단한 일본군은, 포로들을 향해 일제히 기관총을 쏘아댔다. 포로들은 기절초풍하여, 몇몇은 바다에 떠다니는 간장통을 머리에 쓰고 몸을 숨기기도 했다. 그러나 그것도 잠시, 그들 또한 얼마 뒤 파도에 휩쓸려 바다 속으로 사라졌다. 포로가 도망치면 방첩상 좋지 않다는 것이 포로에게 사격을 가한 이유였다. 모든 국제법과 국내 법규에 비추어봐도 이런 비인도적 처사는 용납될 수 없다.

하지만 연합군은 이 사건을 알지 못했는지, 전후에 이 사건 때문에 전범으로 추궁당한 사람은 아무도 없었다. 사살 명령을 누가 내렸는지 분명하지 않다고는 해도, 책임자인 수송 지휘관 I 소위마저 아무 일도 없다는 듯이 일본으로 귀환했다는 것이다.

일본 육군의 포로 취급 규정에는 없지만, 제네바조약은 포로를

"전투 지역의 전화戰火에 노출될 수 있는 곳"으로 이송해서는 안 된다고 정하고 있으며, 이런 지역에 의도적으로 포로를 배치하여 "포격과 폭격을 피하기 위해 이용"해서는 안 된다고 규정하고 있다(제9조). 암본에서 자바로의 포로 이송은 이 조약에 완전히 반하는 것이었다.

피골이 상접할 정도로 여위고 쇠약해진 포로 약 2,600명(실제로 몇 명이었는지는 분명하지 않고, 처음 비행장 건설에 투입되었던 4천여 명 중 약 1/3이 사망한 것으로 계산), 조선인 감시원, 일본군 관계자들은 암본항에서 위험하기 짝이 없는 반다해로 출항했다. 1944년 10월 무렵의 일이었다. 그들은 물론 한 척의 대형 선박이 아니라 소형 기범선機帆船(동력 기관과 돛을 함께 갖춘 비교적 작은 배) 여러 척을 빌려서 나누어 타고 있었다. 출발 날짜와 시간도 일정하지 않았다. 암본항에 들어오는 배도 거의 없던 시기여서, 마지막 배가 도대체 언제 출항했는지도 알 수 없다.

별을 의지하여

야마모토 상사 등 일단이 징발한 통통배는 10월 11일 암본항을 떠났다. 고재윤이 탄 작은 배 역시 그날을 넘기지 않고 암본항을 출발했다. 물론 한밤중이었다. 잔물결에 달빛이 일렁이고 있었다. 암본섬 해변에 늘어선 야자나무의 검은 실루엣이 어른거렸고, 섬 주민들이 노를 젓는 카누는 고기잡이 불빛을 깜박이고 있었다.

남십자성이 어느새 모습을 드러냈다. 비록 한순간이었지만 고재윤은 마음이 편안해졌다. 통통거리는 디젤 엔진 소리가 경쾌하게 반다해의 어두운 수면 위로 퍼져나갔다. 배는 별을 의지하여 밤바다를 달리다가, 아침 해가 떠오르면 야자나무 잎으로 선체를 덮고 조그마한 섬 그늘에 숨어 밤이 오기를 기다렸다.

그러나 이 작은 배도 마침내 미군 비행기에 발견되고 말았다. P38(록히드 P38 라이트닝 전투기)의 공격은 무시무시했다. 야마모토 이소로쿠山本五十六 연합함대 사령장관의 비행기를 격추시킨 적도 있는 P38은, 공중에서 엔진을 끄고 소리도 없이 돌진하여 기총소사를 퍼붓는다고 했다. 이 비행기를 만나면 잠시도 버틸 수 없다.

하지만 불행 중 다행인지, 고재윤이 탄 배를 발견한 건 P38은 아니었다. 두 대의 폭격기가 날아와서 빗발치듯 폭탄을 퍼부었다. 바다 여기저기에 물기둥이 솟아올랐다. P38은 아니었다 해도, 어쨌든 무시무시했다. 난생 처음 몸으로 실감한 폭격의 공포에 고재윤은 몸이 부들부들 떨렸다.

그때 누가 시켰는지 한 포로가 갑판에 나와 공중을 향해 흰 셔츠를 흔들기 시작했다. 포로들도 살고 싶다는 일념뿐이어서, 거울을 가지고 신호를 보내는 사람도 있었다. 그러나 마침내 선체에 구멍이 뚫렸다. 포로들이 죽을힘을 다해 물을 퍼냈다. 한 포로가 돛대에 흰 셔츠를 동여매자, 미군기는 그제서야 배에 포로들이 타고 있음을 깨달았는지, '알았다, 알았다'라는 듯이 양 날개를 흔들며 사라졌다. 미군기가 사라지고 난 뒤 포로 대장이 고재윤의 곁으로 다가왔다.

"이번에는 잠수함이 나타날 거요. 잠수함이 오면 우리는 구출되겠지만 당신들은 죽게 될 거요. 그러나 너무 걱정하지 마세요. 우리가 당신들의 구명을 탄원해볼 테니까."

포로 대장은 이렇게 말하면서 어깨를 으쓱해 보였다. 고재윤은 방금 폭격을 당한 것만으로도 아닌 게 아니라 간이 콩알만 해졌다. 정말 그런 일이 일어날 것만 같았다. 어둠이 미지근한 반다해에 깃들기 시작하자 걱정은 점점 더 심해졌다.

'내일 아침 해를 무사히 볼 수 있을까.'

갑판에 누워 별을 쳐다보면서 마음을 진정시키려 했지만, 좀처럼 안정을 찾을 수 없었다. 포로의 뺨을 때린 일이 후회되었다. 어찌된 일인지 처형당한 영국인 포로의 일까지 떠올라 견딜 수 없었다.

리앙에서는 저녁때마다 늘 포로들에게 차를 나누어주었다. 천여 명이나 되는 포로들에게 나누어주려면, 커다란 드럼통에 차를 끓여서 포로들을 한 줄로 세우고 차례로 마시게 해야 했다. 포로들은 지쳐서 갈증이 심했기 때문에, 한 번 차를 마셨더라도 곧바로 맨 뒤로 가서 다시 줄을 서곤 했다. 시간이 아무리 지나도 줄은 줄어들지 않고, 언제까지나 계속될 것만 같았다. 이런 일은 평소에도 늘 있었지만, 그렇다고 언제까지 못 본 체할 수는 없었다. 조금 있으면 공습이 시작될 시간이었다. 빨리 부대로 돌아가지 않으면 전원이 당하고 말지도 몰랐다.

참을 수 없었던 어느 감시원이 줄을 끊어버렸다. 그러자 그 바로 뒤에 서 있던 포로가 어지간히 분했던지 반항적인 태도를 보이며 마치 복싱을 하는 듯한 자세를 취했다. 흥분한 감시원이 "이 자식이!"라며 총으로 그를 후려쳤다. 그런데 때린 곳이 나빴던 것인지 출혈이 심하여 고재윤이 일하고 있던 사무실로 포로를 데리고 왔다.

고 씨는 사무 일을 하고 있었기 때문에 현장을 직접 목격하지는 못했지만, 사건이 보고되어 내용은 대충 알고 있었다. 고재윤의 상관인 M 상사는 이 포로를 위병소 근처 나무에 밤새도록 묶어놓았다. 고 씨가 일하는 사무실에서 밖을 내다보면 나무에 묶여 있는 포로가 바로 눈에 들어왔다.

다음 날 아침, '군법회의에 회부하기 위해 헌병대로 데리고 간다'면서 이 포로를 트럭에 태웠다. M 상사도 동승했다. 하지만 트럭은 헌병대 방향이 아니라 산 쪽으로 향했다. 트럭이 출발하는 것을 보고 있던 고재윤은 이상하다고 생각했지만, 깊이 생각해보지는 않았다. 그리고 시간이 얼마나 지났을까, 한 발의 총성이 부근 일대를 뒤흔들었다. 포로들이 일제히 눈을 감고 기도를 올리고 있었다. 아마도 동료의 죽음을 직감했기 때문일 것이다. 고재윤은 눈을 감고 기도를 올리는 그들의 모습에 충격을 받았다.

M 상사가 돌아왔다. 그는 흥분해서 처형 당시의 상황을 구구하게 설명했다.

"산 쪽으로 끌고 갔는데 마침 적당한 야자나무가 있어서 녀석을 그 나무에 기대 세웠어. 녀석도 죽을 줄 알았는지 건방지게 가슴을 쫙 펴고는 눈은 가릴 필요가 없다고 얘기하는 거야. 졸병에게 대검으로 찔러 죽이라고 했는데 녀석의 숨이 쉽게 끊어지지 않더군. 그래서 내가 권총으로 마지막 일격을 가했어. 정말 귀찮기 짝이 없는 놈이었어."

이야기를 듣고 있던 고재윤의 뇌리에는 전날 밤 나무에 묶여 있던 포로의 모습이 떠올랐다. 단지 차 한 잔을 마시고 싶어 일본군에게 반항하다가 목숨을 잃은 영국인 포로의 일이, 어쩐지 잊히지가 않았다. 자신이 저지른 일은 아니었지만 인간의 도리와는 너무나도 동떨어진 포로의 죽음이었다. 포로를 죽이라고 직접 명령하고 끝내 마지막 일격을 가했던 M 상사는, 고재윤도 모르는 사이에 일본으로 돌아가버렸다. '엉터리'라는 별명을 가진 아주 거친 사람이었다고 한다.

리앙에서의 일을 생각하던 고재윤은 어느새 졸음이 싹 달아나 잠을 이룰 수 없었다. 바다에 떠다니는 나무 조각이 달빛을 받아 어른거려도 혹시 잠망경은 아닐까 가슴이 철렁했다. 입 안이 바싹 말라서 갈증이 났고, 마치 모래를 씹는 듯한 기분이었다. 그 영국인 포로의 갈증이 또 생각났다.

통통배는 3일 뒤에야 어렵사리 술라웨시섬 남동쪽 끝에 있는 무나Muna섬 라하Raha항에 도착했다. 그러나 이 섬에서 반년이나 발이 묶였다. 무나섬에 그렇게 오래 머물게 될 거라곤 상상조차 못했지만, 배가 없으니 어쩔 수 없었다. 이 섬에는 쌀이 없어서 자급자족을 할 수밖에 없었다. 총으로 산돼지나 사슴을 잡기도 하고, 감자 등을 재배하기도 했다. 섬 주민으로부터 카사바와 옥수수를 사 먹기도 했다.

반년 동안 자급자족 생활을 하다가, 1945년 4월에야 겨우 돛단배로 라하항을 출발했다. 일주일 동안 바람을 타고 항해하여 가까스로 마카사르(현재의 우중판당)에 도착했다. 마카사르는 술라웨시섬에서 가장 큰 도시이다. 동인도네시아 일대를 관장하는 해군 민정부가 있는 상당히 규모가 큰 군항軍港이기도 했다. 1944년 연말에는 육군 연락소도 이곳에 설치되었다. 암본에서 데리고 온 포로들은 이곳에서 한동안 해군 포로수용소에 수용되었다.

아, 살아서 돌아왔다!

고재윤은 일본 패전의 날을 마카사르에서 맞이했다. 결국 패전하는 날까지 포로들을 자바로 송환할 수 없었던 것이다.

1945년 8월 16일, 일본 군인이 포로들을 모아놓고 "일본과 미국이 화해조약을 체결했다"고 설명했다. 포로들 중에는 단파방송을 수신하고 있던 사람도 있어서, '화해' 따위의 말을 믿는 이는 거의 없었다. 하지만 아직까지 무력은 일본이 가지고 있었기 때문에 이 설명에 감히 이의를 제기하는 사람도 없었다.

고재윤 등은 일본 패전 이후에야 겨우 배를 구해 자바로 향했다. 배가 마두라Madura해협에 들어섰다. 왼쪽에는 자바, 오른쪽에는 마두라, 어두운 밤눈에도 시커먼 육지가 보였고, 고기잡이 불빛이 환영처럼 깜빡이고 있었다. 이제 곧 수라바야다. 어느새 환하게 동이 트고, 갈매기가 고재윤이 탄 배를 뒤따라와 곧바로 앞질러 날아갔다.

'아, 살아서 돌아왔다.'

그의 솔직한 심경이었다.

마카사르에서 작은 배로 따로따로 흩어져 출발했던 군무원과 포로 가운데는, 수라바야에 도착할 때까지 일본의 패전 소식을 몰랐던 사람도 있었다. 수라바야에는 이미 8월 하순에 연합군 선발대로 영국군 일부가 들어와 있었다. 일본인 하사관과 조선인 군무원들이 영국군의 모습을 보고서도 돌아가는 상황을 전혀 이해하지 못했다고 해도 이상한 일은 아니다. 기범선에는 무선 장치가 없었을 뿐만 아니라, 전황을 파악할 다른 어떤 수단도 없었다. 배는 오직 자바를 향해 달리고 또 달렸을 뿐이다. 일본의 패전조차 모른 채 폭격을 피해 어두운 밤의 자바해를 남쪽으로 남쪽으로 계속 달렸던 것이다.

고생 끝에 겨우 도착한 수라바야항은 연합군의 폭격을 받아서 2년 전 출발했던 때와 많이 달라져 있었다. 처음 일본의 패전 소식을 듣고서 박윤상朴允商은 '역시'라고 생각했다고 한다. 포로들 중에는 일본이 패전했다는 소식에 미칠 듯이 기뻐하다가 그대로 급사한 이도 있었다. 암본섬에서의 고통스러웠던 체험이 그를 그렇게 만들었을 것이다. 이 또한 가슴 아픈 희생자였다.

박윤상은 암본섬에서 자바섬으로 돌아오는 중에 폭격으로 부상을 입었다. 그의 동료 가운데 전사한 사람은 세 명으로, 야나이 경연柳井敬淵, 이와모토 창권岩本昌權, 가네무라 남회金村南會(조선 이름은 미상)가 그들이었다. 또 자바에서 일본으로 포로를 송환할 때, 나가사키 앞바다에서 미군 잠수함의 어뢰 공격으로 사망한 조선인 군무원도 열세 명이나 있었다.

자바 포로수용소가 확인한 조선인 군무원 사망자는 총 52명이었다. 자바 포로수용소 조선인 군무원 중 전범이 된 사람은 53명(그중 네 명은 사형)에 달했다. 이들은 도대체 누구를 위해, 무엇을 위해 희생된 것일까. 그나마 박윤상은 중상을 입은 몸이었지만 가까스로 수라바야항에 도착했다. "정말 살아 있다는 것을 절실하게 느낀 것은 자바 땅에 발을 올려놓았을 때였다"라고 한다.

그러나 수라바야는 머지않아 영국군과 인도네시아 독립군의 격렬한 전쟁터로 변해버렸다.

〈표 3〉 사형당한 조선인 군무원들

이름 (창씨명)	집행 당시 나이	형명	재판국	사형 집행일	집행 장소	본적
박성근 (木村成根)	24	총살형	네덜란드	1947. 1. 5.	글로독 형무소	전북 군산
최창선 (大山隆昌)	32	총살형	네덜란드	1947. 9. 5.	글로독 형무소	함경남도
박준식 (松岡茂正)	31	총살형	네덜란드	1947. 9. 5.	글로독 형무소	경기 개성
변종윤 (柏村欽信)	29	총살형	네덜란드	1947. 9. 5.	글로독 형무소	충북 청주

출처: 독립기념관 한국독립운동사연구소, 『국외독립운동사적지 실태조사보고서 Ⅳ 동남아지역』, 2006.

8월 15일, 경성

1945년 8월 15일 정오, 일본 천황이 종전조칙終戰詔勅을 낭독했다. 고재윤의 고국인 조선의 경성 거리에도 천황의 침통한 목소리가 흘러나왔다. 시내의 중심가 높은 건물 창문마다에서, 길을 가는 사람들의 입에서 "만세!", "조선 독립 만세!" 소리가 여기저기 울려 퍼졌다.

종로 4가 길모퉁이에서는 노점상 노파가 "아이고, 아이고! 왜놈이 우리 아들을 죽였어요. 왜놈이 우리 외아들을 죽였다고요! 어떻게 하면 우리 아들의 원수를 갚을 수 있을까. 아이고, 아이고!"라며 머리를 풀어헤치고 울부짖고 있었다.[36]

고재윤의 어머니도 대전에서 아들의 귀환을 애타게 기다리고 있었을 것이다. 박윤상은 갓난아이를 두고 떠났었다. 남편이 돌아오기만 학수고대하던 그의 아내는 터져 나오는 환희를 꾹 누르면서 8·15를 맞이했다고 한다. 하지만 그녀를 엄습한 비보, 그것은 남편이 전범이 되었다는 소식이었다. 비탄에 빠진 그녀는 남편의 귀환을 기다리지 못하고 끝내 저수지에 몸을 던졌다.

전주에서는 양칠성의 어머니가 착한 아들의 귀환을 애타게 기다렸다. 귀환 열차가 들어올 때마다 역으로 마중을 나갔다. 돌아오지 않는 아들을 기다리며 하루 종일 역 앞을 서성거리는 어머니의 모습은 보는 사람들의 눈시울을 적셨다. 하지만 어머니는 하염없이 아들을 기다렸다. 아들이 인도네시아 독립군에 들어가 네덜란드 제국주의와 싸우고 있는 것도 모른 채. 양칠성은 이런 어머니의 심정을 헤아렸을까? 어쨌든 그는 서부 자바의 깊은 산중을 근거지로 끈질기게 게릴라 전투를 벌이면서 네덜란드군을 괴롭히고 있었다.

8·15 이날은 조선 민족에게 조국이 해방된 날이다. 그러나 자바 땅에는 조선 민족 해방 투쟁을 조직했다가 일본 육군 제16군의 어두컴컴한 감옥에서 8·15를 맞이해야 했던 일단의 조선인 군무원들이 있었다.

고려독립청년당 당가

반만 년 역사에 빛이 나련다
충위의 군병아 돌격을 해라
피 흘린 선배들의 분사한 동지들의
원한을 풀어주자 창을 겨눠라

몸부림 발부림 강산이 뛴다
옛 주인 찾고자 호랑이도 운다
독립을 갖겠다고 자유를 찾겠다고
질곡을 깨트리자 칼을 들어라

삼천만 민족에 광명이 온다
무궁화 동산에 꽃도 피련다
우리는 고려독립 우리는 청년 당원
해방의 선봉이다 피를 흘려라

적도에 묻히다

3부 • 암바라와의 항일 반란

1. 허구의 내선일체

반둥의 무법자

수용소 소속 경부警部 M은 온몸에 하얀 붕대를 감고 침대에 누워 있었다. 유도 5단의 실력자였지만, 그런 그도 지금은 애처로운 몰골의 환자일 뿐이다. 박창원이 전날 M을 하사관 연회장에서 강제로 끌어내 평소에 쌓여 있던 군무원들의 울분을 풀었기 때문이다.

사건은 외출에서 돌아온 박창원의 동료가 M에게 경례를 하지 않았다는 이유로 심한 구타를 당한 것에서 비롯되었다. 평소 하사관들에게 구타를 당하는 것만으로도 울화가 치미는데, 신참 경부 나부랭이까지 주먹질을 해대는 데 이르러서는 도저히 참아 넘길 수가 없었다. 박창원은 평소 성품이 온후해서, 일본인과 조선인 사이에 무슨 문제가 발생하면 항상 중재 역할을 맡곤 했다. 하지만 이때만은 화가 나서 참을 수가 없었다. 이런 박 씨를 스물 대여섯 명의 군무원들이 따라 나섰다. M의 머리카락을 움켜잡고 연회장에서 강제로 끌어냈다. 전원이 죽을힘을 다해 M을 두드려 패고 발로 찼다. M이 축 늘어지자 박창원은 그때서야 슬며시 걱정이 되어 말리기 시작했다.

M은 가까스로 몸을 추스르고 치미는 화를 가누지 못한 채 씩씩대며 쏘아붙였다.

"패거리로 상관을 구타하고도 무사할 거라고 생각하나? 너희들은 군법회의에서 사형감이다!"

박창원은 위생衛生 하사관의 권유를 받아들여 힘들게 M에게 사과하러 갔다. M은 침대에 누워 천정만 바라보고 있다가 그에게 흘낏 눈길을 돌리는가 싶더니, 다시 위쪽을 바라보면서 입을 열었다.

"조센징 나부랭이들에게 얻어맞다니… 이 한은 죽어도 잊지 않을 거다! 나는 네 상관인 대위 계급의 분견소장보다 지위가 높다. 그런데도 너희 조센징들은 작당하여 나를 팼다. 코딱지 같이 보잘것없는 조센징들에게 두들겨 맞은 일만은 결단코 용서할 수 없다. 어떤 일이 있어도 너를 사형시킬 것이다!"

박창원은 꾹 참고 사과하려던 참에 이렇게 모욕적인 말을 듣자 다시 화가 불끈 치밀었다. M의 머리맡에 있던 군도軍刀를 꽉 움켜쥐고 천천히 칼을 빼들면서 결연하게 내뱉었다.

"네가 그렇게까지 말한다면 바라는 대로 죽어주지. 다만, 다만 말이야. 너를 먼저 죽이고 나서 말이야."

함께 왔던 위생 하사관이 당황하여 박창원의 팔을 쳤다. 군도가 바닥에 떨어졌다. M은 어디에 그런 힘이 남아 있었던 것인지, 그 순간을 이용하여 창밖으로 뛰쳐나가 달아나버렸다. 1944년 7월 반둥에서 있었던 일이다.

보통의 경우라면 박창원은 군법회의에 회부되었겠지만, 반둥 분소장 가와무라 히데오河村秀夫 중령(나중에 대령, 종전 당시는 스마랑 제3분소장)의 배려로 헌병대에서 열흘 동안 중영창重營倉을 사는 것으로 일이 무마되었다.

반둥에 박창원이라는 '무법자'가 있다는 소문은 곧 자카르타 본소까지 퍼졌다. 본소에서 이 무법자를 주목한 것은 임헌근林憲根이었다. 그는 나중에 고려독립청년당의 조직부장이 된 인물로, 총령(당수) 이억관의 심복이었다.

박창원은 앞서 소개한 것처럼 경성에서 중학교를 중퇴하고 집에서 농사일을 거들고 있었다. 지원병이 되기 싫어 가출을 했는데, 우연히 집에 들렀다가 붙잡혀 억지로 군무원에 지원하게 되었던 것이다. 처음에는 중부 자바의 남쪽 해안에 위치한 칠라찹 제2분소에서 근무했다. 칠라찹은 호주 북부와 맞닿아 있는 군항으로, 연합군 측은 이 군항을 호주에서 이어지는 보급항 내지 호주로의 퇴로로 판단하고 있었다. 그러나 일본군의 자바 점령이 예상보다 빨라서, 동東자바의 크라간으로 상륙한 사카구치 지대가 칠라찹에 도착했을 때는 다수의 연합군이 이곳에 남아 있었다. 그 때문에 이곳에 포로수용소가 개설되었던 것이다.

칠라찹 분소의 포로들은 1942년 말부터 다음 해 3월까지 타이–미얀마 철도 건설에 동원되어 자바에서 미얀마로 이송되었고, 이때 대부분의 군무원도 포로와 함께 이동했다. 그러나 박창원은 반둥 제1분소(나중에 제2분소)로 전출되었다.

반둥은 네덜란드령 인도군 사령부가 설치되었던 곳인 만큼, 포로수용소 가운데 규모가 가장 컸다. 옛 네덜란드령 인도군 막사가 거의 그대로 포로수용소로 전용되고 있었다. 초기에 이 수용소는 치마

고려독립청년당 혈맹 당원 박창원 씨(1978, 서울)

히Cimahi(반둥 바로 서쪽에 위치한 작은 촌락) 분견소의 포로까지 포함하여 3만 명 이상을 수용하고 있었으며 군무원도 4백여 명에 달했다.

암본과 플로레스, 더욱이 타이-미얀마 철도 건설 현장에 파견된 포로와 군무원에 비하면, 반둥에 남은 포로와 군무원은 별천지에 사는 것이나 다름없었다. 반둥은 네덜란드인들이 피서지로 이용하던 곳이며, 지금은 인도네시아 부유층의 피서지로 각광받고 있다. 해발 700~800미터의 이곳은 남국이라고 해도 아침저녁으로 제법 쌀쌀한 날도 있는가 하면, 낮 동안에는 여름철의 가루이자와輕井澤처럼 상쾌한 날도 많았다. 또한 일 년 내내 꽃이 만발하고 무성한 나뭇잎은 항상 푸르른 빛을 발하며 싱싱한 윤기가 넘쳐났다. 일본 동북 지방의 농가 출신인 어느 하사관은 반둥에서의 근무가 "천국과 같았다"라고 했다. 등화관제燈火管制가 엄격했던 일본에 비해, 반둥에는 오색등이 휘황하게 빛나고 쌀도 넉넉했다. '종고스jongos'(남자 하인)와 '바부babu'(하녀)를 부릴 수도 있었다. 기후도 좋은 데다 전투도 없어, 그는 반둥을 "우라시마 다로浦島太郎(일본 용궁 전설, 전래동화의 주인공)의 용궁 같은 곳"이라고 표현했다.

가슴에 단 다섯 개의 별

만약 일본군 상관과의 알력만 없었다면, 반둥은 박창원에게도 '천국'이었을지 모른다. 조선인 군무원의 월급은 50엔 정도로, 이는 일본 병사의 일곱 배에 달하는 금액이었다. 신참의 월급은 36엔이었지만 전쟁 지역 수당 등이 포함되기 때문에 합계는 50엔이나 되었던 것이다. 게다가 이 월급은 조금씩 오르기도 했다. 일본이 패전할 당시에는 월급이 100엔을 넘는 군무원도 있었다.

초기에는 군무원 용인傭人이라는 군대의 말단 지위가 그들에게 부여되었지만, 2년 계약이 끝난 뒤 근무 성적이 좋은 사람은 고원雇員이라는 지위로 승격할 수 있었다. 물론 이런 경우는 소수의 사람들에게 한정된 것으로, 비율로 치면 백 명에 한 명도 안 되었다. 고원은 판임관 대우를 받아, 붉은 별이 새겨진 완장과 함께 다섯 개의 유성이 그려진 가슴 표(胸章)를 달 수 있었다. 박창원은 '무법자'라는 낙인이 찍혀 있을 정도여서 당연히 고원 승진은 기대할 수 없었다.

대부분의 조선인 군무원들은 월급의 상당 부분을 고국의 가족에게 송금하고 있었다. 박창원 또한 본봉은 모두 가족에게 송금했다. 그런데도 매달 20엔에서 30엔 정도의 여윳돈이 있었다.

반둥에서도 옛 네덜란드군 막사가 바로 포로수용소로 바뀌었다. 반둥, 치마히 지역의 네덜란드인 포로들 중에 기술자는 따로 뽑아 일본으로 보냈다. 또 1942년 말에는 타이-미얀마 철도 건설 현장으로도 포로들을 보냈기 때문에, 반둥의 포로 수는 점차 줄어들었다.

하지만 처음에는 포로 수가 너무 많아 식량 보급이 어려웠다고 박창원은 말했다. 쌀은 일본군 화물창에서 운반해 왔고, 그 밖의 식량은 주로 중국인 상인들에게 사들였다. 그리고 트럭 수십 대분의 야채를 일주일에 한 번씩 사러 나가야 했다. 화물창에서 쌀을 운반하는 힘든 일에는 포로들이 동원되었다. 그러나 화물 운반을 제외하면 포로들의 노역은 대부분 자동차 수리, 전기 공사 같은 것이어서 그다지 힘든 일은 아니었다고 한다.

반둥에서 포로 수가 감소하자 이번에는 민간인을 수용하는 억류소가 개설되었다. 1944년 3월의 일이다. 억류자 수는 포로 수를 상회했다. 억류자의 대부분은 민간의 주택가 한 구역을 통째로 막아서 수용소로 지정한 곳에 수용되었다.

어떤 사람들이 억류 대상이었을까? 물론 '적성인'이라는 것은 앞에서 언급했다. 적성인이란, 미국·영국 같은 연합국의 국민으로서 교전 상대국 국민을 가리키는 것이지만, 옛 네덜란드 식민지였던 인도네시아의 경우 네덜란드인과의 혼혈인(인도 또는 인도 유럽 혼혈인 등으로 불린다)이 문제가 되었다. 일본군은 억류 대상자를 네덜란드인의 피가 1/4까지 섞인 사람으로 정했다. 이는 네덜란드 사람과 인도네시아 사람 사이에서 태어난 아이(1/2의 혼혈)가 성인이 되어 다시 인도네시아 현지인과 결혼하여 태어난 아이까지 적성국민으로 분류한다는 의미이다. 나이는 17세 이상이었지만 실제로는 어린아이들도 부모와 함께 수용되는 경우가 많았다.

어쨌든 박창원 등이 근무했던 반둥의 포로수용소·억류소는 암본섬과 플로레스섬, 타이-미얀마 철도 현장에 비하면 근무 조건이 한결 양호한 편이었다. 민간인 억류자가 증가함에 따라 그들이 담당하던 업무의 일부를 인도네시아인 보조병이 맡게 되었다.

보조병은 일본군을 보조하기 위해 채용된 인도네시아인을 말한다. 1942년 후반 자바 침공 당시 활약했던 부대가 동남東南태평양으로 전출됨에 따라, 자바의 일본군은 병력 감소로 인한 일손 부족에 허덕이고 있었다. 이 부족한 병력을 보충하기 위해 인도네시아 청년들을 이용하는 방안이 모색되었다. 그 방안 중 하나가 보조병 제도였고, 또 다른 방안이 일본군에 협력하는 향토방위의용군(통칭 PETA,

Tentara Pembela Tanah Air) 편성이었다.

1943년 봄부터 일본어 교육을 반 년 이상 받은 16~25세 독신 청년들을 대상으로 보조병 모집이 시작되었다. 조선인 군무원과 마찬가지로 2개월간 군대 교육을 받은 청년들은 다시 보조병 간부 양성을 위한 연성대鍊成隊에 입대(1943. 8. 5)하여 간부 교육을 받았다. 1943년 9월 16일 자바 각 지역에서 보조병 채용 시험을 대대적으로 실시하여 보조병을 채용했다. 인도네시아인 보조병은 방공 부대, 전차 부대, 수송 부대에 배치되었고, 그 밖에 헌병대의 밀정密偵으로도 이용되었다고 한다. 사르무지처럼 포로수용소·억류소에 배속된 인도네시아인 보조병이 몇 명 정도였는지는 확실하지 않지만, 억류소가 수용소에 병설된 1944년 3월부터 억류소 경비의 중심 인력은 조선인 군무원에서 인도네시아인 보조병으로 바뀌었다. 조선인 군무원들은 인도네시아인 보조병의 상관으로 그들의 교육과 지휘를 담당했다. 사르무지가 가네미쓰 나리, 즉 김동해에게 옛 상관에 대한 친근감을 품고 있는 것도 이런 사정 때문이었다. 조선인 군무원에게 경례를 하는 존재는 오직 인도네시아인 보조병뿐이었다.

무용지물이 된 2년 계약

그러나 조선인 군무원의 불만은 점차 높아졌다. 직접적인 원인은 2년 근무라는 약속을 일본군이 무용지물로 만들어버렸기 때문이었다. 일본군과 조선인 군무원 사이에 2년 근무라는 계약이 정식으로 맺어진 것인지는 확실하지 않다. 하지만 군무원 모집 당시의 요강에는 2년 근무라는 사실이 명기되어 있었다. 적어도 군무원에 응모한 이들은 모두 그렇게 이해하고 있어서, 2년이 지나면 고국으로 돌아간다고 생각하고 있었다. 그들이 채용된 것은 1942년 8~9월이었기 때문에,[01] 1944년 9월이면 2년 계약은 이미 끝나버린 것이 된다. 그러나 군에서는 깜깜무소식이었다. 군무원들은 오직 귀국만 생각하고 있었지만, 돌아갈 수 없었다.

물론 그 당시는 자바에서 조선으로 돌아가려 해도 사실상 돌아가기 힘든 상황이었다. 남지나해에도, 바시bashi해협(타이완과 필리핀 바탄 제도 사이의 해협)에도, 그리고 동지나해에도 연합군의 잠수함이 우글대고 있었고, 일본군은 제공권마저 상실해가는 중이었기 때문이다. 그렇다고는 해도, 한마디 말도 없이 그저 막연하게 근무 기간을 연장해가는 군의 처사는 조선인 군무원들을 조바심 나게 만들었다. 무슨 일이라도 생기면 턱이 빠질 정도로 두들겨 맞았기 때문에 정면으로 반항할 수도 없는 처지였다. 박창원이 저지른 행동은 그리 간단하게 일어날 수 있는 일이 아니었다. 그러나 대부분의 일본군은 사사건건 "너희 조센징은…"이라고 모욕을 주거나 냉기서린 모멸의 눈길로 그들을 대했으니, 조선인 군무원들의 가슴에 응어리진 울분은 폭발 직전이었던 것이다.

군무원 가운데는 2년의 근무 기간이 지났는데도 귀국할 수 없다면 하다못해 군무원이 아닌 민간인으로 신분이라도 전환해주기를 바라는 사람도 있었다. 민간인이 되면 자유롭게 행동할 수 있는 데다, 군인에게 경례할 필요도 없었다. 군무원 용인은 군대 계급으로 치면 가장 말단 지위였기 때문에 모든 군인에게 경례를 해야 했다. 설사 상대가 이등병이라도 말이다. 이런 굴욕적인 지위에 있느니 차라리 민간인으로서 자유롭게 행동하고 싶다는 게 그들의 솔직한 심정이었다.

바로 그런 시기에 박창원에게 자카르타 본소로 출장을 갈 기회가 생겼다. 그가 본소에 도착했을 때, 공교롭게도 그곳에서는 제16군의 참모인 마스기 가즈오馬杉一雄[02] 중령이 군무원들을 상대로 훈화를 하고 있었다. 타이에서 군무원 탈주 사고가 발생했고, 자바에서도 군무원들의 울분이 폭발할 것이 우려되었기 때문이었다.

그 무렵 본소(포로수용소·억류소) 소장은 나카타 마사유키 중령이었다. 나카타 중령은 군무원들의 근무 기간이 만료되었다는 것을 알고 남방총군에 기간 연장을 지시해줄 것을 건의하는 한편, 16군 사령관 하라다 구마기치原田熊吉[03] 중장과 상의하여 조선인 군무원들의 설득에 나섰다. 이 설득 역할을 자진하여 떠맡은 사람이 16군의 참모인 마스기 중령이었다.

마스기 중령은 과거 조선에서 군사령부의 정보 업무를 담당했던 경력을 가지고 있었다. 그래서 '조선인에 관한 일이라면 나에게 맡겨두라'라는 식의 자신감이 있었던 것일까? 칠리웅Ciliwung 강변에 위치한 본소에 군무원들을 모아놓고, 마스기 중령은 조선에서의 체험을 적당히 섞어가며 이야기를 풀어나갔다. 하지만 결과적으로 이 훈화는 조선인들의 분노에 불을 지르는 꼴이 되고 말았다. 박창원은 마스기의 훈화를 다음과 같이 기억하고 있었다.

"최근 여러분이 상당히 제멋대로 행동하고 있다는 정보가 있다. 당치도 않은 일이다. 이 중대한 시기에 거리를 활보하며 술을 마시고 고주망태가 되어 끝내 상관에게 폭행을 가하는 놈까지 있다는 정보도 있다."

박창원은 자기 얘기를 하는 것 같아서 순간적으로 움찔했다. 그러나 마스기 참모의 이야기는 어쩐지 자신처럼 설치는 사람이 꽤 있다는 뉘앙스를 풍겼다. 그래서 그런지, 자신과 마찬가지로 눈치를 보면서 슬며시 주위를 둘러보는 사람도 있었다.

"조선 출신인 여러분은 한 사람 한 사람을 놓고 보면 모두 뛰어나다. 실력도 발군이라고 할 수 있다. 그러나 여러 사람이 모이면 어찌된 일인지 서로 제각각이 되는 경향이 있다. 여러분은 '삼인칠당三人七黨'[04]이라는 말을 알고 있을 것이다. 바로 조선 출신들에게 이런 경향이 있다. 실력은 있지만 너도 나도 자기주장을 내세우기 때문에 일치단결하여 어떤 일에 임할 수 없게 된다. 그러니까 여러분의 나라는 일본의 통치를 받는 지경까지 이른 것이다. 이러한 분열적인 성질을 극복하지 못한다면 이 중대한 전쟁 국면을 헤쳐 나갈 수 없다! 이 중대한 시기에 귀국하고 싶다느니 주장하거나 우겨대는 건, 바로 삼인칠당 정신을 드러내는 일에 다름 아니다. 서로 협력하여 하나가 되어 내선일체의 마음으로 최후까지 여러분이 맡고 있는 중대한 임무에 전념해달라."

한번 시작된 이야기는 그칠 줄 모르고 이어졌다. 군무원들은 민족의 체면을 손상시키고 위협하는가 하면 어느새 어르고 달래는 참모의 말에 분노가 머리끝까지 치밀었다. 이야기가 너무 길어지다 보니 중간부터는 귀를 기울이는 사람조차 거의 없었다. 창밖으로 내다보이는 고딕식 가톨릭 성당의 뾰족한 탑에 눈길을 주거나, 뜰에 있는 망고 나무의 열매를 세는 사람도 있었다.

끝없이 이어질 것 같던 이야기가 마침내 끝났다. 일동은 완전히 김이 빠져 있었지만 그 와중에도 군무원 한 사람이 손을 들고 질문했다.

"중령께서는 '삼인칠당'이라고 말씀하셨지만, 세 사람이 어떻게 7개나 되는 당을 만들 수 있습니까? 저로서는 그런 고등수학은 이해가 안 됩니다."

마스기는 순간 깜짝 놀랐다. 군무원이라는 놈이 까마득히 높은 상관에게 반론을 제기했기 때문이다. 일동은 숨을 죽이고 이 대화를 지켜보고 있었다. 그러나 마스기는 진지하게 대답하기는커녕 몸을 부르르 떨면서, "네 이놈, 상관을 모욕할 작정이냐? 그런 놈은 군법회의에 회부한다!"라고 말한 다음 얼굴이 하얗게 질린 채 허둥지둥 퇴장하고 말았다.

이 송곳처럼 예리한 질문을 던진 것은 김현재金賢宰라는 군무원으로, 도시샤대학을 다닌 적이 있는 인텔리였다. 그는 나중에 고려독립청년당의 군사부장이 된다. 박창원은 김현재의 질문에 마음속으로 박수갈채를 보냈다.

'저 참모는 우리가 거칠게 구는 진짜 이유를 모르고 있다. 우리는 일본군의 가장 말단에 있으면서 온갖 불리한 일을 떠맡고 있다. 조선에 있을 때는 차별을 그다지 심하게 느끼지 못했던 사람도 여기 전쟁 지역의 군 조직에 몸을 담게 되면 조선인이 어떤 존재인지 직접 몸으로 깨닫게 된다. 모든 일본인이 상관이다. 내선일체, 일시동인一視同仁 따위의 아름다운 말로 조선인을 전쟁터로 공사장으로 내몰았지만, 그런 말들은 모두 속임수에 지나지 않는다. 2년이 지났는데도 승진한 사람은 아무도 없지 않은가. 대우도 전혀 좋아지지 않았다. 승진했어도 군무원 고원이라는 신분으로 군의 가장 말단이라는 사실에는 변함이 없다. 게다가 조선인은 제각각이어서 결속이 안 되고 '삼인칠당'이라고 제멋대로 판단하고는, 그래서 식민지가 되었다는 따위의 말을 하거나 그런 되지도 않는 이유를 들먹이며 일본 통치를 합리화시키는 엉뚱한 말을 하고 있다. 이런 모멸적 언사를 어떻게 용서할 수 있겠는가! 우리만이라도 단결하여 뭔가 할 수 있다는 것을 보여주어야 한다. 이 모멸감을 언젠가는 씻어버리자!'

박창원은 마음속으로 남몰래 다짐했다. 그만 그렇게 생각한 것이 아니었다. 거의 모든 조선인 군무원들의 마음속에 민족 감정이라는 싹이 터서 점점 자라나기 시작했다. 그리고 마침내 그 싹을 밖으로 드러내려는 흐름이 조용히 무르익어가고 있었다.

2. 충칭을 향하여

과격해지는 군무원들

플로레스섬의 군무원들이 자바로 귀환한 것도 이 무렵(1944. 9)이었다. 이타가키 세이시로의 참모장은 예전에 "반도 청년들이 황군의 일원으로 포로 감시" 업무를 담당하게 됨으로써 백인에 대한 열등의식을 불식시킬 수 있었다며 자랑삼아 이야기한 바 있었다. 하지만 날이 갈수록 야위고 쇠약해져 병으로 죽어가는 포로들을 눈으로 직접 본 군무원들에게 이런 터무니없는 사고방식은 이미 통용될 수 없는 것이었다.

이 세상에 지옥을 만들어낸 직접적인 책임은 일본군에게 있었지만, 조선인 군무원은 강제에 의해 그 지옥으로 향하는 무덤을 파는 악역을 본의 아니게 떠맡고 있었다. 일본은 '귀축미영鬼畜米英'이나 '백인의 쇠사슬' 등의 명분을 내세웠지만, 같은 인간끼리 역사의 어느 지점에서 우연히 포로와 포로 감시원이라는 입장으로 만나, 태양이 작열하는 외딴 섬에서 영양실조로 죽어가는 포로의 모습을 포로 감시원으로서 똑바로 바라볼 수 없었던 것은 인정의 당연한 발로였을 것이다. 일제하 식민지 조선에서도 단지 조선인이기 때문에, 조선 민족의 정신을 호소했기 때문에, 그 이유만으로 무수한 사람들이 무궁화 꽃잎처럼 스러진 역사가 있었다. '조선 동포의 적성', '내선일여', '무적 황군의 정예'와 같이 일제가 아름답게 포장한 선동 표어들은 이미 지옥을 엿본 자들에게 더 이상 자긍의 언어가 아닌 공허한 말장난에 지나지 않았을 것이다.

플로레스섬에서 자바로 돌아온 군무원들은 물론이고, 대부분의 조선인 군무원들이 점차 상당히 과격해졌다. 일본군 병사에게 무리한 핑계를 대며 자주 싸움을 걸었다. 그러나 그들은 수용소 내에서 격한 감정을 표출하기보다는 외출하여 다른 부대 병사들에게 싸움을 걸면서 돌아다녔다.

규칙상 휴가는 일주일에 한 번만 허용되었고, 그때도 군에서 지정한 식당 외의 장소에 가거나 여자를 데리고 시내를 돌아다니는 것은 금지되어 있었다. 그러나 그들은 이런 규칙을 의도적으로 무시했다. 시내에서 놀고 있으면 군의 순찰대가 자주 순시를 돌았다. 군의 규율이나 복장을 점검하러 다니는 제1순찰, 지정 식당 이외의 장소에서 식사하거나 여성을 동반하는지 감시하는 제2순찰이 있었다. 순찰 장교가 오면 가장 먼저 발견한 사람이 "경례!"라고 큰소리로 외치고, 주변 사람들은 전원 일어서서 순찰 장교에게 경의를 표해야 했다. 게다가 순찰 장교를 호위하는 이등병에게조차 경의를 표해야 하는 것이 조선인 군무원의 처지였다.

하지만 군무원들은 주1회 외출 허가 같은 건 완전히 무시하고 매일 밤 수용소를 빠져나갔다. 군복 따위는 벗어던지고 위안소에 가거나 태연히 장교 클럽에 들어가기도 했다. 장교 클럽에서는 군무원 신분이 발각되지 않도록 서로를 'XX 대위', 'OO 중위'라고 불렀다. 굳이 장교 클럽에 가서 그곳 여성들과 유흥을 즐기려 했던 것도 일본인에게 맺힌 원한의 감정 때문이었다고 한다. 장교 클럽에는 일본 여성들이 있었지만, 병사용 위안소에는 인도네시아와 조선인 여성들뿐이었다.

조선인 '위안부'와 관련된 이야기를 할 때, 군무원들의 얼굴은 고통스럽게 일그러졌다. 일본인이나 인도네시아인 '위안부'가 더 좋다는 뜻은 물론 아니지만, 전쟁터에서 우연히 만난 조선인 군무원과 '위안부' 사이에는 우리가 헤아릴 수 없는 미묘한 감정의 교류가 있었으리라.

> 그 사람들은 정말로 불쌍했다. 여자정신대라고 속여서 끌고 오거나, 조선인 중개인이 돈을 주고 모집하기도 했다. 전선으로 가면 대나무를 엮어 만든 벽에 야자나무 잎을 덮은 헛간 같은 곳에서 일본 병사의 성적 노리개가 되어 하루 30명이나 상대해야 했다.
>
> 한 번은 이런 적도 있다. 반둥에서 겪은 일인데, 자바에 도착한 지 채 한 달도 안 되었을 무렵이었다. 그날 밤은 외출이 자유로워 밖으로 나왔다. 인도네시아 말도 할 줄 모르고 지리도 생소해서 어떻게 할까 망설이고 있는데, 델만delman(이륜마차)이 다가오기에 덜렁 올라탔다. 말도 통하지 않는데 마부는 약속이라도 한 것처럼 반둥의 밤거리를 달려 인도네시아인 위안소로 데려갔다.

뭔가 지독하게 심한 냄새가 나는 데다 지저분했고, 입술을 새빨갛게 칠한 여자들을 보고서 도저히 이런 곳에서는 놀 수 없다는 생각이 들었다. 다시 마차에 올라타고 "니폰 페렘푸안perempuan(일본 여자)"이라고 마부에게 소리쳤다.

마차가 다시 도착한 곳에 일본인 여자가 있었다. 처음에는 진짜 일본인이라고 생각했다. 나는 조선말로 "이렇게 먼 곳까지 일본 여자가 와 있다니"라며 혼잣말로 중얼거렸다. 그러자 내 말을 들은 여자가 "당신은 조선인입니까?"라며 조선말로 물어왔다.

나는 정말 소스라치게 놀랐다. 순간 무슨 말을 해야 좋을지 혼란스러웠지만, 형용하기 어려운 감개가 치밀어 올랐던 기억은 지금도 잊을 수 없다. 나는 이미 즐길 기분이 말끔히 사라져버렸기 때문에, 그녀와 밤늦도록 정답게 이야기를 나누었다. 이야기를 듣고 보니 그녀도 정신대에 넣어준다는 속임수에 넘어가 끌려왔다고 한다. 그녀는 "이런 짓을 하게 만들 줄은 생각지도 못했다. 이제는 고국으로 돌아갈 수도 없다"며 흐느껴 울었다.

이렇게 말하면 이상하겠지만, 조선인은 일본 여자와 놀 수 없는데, 일본인은 조선 여자를 마음 내키는 대로 데리고 놀 수 있다. 이렇게 불공평할 수 없다. 당시 나는 그런 식으로 생각해서, 그렇다면 장교 클럽에 들어가서 일본 여자와 놀아주지, 하고 작심했던 것이다.

이상은, 지금은 서울에서 살고 있는 어느 군무원의 회고이다.

군무원인 그들은 일반 병사에 비해 제법 많은 돈을 가지고 있었다. 군이 지정한 식당에 가면 여자들이 우르르 몰려왔다고 한다. 월급이 7엔밖에 안 되는 일본 병사는 고작 맥주 한 병을 마셨지만, 20~30엔의 용돈을 가지고 있던 그들은 돈에 구애받지 않고 마음껏 마셨다. 처음에는 식당 주인인 중국인도 미심쩍은 얼굴로 대했지만, 그들이 정말 돈을 가지고 있다는 걸 알고는 바로 대우가 달라졌다고 한다. '투앙 빈탕 베사르tuan bintang besar'(큰 별 나리)는 인기가 높았다. 이를 일본 병사들이 시기하여 심심치 않게 싸움이 벌어졌다. 그러나 이런 식의 싸움은 체력에서 우위를 보인 조선인 군무원들의 일방적인 승리로 끝나곤 했다.

군무원들은 장교에게도 싸움을 걸었다. 영관급 장교는 말단 군무원과 말도 섞으려 들지 않았다. 그러나 재주꾼이 있어 정중한 말로 장교를 유인해내 식당으로 데리고 간다. 그리고 맥주를 잔뜩 마시게 한다. 장교님, 장교님, 치켜세우며 맛있는 요리도 연이어 내오게 한다. 어지간히 취기가 오르면 "저희들은 조센징입니다"라고 말해준다. 그러면 장교는 기분 좋게 "그래, 자네들 조센징인가"라는 식으로 응수한다. 그러는 사이에 차츰 하지 않아도 좋을 말을 무심결에 하게 된다. 바로 그 하지 않아도 좋을 말을 하게 만드는 것이 목적이어서, 그런 말이 나오면 이번에는 군무원들이 장교에게 시비를 거는 식이 되고, 마침내 장교는 불같이 화를 내게 된다.

"이 자식들 상당히 건방지군. 조센징 군무원 주제에 하는 짓들이 말이야!"

"무슨 소리야, 너도 나도 똑같은 인간인데!"

장교는 홧김에 칼을 뽑아들지만 만취 상태인지라 다리가 후들거려 공격 자세조차 제대로 취하지 못한다. 장교가 뽑아든 칼을 군무원들이 빼앗아 콘크리트 바닥에 내리쳐서 칼날을 엉망진창으로 만들어버린다. 장교는 고주망태로 취한 상태, 조선인들은 말짱한 상태. 게다가 칼까지 뽑아들었기 때문에 장교는 이 일을 감히 문제 삼을 수도 없다. 박창원은 이렇게 지능적으로 일본 장교 괴롭히기에 앞장서곤 했다. 수용소 본소, 제16군 사령부는 계속되는 군무원들의 '만행'에 골치를 앓았다고 한다.

혼자서 일으킨 반란

자바에서 박창원 등이 이런 식의 반항으로 울분을 달래고 있을 무렵, 타이에서는 조선인 군무원 김주석이 혼자만의 반란을 일으키고 있었다. 얼굴이 통통하여 나이보다 어려 보였던 김주석은 고려독립청년당 총령 이억관이 가장 신뢰한 동지 중 한 사람이었다. 그러나 김주석은 당이 결성되기 훨씬 전에 타이로 전출되고 말았다. 이억관은 타이로 전출된 김주석에게 행운을 빌어주는 한편, 타이 현지 정세를 편지로 알려달라고 부탁했다.

김주석이 타이 어디에서 근무했고 어떤 일을 했었는지는 밝혀지지 않았다. 하지만 타이 포로수용소에서 조선인 군무원이 포로와 함께 탈주했다가 체포되어 사형당했다는 소문이 자바에 퍼졌다. 그 사람이 김주석이라는 이야기도 전해졌다. 이억관을 비롯한 몇 사람의 동지들은 이 소식에 큰 충격을 받았다. 사방팔방 손을 써서 소문의 사실 여부를 확인한 바로는, 자세한 내막은 알 수 없지만 아무래도 소문이 사실이라는 것이었다.

같은 군무원이던 전정근全禎根의 체험기 『적도를 넘어서』는 김주석 사건을 다음과 같이 기록하고 있다.

> 중국과의 국경 지대에서 150킬로미터 정도 떨어진 곳에 위치한 타이 포로수용소 치앙데이 분소에 근무하고 있던 김주석은, 포로 7명과 함께 중국 윈난雲南성으로 탈주할 것을 모의하고 실행에 옮겼다. 그들은 한 달가량 버틸 수 있는 식량을 준비하여 밀림 지대를 헤치고 들어갔다. 그러나 헌병대가 그들을 추적하여 탈주 이후 10일 남짓 만에 체포되고 말았다. 체포된 다음 이들은 치앙데이 분소로 호송되었고, 김주석은 끝내 처형당하고 말았다. 김주석은 동료들로부터 특별한 신뢰를 받았던 인물로, 그의 처형 소식은 동료들에게 큰 충격을 안겨주었다.

이것이 『적도를 넘어서』에 기록된 김주석 탈주 사건의 전말이다. 하지만 분명하지 않은 점이 많다. 도대체 '치앙데이'라는 지명을 지도에서 찾을 수 없다. 치앙마이를 잘못 표기한 것은 아닐까? 치앙마이에는 포로수용소 분소가 있었다. 그러나 타이는 중국과 국경이 접해 있지 않고, 더구나 치앙마이에서 윈난성으로 빠질 경우 미얀마나 라오스를 통과해야 한다. 미얀마를 거쳐 윈난성까지 가는 길은 가장 짧은 거리로도 350킬로미터에 이르는 장거리다. 타이 최북단에 치앙라이라는 작은 도시가 있지만, 여기도 윈난성까지는 약 200킬로미터 정도 거리이고, 더구나 이곳에 수용소가 있었다는 기록도 없다.

추측에 지나지 않지만, 김주석과 포로들은 '장제스蔣介石 지원 루트'(충칭重慶의 장제스 정부를 지원하는 연합군의 물자보급로로 프랑스령 인도지나 통로, 미얀마 통로 등 두 갈래 길이 있었다고 한다)에 관한 정보를 입수해서 최종적으로는 충칭 부근까지 달아날 계획을 가지고 있었던 것은 아닐까? 실제로 몇 명의 포로가 김주석을 따라나섰던 것인지, 또 체포된 사람이 몇 명이었는지조차 파악할 수 없다.

충칭까지 탈주를 기도했다고 확언한 사람은 서울에 살고 있는 박창원 씨이다. 그에 따르면, 서로 의지하고 있던 일단의 동지들을 떠나 혼자 타이로 전출된 김주석은 새로운 동료들을 믿을 수 없었다. 그러나 혼자서는 아무 일도 할 수 없었기 때문에 포로와 연대하여 거사할 수밖에 없다는 결론에 도달하여 영국군 장교 세 명에게 자신이 조선인이라는 사실을 털어놓았다. 그리고 자신은 일본군에게 최후까지 협력할 생각은 털끝만큼도 없고, 포로인 당신들 또한 언제까지 이런 고통을 당하고 있을 필요가 없다면서, 탈주에 관한 이야기를 꺼냈다. 장교 세 명도 그의 의견에 동의하여 어느 날 무장을 하고 탈주를 결행했다. 그러나 밀림 속에서 영국인 장교가 사망했고, 김주석 자신도 거의 반半광란 상태에 빠져 일본군에게 체포되어 사형당했다고 한다. 박창원 씨가 어떤 경로로 이런 이야기를 알게 되었는지는 우리로서는 확인할 수 없었다.

우리는 군사 법정에서 김주석 탈주 사건을 다루었던 법무관과 도쿄에서 만났다. 이 법무관의 이야기로는, 타이-미얀마 철도 공사 현장에 있던 수용소에서 조선인 군무원과 영국 병사 한 명이 탈주하여 달아나던 중, 영국 병사는 군무원에게 살해되고 군무원도 체포되었다고 한다.

"그 사건은 내가 다루었는데, 군법에 따라 사형 판결을 내렸지요. 배후 관계도 조사해봤지만 아무리 뒤를 캐보아도 단독범으로 판단할 수밖에 없었어요. 김주석이라는 인물에 대해서는 특별히 기억나지 않네요."

이처럼 김주석 탈주 사건과 관련해서는 여러 가지 설이 있지만 확실한 진상은 알 수 없다. 다만 김주석이 포로와 함께 탈주를 기도했다는 것, 도중에 포로가 죽었고 김주석이 체포되어 사형을 당했다는 것만은 명백한 사실이다.

타이에서 일어난 이 사건과 자바에서 계속 자행되던 조선인의 폭행 사건은 군으로서는 묵과하고 지나갈 수 있는 일이 아니었다. 마스기 참모가 훈화를 하기는 했지만, 그것도 별 효과가 없었던 것 같다. 그리하여 마침내 "기강이 해이해진" 군무원들에게 기합을 불어넣고 정신을 다시 단련시키려는 목적으로 중부 자바 산중에 위치한 스모오노Sumowono에 조선인 군무원 중 '불순분자' 2백여 명을 집합시켰다. 일본군의 패색이 짙어져가던 1944년 11월 25일의 일이었다.

3. 고려독립청년당의 결성

동지를 규합하다

반만 년 역사에 빛이 나련다
충위의 군병아 돌격을 해라
피 흘린 선배들의 분사한 동지들의
원한을 풀어주자 창을 겨눠라(고려독립청년당 당가 제1절)

1944년 12월 29일 깊은 밤, 웅아란Ungaran산(해발 2,050미터) 산기슭 스모오노 연병장의 취사장炊事場에서 신음소리 같은 낮은 노랫가락이 은은하게 새어나왔다. 희미한 램프 불빛 아래에서 열 명의 조선인 군무원이 기립하여 긴장된 표정으로 당가를 부르고 있었다. 노래가 3절까지 이어지자 감정이 복받쳐 흐느껴 우는 이도 있었다.

그들은 이제 막 칼로 왼손 새끼손가락을 베어 뚝뚝 떨어지는 생생한 피로 흰 천에 자신의 이름을 쓰고 난 참이었다. 흰 천에는 먼저 이억관이 '고려독립청년당 혈맹 동지'라고 썼다. 당의 총령으로 선출된 이억관이 작사하고 김현재가 작곡한 당가는, 열 명의 혈맹 당원 모두 특별 훈련 틈틈이 연습하여 이미 외우고 있었다.

자카르타 본소에 근무하면서 시종일관 사무 관련 일에 종사했던 이억관은, 일본인들의 신뢰도 두터웠다. 재교육을 위해 스모오노에 집합시킬 군무원 명단이 자바 각지의 분소에서 본소로 제출되었다. 이억관이 주목하고 있던 인물들은 거의 대부분 명단에 들어 있었다. 자카르타에서는 김현재, 임헌근 두 사람도 불순분자 명단에 포함되었다.

이억관은 절호의 기회가 왔다고 생각하고, 인사계의 기쿠치菊池 준위에게 자신도 그 훈련에 참가하게 해달라고 부탁했다. 원칙대로라면 일본인의 신임이 두터운 이억관은 재교육 대상이 아니었지만, 기쿠치 준위도 누군가 믿을 만한 인물을 보내야겠다고 생각하던 참이라 피교육자 명단에 이억관의 이름을 덧붙여넣었다.

그리하여 부산에서 출발한 배로 25일간 함께 항해하면서 마음이 통했던 '용사'들은 모두 나란히 혈서에 이름을 쓰게 되었다. 이억관은 스모오노에서 조직을 결성할 것을 염두에 두고, 이미 자카르타에서부터 당 조직에 관한 세부 사항을 검토하기 시작했다. 김현재와 임헌근 두 사람이 그에게 협력한 것은 물론이었다.

타이에서 발생한 김주석 탈주 사건은 이억관에게 큰 충격을 주었다. 그는 여러모로 곰곰이 생각해보았다. 왜 탈주가 실패로 끝났을까, 왜 단독으로 일을 일으켰을까, 나는 자카르타에서 흉중을 털어놓을 수 있는 동지를 규합하여 조직의 기반을 다져야 하는 것이 아닐까.

정세는 이미 절박해지고 있었다. 1943년 11월 27일에 루스벨트, 처칠, 장제스가 서명한 카이로선언에는 일본의 패전이 명확하게 예상되어 있었을 뿐만 아니라, "미·영·중 세 강대국은 조선 인민의 노예 상태에 유의하며, 머지않아 조선이 자유를 얻고 동시에 독립을 달성할 수 있도록 결의한다"는 내용이 들어 있었다.

이억관은 카이로선언의 조선 독립에 관한 언급 부분을 진작부터 알고 있었다. 틀림없이 그가 일상적으로 접촉하고 있던 중국인들로부터 정보를 입수했을 것이다. 앞서 말했듯이, 이억관은 중국말(베이징 말)을 능숙하게 구사했기 때문에, 자바에 도착한 뒤 곧바로 자카르타에 살고 있는 중국인들을 찾아다녔다. 자바에는 광둥廣東, 푸젠福建 출신 화교들이 많았지만, 베이징 말을 이해하는 유식한 사람들도 많이 있었다.

이억관이 이런 활동을 한 것은 항일운동에서 중국인과의 연대를 염두에 두었기 때문이라고 한다. 자바에는 중국 국민당 계열의 남의사藍衣社[05]라는 조직이 있었지만, 이 조직은 일본군의 탄압으로 표면상 붕괴한 상태였다. 이억관은 화교의 상업상 연락망, 통신망에 주목하여 의식 있는 인물 몇 명과 접촉하면서 긴급 상황이 발생할 경우의 상호 협력을 위한 기초 작업을 하고 있었다.

카이로선언의 일부 내용을 알게 된 이억관은 김현재와 임헌근 두 사람에게 가슴 설렌 소식을 전했다. 그들도 한결같이 기뻐했다. 다음 날, 영어로 의사소통이 가능했던 김현재가 포로들에게 넌지시 물어보았다. 포로들도 이미 샌프란시스코에서 송출되는 단파방송을 통해 카이로선언의 자세한 내용까지 알고 있었다. 그들은 일본이 항복할 날이 턱밑까지 다가왔다고 했다.

김현재는 매부리코 미군 병사와 친하게 지내고 있었기 때문에, 그로부터 자세한 정보를 입수하여 이억관에게 전해주었다. 남태평양 여러 섬에서 일본군이 계속 옥쇄玉碎하고 있다는 사실, 1944년 6월 19일 마리아나 앞바다 해전에서 일본 해군이 대패했다는 사실, 사이판Saipan·괌Guam·티니안Tinian 등 세 개 섬이 6월과 7월에 걸쳐 미군의 수중에 떨어졌고, 그곳에서 이륙한 B29기가 도쿄를 맹폭했다는 사실, 그리고 10월에는 미군이 마침내 필리핀 레이테Leyte섬에 상륙했다는 사실 등, 이런 뉴스들을 매부리코 미군 병사로부터 연이어 입수했다. 게다가 이 미군 병사는 미군의 작전을 상세하게 설명해주기까지 했다고 한다.

'일본의 패전이 점점 눈앞의 현실로 다가오고 있는 만큼, 조선 독립도 머지않아 실현될 수 있다. 연합군은 자바섬에 상륙할 것이고 이곳에서 전투가 일어날 수도 있다.'

이렇게 정세를 예측한 그들은 조직화를 서둘렀다. 이 조직은 조선인 군무원 가운데 의식이 있는 사람들을 규합하여, 연합군이 자바 상륙을 개시하면 연합군 포로와 협력해 일본군을 후방에서 교란하거나 연합군에 가세해 정면으로 전투를 벌이는 것을 목표로 삼았다.

그럴 경우, 자바 각 지역에 소재하는 수용소와의 연락은 기존 연락망 활용으로 가능했다. 반일적인 중국인들과의 연대도 고려했다. 인도네시아 민족주의운동가들, 민족주의 단체와의 연대도 검토 대상이었다. 수카르노, 핫타Mohammad Hatta에게서 드러났듯이, 인도네시아 민족주의 지도층 가운데 다수는 비록 표면적이나마 일본군과 협력해

가면서 독립을 달성하려는 노선을 가지고 있었다. 사실 1944년 9월, 고이소小磯 수상은 '동인도에 대한 장래 독립 허용'이라는 방침을 발표한 바 있었다. 인도네시아 민족주의자들은 이 방침에 동조하여 독립을 달성하려 했다. 이억관 등은 지하 항일운동가인 수탄 스자리르 Soetan Sjahrir, 아미르 스자리푸딘Amir Sjarifuddin도 거명하면서 협력 가능성을 탐색했다. 그러나 실제로 접촉이 불가능했던 것인지, 인도네시아인과의 협력 공작은 추진되지 못했다.

연합군은 알고 있다

이억관은 태국에서 김주석의 탈주 사건이 일어난 뒤 자카르타에서 신뢰할 만한 동지 13명을 끌어모았다. 그리고 그들에게 자신의 심경을 솔직하게 털어놓았다.

"여러분, 전쟁 상황은 갈수록 일본군에게 불리해지고 있다. 오키나와에 미군이 상륙하는 날도 얼마 남지 않았다. 자바섬에 연합군이 상륙할 가능성도 있다. 그 경우, 이곳 자카르타가 주된 목표가 될 것이다. 우리는 최후까지 일본군의 꽁무니나 쳐다보면서 앉아서 죽음을 기다려야 할까? 결단코 그건 아니다! 타이에서는 이미 김주석 동지가 항일 의거를 일으켰다. 불행히도 목적을 달성하지 못한 채 소중한 생명만 희생하고 말았다. 생각해보면, 김주석 동지의 거사가 실패한 원인은 홀로 거사를 감행했기 때문이다. 우리는 김주석 동지의 거사를 교훈 삼아, 적어도 자카르타에 있는 사람들만이라도 긴밀하게 연락을 취하며 유사시에 대비해야 하는 것이 아닐까."

모임에 참석한 일동은 이억관의 말을 듣고 모두 눈빛이 빛났다.

샌프란시스코로부터의 방송을 듣는 순간 밀려왔던 격한 감동이 다시 엄습했던 것이다. 샌프란시스코로부터의 방송이란, 1943년 4월에 조선말로 전해진 다음과 같은 내용이었다.

"우리 조선 청년 3천여 명이 일본군에 징용으로 끌려가 고국에서 1만 해리海里나 떨어진 아득히 먼 곳에 상륙했다. 너무나도 유감스러운 일이다. 하루 빨리 일본군에서 탈출하여 우리 연합군에 협력하라."

그 무렵에는 아직 라디오 봉인이 실시되지 않았기 때문에, 이억관만이 아니라 대다수 군무원들이 이 방송을 들을 수 있었다. '우리가 이런 곳까지 억지로 끌려온 것을 연합군은 알고 있다'는 사실에 고무되어 군무원들은 용기가 솟아났다.

그 후에도 샌프란시스코로부터의 방송은 계속되었지만, 라디오 봉인이 실시되어 일반 군무원들은 방송을 들을 수 없었다. 박창원은 영어에 능통한 변봉혁邊鳳赫(하라가와 호가쿠)으로부터 "조선 출신 병사와 군무원은 일본군에게 협력하지 말고 현지에서 조선 독립을 위한 조직을 만들어 항일운동에 매진하라"라는 단파방송이 잡혔다는 말을 전해 들었다.

1943년 4월에 샌프란시스코에서 정말 이런 방송을 송출했는지 여부는 확인할 수 없었다. 그러나 몇 명의 조선인 군무원들이 이런 내용의 방송을 들었다고 증언하고 있다. 또 군무원들만이 아니라 포로들도 단파방송을 듣고 있었다는 당시 상황으로 미루어볼 때, 충분히 가능한 일이라고 판단된다. 군무원 가운데 어떤 이는 포로수용소에 수용되어 있던 포로의 부탁을 받고 수신기를 넣어주었다고 한다.

포로수용소 경비의 주력은 조선인 군무원으로 구성되어 있었고 보초도 조선인 동료가 섰으므로, 이런 일은 별다른 어려움 없이 가능했다. 쌀부대 속에 감추거나 매일 실어 나르는 야채 속에 감추면 쉽게 수신기를 수용소 안으로 들여올 수 있었던 것이다. 그것이 곤란하면 수신기를 분해해서 간단히 들여올 수 있었다. 포로가 방송을 수신하고 그 내용을 군무원에게 전해주는 일은 충분히 가능했다.

또 변봉혁처럼 영어를 능숙하게 하는 사람은 직접 단파방송을 듣고 있었을 수도 있다. 그것이 입에서 입으로 전해져 군무원들 사이에 퍼져나갔던 것일까? 이억관이 설명할 것도 없이 그들 모두가 독립을 위한 조직 결성을 갈망하고 있었다. 이억관의 말은 마치 모래에 물이 스며들듯이 그들의 마음속으로 스며들어갔다.

이억관은 구체적으로 무기와 탄약 탈취 계획을 미리 준비하여 연합군의 상륙과 동시에 산악 지대로 들어가 일본군의 후방을 교란하기 위해서는 적어도 자바 지역에 있는 군무원만이라도 전투 부대를 결성하자고 호소했다. '게릴라전에 돌입하는 단계에 이르면 인도네시아 항일 지하 세력도 틀림없이 우리와 마찬가지로 게릴라전을 전개할 것이다. 그러면 우리 부대와 협력 작전이 가능해진다.' 이억관은 이처럼 인도네시아 세력과의 협력을 고려하고 있었다. 일동은 이억관의 계획에 전폭적인 지지로 화답했다.

'불순분자' 재교육

연합군이 상륙할 때 일본군의 후방을 교란한다는 전술은 조선인 군무원만이 아니라 반일 화교, 친親네덜란드 화교, 네덜란드계 혼혈

인도네시아인 등에 의해 상당히 구체적으로 고려되었던 것 같다.

스마랑 헌병대에 근무했던 다나카 도시오는 이런 '반일 음모 사건'을 단속하는 입장에 서 있던 인물이다. 그의 수기에는 당시 후방 교란을 목적으로 한 고정 간첩 체포와 친네덜란드계 인물 감시 상황이 아주 자세하게 기록되어 있다.

"연합군이 반격해 올 때를 대비하여 암본, 머나도 출신의 네덜란드계 혼혈인, 친네덜란드 화교, 인도네시아인 등을 규합하여 일본군의 후방 교란, 유언비어, 계략, 선전 등의 비밀전을 전개하는 것과 동시에 게릴라전을 전개하여 연합군의 진격이 용이하도록 지도하는 것을 목적"으로 활동하고 있던 스마랑 경찰 특고特高(특별고등경찰) 과장 하코우의 체포, 외국 방송을 도청하여 서로 정보를 교환하고 있던 화교, 반일 유언비어를 유포한 네덜란드계 혼혈인과 화교의 검거 등, 헌병들은 단속 업무에 내몰렸다.

> 이런 종류의 반일 유언비어가 항간에 유포되어 일본의 패전이 임박했다는 분위기를 조성하기 때문에 네덜란드계 혼혈인, 화교 및 일부 인도네시아인의 일본 군정 협력을 소극적으로 만드는 등 부작용을 낳는다. 뉴스의 출처는 라디오를 통한 외국 방송 도청, 적국의 비행기가 뿌리는 선전 전단 등이다.

이억관의 전술은 이런 자바의 상황을 고려한 산물이었던 것 같다. 친네덜란드 그룹, 인도네시아 항일 게릴라, 조선인 군무원 등은 각자 추구하는 목적은 달랐지만 연합군 상륙에 맞추어 행동에 돌입한다는 점에서 공통점을 가지고 있었다. 이런 계획이 구체화되어가던 바로 그 무렵에 불순분자 특별 교육 계획이 나오게 되었고, 이억관은 마침내 그곳에서 조직 결성을 결정짓고자 했다.

스모오노는 암바라와에서 북서쪽으로 10킬로미터 정도에 위치한 해발 약 1,000미터의 고지로, 옛 네덜란드군 막사가 있던 곳이었다. 하사관 출신으로 마치 쇳덩이처럼 단단한 몸을 가진 요시다 가메조 吉田龜三 소령이 2백여 명의 군무원 재교육을 지휘했다. 교육 일정은 11월 25일부터 12월 24일까지 약 한 달간이었고, 교육 내용은 정신교육 및 실전 훈련을 중심으로 편성되었다. 실전 훈련으로는 지뢰 부설, 전차에 접근하여 수류탄 투척, 적진을 향한 육탄 돌격 전법 등이 실시되었다. 중대 전투, 대대 전투의 훈련도 실시되었는데 "훈련의 고수"라 불리는 요시다 소령도 훈련 성과에 만족했던 것 같다. 25일부터 29일까지는 휴가가 주어졌고, 30일에 원대에 복귀하라는 명령이 하달되었다.

이억관, 김현재, 임헌근 등 자카르타의 삼총사는 스모오노에 도착한 이후 조직원으로 적합하다고 생각되는 이와 개별적으로 접촉하는 조직화 활동을 전개했다. 반둥, 스마랑, 암바라와에서 온 군무원들 중에는 안면 있는 인물도 있고 전혀 낯선 이들도 있었다. 그런가 하면 부산에서 자바로 오는 배 안에서 이미 의기투합한 사람들도 있었다. 각 지역 책임자를 선발하는 것이 조직화 활동의 중심 과제였다. 12월의 스모오노는 벌써 완전한 우기에 접어들어 고원에 부슬부슬 내리는 비는 차가웠지만, 그들의 마음은 자바 땅에 발을 디딘 이후 가장 뜨겁게 타오르고 있었다.

4. 혈맹당원의 결집

스모오노 교육대

인도네시아 부통령 아담 말릭Adam Malik(1978~1983 부통령 재임)은 일본 군정 시절에 동맹통신사에 근무하고 있었다. 그는 1937년 12월에 안타라통신사(현 국영통신사)를 창업했던 저널리스트였으며, 독립 후에는 탄 말라카Tan Malaka의 무르바Murba당黨에 참여하여 수카르노 시대와 수하르토 시대를 능수능란한 처세로 살아낸 노련한 정치가이기도 했다. 말릭은 일본 군정 시절에 육군 선전부에 참가한 민족주의자 그룹의 일원으로, 동맹통신을 이용하여 일본군의 정보를 수집하고 있었다. 1945년 8월 17일의 인도네시아 독립선언도 이 동맹통신 단파방송을 통해 전 세계에 선포되었다.

바로 그 동맹통신 자카르타 특파원 중에 미치가와 게이데쓰道川曝喆라는 기자가 있었다. 미치가와 기자의 본명은 신경철申曝喆이고, 도시샤대학을 졸업했다. 그의 고향은 황해도였다. 문학선文學善의 형과 중학교 동기였던 신경철은, 동향 후배인 군무원 문학선을 만나기 위해 그리운 마음에 취재 도중 일부러 시간을 내 암바라와까지 왔다.

스모오노의 문학선에게 연락이 닿자, 문학선은 이억관과 임헌근 등 두 사람과 함께 암바라와 여관에 묵고 있는 미치가와 기자를 만나러 갔다. 문학선은 자카르타 총분견소에 근무하고 있었기 때문에 이억관과 서로 허물 없이 지내고 있었고, 조직 결성이 실현되면 자카르타 지구 책임자가 되기로 내정되어 있었다. 문학선은 미치가와 기자와의 접촉도 조직 활동의 일환으로 생각하여 이억관과 임헌근을 동반했던 것이다.

미치가와 기자와 문학선 일행이 만난 암바라와의 여관이 어디였는지는 확실하지 않다. 그렇지만 지금도 암바라와에는 여관이 두 곳뿐이다. 어쩌면 우리가 묵은, 천정에 매달린 알전구가 왠지 모르게 쓸쓸한 분위기를 자아내던 바로 그 여관이 미치가와 기자와 이억관이 만난 곳이었을지도 모른다.

이억관은 처음에는 무심한 듯 가볍게 항일 조직을 준비하고 있음을 암시하며 미치가와 기자에게 협력해줄 수 있는지 넌지시 타진했다. 미치가와 기자는 이억관의 말에 특별한 관심을 나타내며, 조금도 망설이지 않고 적극적으로 협력하겠다고 약속했다. 특히 그는 통신사에 있다는 특권을 이용하여, 일본군의 실제 전쟁 상황을 공식 정보 외의 내용까지 전달해줄 수 있는 입장이었다. 또 비교적 활동이 자유로워, 이억관이 지금까지 접촉해온 화교와의 연락뿐만 아니라 미치가와 자신이 독자적으로 화교를 조직화한다는 방침도 결정되었다. 일동은 완전히 의기투합해서 굳은 악수를 나누었다. 결국 미치가와 기자는 조직이 결성될 경우 조직 당원이 된다는 것, 아울러 당의 섭외를 담당한다는 것이 즉석에서 결정되었다.

이억관 등의 조직 활동은 훈련 기간 중에 순조롭게 진행되어 총령, 군사부장, 조직부장, 지구 책임자에 관한 복안도 세워졌고, 당의 강령, 당기黨旗, 당가黨歌도 검토되었다.

1944년 12월 29일 밤 11시, 연병장 한쪽 구석의 취사장에 혈맹의 언약을 맺는 열 명의 조선인 군무원이 모였다. 교육대의 일본인 교관, 조교, 하사관들은 훈련도 성공적으로 끝났고 마침 해산하기 전날 밤이기도 해서 암바라와로 술을 마시러 나가버렸다. 어느 정도 술을 마신 뒤 살라티가에 있는 장교 클럽으로 가서 아침까지 돌아오지 않을 게 확실했다. 일직 근무 때문에 남아 있던 유일한 일본인 하사관은 패거리에 끼지 못하고 혼자 남겨진 것이 억울했던지, 술을 잔뜩 마시고 훈도시 차림으로 코를 골며 깊은 잠에 빠져 있었다. 취사장 근처에는 그의 코고는 소리도 들리지 않았고 조용한 정적만이 감돌았다. 이따금 도마뱀의 구슬픈 울음소리가 심야의 정적을 깨트리고 들려올 뿐이었다.

심야의 결당

이억관은 회의를 진행하는 역할을 맡았다. 그는 자신의 복안을 참석자 일동에게 제시했고, 그것을 김현재가 낭독했다.

> 본 조직의 명칭은 '고려독립청년당'으로 한다. 당 강령은 다음의 세 개항으로 구성한다.
>
> 1. 아시아의 강도, 제국주의 일본에 항거하는 폭탄아가 되어라.
>
> 2. 세계 여러 나라에 우리의 진의를 소통함과 동시에 유대를 공

고히 할 수 있는 최단의 길을 가라.

3. 민족을 위함이요 조국에 이로운 행동이면 결코 주저하지 마라.

계속하여 당 선언문이 격앙된 목소리로 낭독되었다.

단군 성조의 피를 이어받은 우리 삼천만 고려 민족은 아시아의 강도 제국주의 일본에 주권을 강탈당한 지 어언 30여 년, 민족의 귀중한 문화와 재산 그리고 언어와 이름마저 말살당했다. 우리는 고려독립청년당 깃발 아래 굳게 결속하여 잃었던 국권을 회복하고 3천만 민족의 자유와 독립을 쟁취하기 위한 투쟁에 분연히 궐기한다. 빛나는 선열의 숭고한 애국 정신을 본받아 조국 독립의 선봉이 되자. 여기 일심동체가 되어 결사 투쟁할 것을 자바섬 스모오노 산중에서 엄숙히 선언하노라. —1944년 12월 29일 고려독립청년당 창당 동지 일동.

이 원안은 내용 그대로 참석자 전원의 만장일치로 채택되었다. 이렇게 '고려독립청년당'이 정식으로 탄생했다. 일본군이 지배하는 적도 너머 남쪽의 자바섬, 조국에서 아득히 먼 그 외딴 산중에서 이런 항일 조직이 조선 민족의 손으로 결성되리라고 누가 상상이나 했을까. 아마도 그곳에 모여 있던 조선인들조차 틀림없이 반쯤은 꿈꾸는 듯한 상태였으리라.

미리 준비한 흰 천에 새빨간 혈서로 각자 자신의 이름을 썼다. 마

(상) 스모오노 교육대 전경
(하) 고려독립청년당이 탄생한 스모오노 교육대 취사장 내부
(사진 제공: 독립기념관)

침내 열 명의 혈맹 당원이 탄생했다. 당기는 미처 마련하지 못했지만 이억관이 도안의 윤곽을 제시했다. '투쟁의 기초 위에 광명을 획득한다. 희생 없이 광명은 획득할 수 없다'라는 취지로, 백지 왼쪽 위에 붉은 별과 십자 모양의 칼 그림이 그려졌다. 군무원의 완장도 붉은 별이었기 때문에 그런 점에서 붉은 별을 그린 건 별로 이상한 일도 아니다. 좀 더 유추한다면 이억관이 간도 지방에서 받은 사상적 영향도 고려될 수 있겠지만 확실하다고 단정할 수는 없다. 이 깃발은 나중에 이억관이 만들기로 하고, 참석자들은 모든 것을 그에게 위임했다.

당원끼리의 암호는 고려독립청년당을 염두에 두고 '높다(高)'라고 말을 걸면 '푸르다(靑)'라고 대답하기로 결정되었다. 경례는 손을 가슴에 댄 뒤 높이 들어올리는 식으로 하자고 합의했다. 암호와 경례 방식을 제안하고 설명한 것은 물론 이억관이었다.

여기까지 회의가 진행되었을 때, 일동은 자리에서 일어나 당가를 불렀다. 당가의 앞부분은 조선 민족의 반만 년 역사와 삼천리강산을 방불케 하는 대범하고 느긋한 선율로 이어지다가, 뒷부분에 가면 마치 조선 민족의 혼이 고양되어 폭발하는 것처럼 템포가 빨라지며 고음으로 마무리되었다.

몸부림 발부림 강산이 뛴다
옛 주인 찾고자 호랑이도 운다
독립을 갖겠다고 자유를 찾겠다고
질곡을 깨트리자 칼을 들어라(당가 제2절)

희미한 램프 불빛이 일렁이며 비추는 열 명의 조선인 지사志士, 그들의 얼굴은 감동과 긴장으로 경련이라도 하듯이 실룩거렸고 눈물이 볼을 타고 흘러내리고 있었다.

자바는 그들에게 별천지도 아무것도 아니었다. 여기에 와서도 "너희 조센징은…", "너희 한토진半島人은…" 같은 상투적인 차별과 모멸의 말로 업신여김을 당했다. 일본은 '백인의 쇠사슬에서 동아시아 여러 민족을 해방한다'는 대의명분으로 전쟁을 일으켰지만, 가장 가까운 이웃나라인 조선 민족에게 해방 따위는 전혀 없었다.

일본은 미얀마와 필리핀, 인도네시아의 독립까지 인정한다면서도 조선의 독립에 대해서는 한마디도 언급하지 않았다. 이런 사실은 조선인 군무원들에게 커다란 충격을 안겨주었다. 결국 독립은 싸워서 쟁취해야만 한다는 엄정한 현실을, 군무원 한 사람 한 사람은 통감하고 있었다. 조선인 군무원들은 바로 이 절절한 울분을 그 순간 노래에 투영시켜 폭발시키고 있었던 것이다.

열 명의 혈맹 당원

노래가 끝나고 잠시 긴장이 풀린 동료들을 다잡기라도 하듯이 손양섭孫亮燮이 당 부서에 관한 제의를 하여 의결시켰다. 당 총령으로는 당연하게 이억관이 선출되었다. 이날 밤, 한데 모였던 혈맹 당원의 부서와 직책 등은 〈표 4〉와 같다(1945년 현재). 미치가와 기자처럼 이미 당원으로 간주되는 사람도 있어, 혈맹 당원 외의 당원은 조직 당원으로 하기로 했다. 조직 당원은 최종적으로 16명까지 늘어나 결국 고려독립청년당의 전체 당원은 26명이었던 셈이다.

〈표 4〉 고려독립청년당 혈맹 당원 명부

부서	성명 (창씨명)	연령	주둔지	출신지	비고
총령	이억관 (고야마 도요조 公山豊三)	33	자카르타 본소	경성	
군사부장	김현재 (가미이시 겐자이 神石賢宰)	29	자카르타 본소	전남	기독교 목사의 아들, 도시샤대학 졸업, 영어에 능통, 마스기 참모에게 반항함
조직부장	임헌근 (하야시 마사오 林正雄)	26	자카르타 본소	충북	
스마랑 지구 책임자	이상문 (마쓰오카 에이지 松岡穎治)	28	스마랑 분소	전남	중국어 능통
암바라와 지부장	손양섭 (나가마쓰 료소 永松亮燮)	24	암바라와 분견소	충남	니체 애독자, 뒤에 자결
암바라와 부지부장	조규홍 (하야마 게이코우 葉山圭鴻)	25	암바라와 분견소	강원	손양섭 자결에 입회
자카르타 지부장	문학선 (후미이와 가쿠젠 文岩學善)	26	자카르타 총분견소	황해	신경철 기자 중학교 동기의 동생
자카르타 부지부장	백문기 (시리가와 도오류 白川登龍)	24	자카르타 총분견소	전북	
반둥 지부장	박창원 (아라이 쇼엔 新井昶遠)	25	반둥 분소	충북	경찰 구타
반둥 부지부장	오은석 (구와다 인샤쿠 桑田殷錫)	24	반둥 분소	황해	

마지막으로 총령 이억관은 다음과 같은 내용의 당 지시 사항을 전달했다.

1. 본부를 자카르타 본소에 두고 자카르타 총분견소 및 반둥, 스마랑, 암바라와에 지구당을 둔다.

2. 동지 각위는 위의 목적을 위해 일본군 간부의 신임을 얻도록 할 것이며, 의심 받지 않도록 행동을 조심하면서 군사 기밀과 정세 판단을 살펴 그것을 제공할 것.
3. 각 지구 책임자 동지는 원대 복귀 이후 최소한의 핵심 동지 조직에 주력하고, 기타 모든 동료들과 인간적 유대를 굳게 하여 당적 투쟁을 계획할 것.
4. 동맹통신사 특파원 신경철은 우리와 뜻을 같이하기로 하고, 반일 화교 조직과 협력 도모를 도와줄 것을 수락, 본당의 섭외 및 조직적인 면을 담당하게 되었음.
5. 현재의 전쟁 상황에서 연합군의 상륙 작전을 예상할 수 있으니, 동지들은 수용소 내의 고위 지휘관급 포로들을 포섭하여 연합군이 상륙했을 때 그들의 지휘 계통을 이용, 곧바로 작전 계획을 수립하도록 할 것.
6. 카이로선언에서 미국, 영국, 중국은 우리의 독립을 확인했음. 항일 투쟁을 더욱 공고히, 더욱 치열히 전개하여 우리 민족의 독립 정신을 과시, 조국 독립을 더욱 영예롭게 할 것.
7. 우리의 항일 투쟁은 일본 패전까지 계속할 것인 바, 지하 투쟁을 계획하고 각급 지구에 적합한 투쟁 방법을 강구, 화교 및 인도네시아 민족 세력과 동조 공동 전선을 펴는 데 노력할 것.
8. 우리의 투쟁이 곤란해질 경우, 각 지구당 동지는 사태에 따라서 독자적으로 투쟁을 전개할 것.
9. 본부 및 각 지구당 상호 연락은 화교의 연락망을 이용할 것.
10. 거사 계획이 누설되었다고 직감할 경우 지체 없이 지하로 잠

입하여 사명을 다할 것.

고려독립청년당 결성 집회는 모든 회의 절차를 마치고 마침내 폐회되었다. 마지막에 당원 전원이 "고려독립청년당 만세!"를 세 번 외치고 이제부터 험난한 투쟁에 돌입할 것을 약속하며 서로 굳은 악수를 나누었다. 이미 동쪽 하늘에 아침 해가 떠오르고 있었다. 눈 아래로 내려다보이는 페낭 호수에는 아침 이슬이 내렸고, 위로 올려다보이는 웅아란 산꼭대기는 장밋빛으로 물들어 있었다. 대기 명령이 내려져 있던 스마랑 지부장 이상문을 남겨놓고 당원 전원은 그날로 산을 내려갔다.

5. 암바라와의 반란

갑자기 내려온 전속 명령

암바라와 시내에서 마겔랑Magelang, 욕야카르타 방면으로 빠지는 큰 길 오른편에는 교회의 높은 첨탑이 우뚝 서 있다. 해발 500미터 고원의 이 자그마한 마을은, 네덜란드군 주둔지로 이용되었기 때문인지 기독교 신자도 유난히 많다. 일본군은 암바라와의 상징이라고도 할 수 있는 이 교회와 부속 시설을 억류소로 사용했다. 억류소의 정식 명칭은 '자바 포로수용소·억류소 스마랑 분소 제2분견소'였다.

분견소 사무소는 교회 옆 건물 안에 있었는데, 예전에 목사관으로 사용되었던 건물 같다. 이 건물은 지금도 옛날 모습 그대로 남아 있다. 교회 뒤쪽에는 교실처럼 폭이 좁고 긴 모양의 건물이 있다. 이 건물에 네덜란드 부녀자들이 수용되었다. 제2분견소 제1억류소가 바로 이곳이다. 부녀자들을 관리하는 조선인 군무원과 인도네시아 보조병이 기거하는 숙사가 바로 그 오른쪽에 있었다. 이제는 적갈색 페인트가 군데군데 벗겨져 있지만, 볼수록 교실 같다. 억류소를 가운데 두고 안뜰을 둘러싼 맞은편에는 위생자재(약품) 창고와 무기고가 있었다.

1945년 1월 4일 오후 3시가 막 지날 무렵, 분견소 사무소 앞, 그러니까 바로 교회 앞에서 트럭 한 대가 출발했다. 트럭에는 암바라와 분견소에서 싱가포르로 전속 명령을 받은 군무원 여섯 명과 운전기사(같은 조선인 군무원), 그리고 인솔 하사관 야마자키山崎 중사 등 모두 여덟 명이 타고 있었다. 전속을 명령받은 여섯 명의 군무원 중에는 6일 전 스모오노 교육대에서 고려독립청년당 혈맹 당원이 된 손양섭도 있었다. 손양섭은 암바라와에서 귀대한 뒤 곧바로 당 조직화 활동을 전개하여 민영학閔泳學과 노병한盧秉漢 두 사람을 당원으로 포섭했다. 민영학은 스물일곱 살로 충북 출신, 노병한은 스물다섯 살로 강원 출신이었다. 그러나 이 세 사람에게 싱가포르 전속이라는 무정하기 짝이 없는 명령이 떨어졌다. 지금부터 막 당 활동을 시작하려던 참이었던 세 사람은 이를 갈면서 분을 참지 못했다.

그중에서도 가장 놀라고 당황한 것은 민영학이었다. "나는 죽는 것은 싫다!" 송별회에서 과음을 한 탓인지, 민영학은 거칠게 굴었다. 평소부터 어쩐지 마음이 잘 맞지 않았던 N 상사가 자신을 사지死地로 몰아넣었다고 단정한 민영학은, N 상사와 결투라도 벌여서 끝장을 보려 했다. 달래는 손양섭의 말을 일단 따르긴 했지만, 민영학의 흥분은 좀처럼 진정되지 않았다. 트럭 안에서도 공허한 눈빛으로 허공을 응시하는 민영학의 눈초리에서 손양섭은 불길한 낌새를 감지했다.

인도네시아인 보조병 출신 사르무지는 민영학이 암바라와에 좋아하는 여자가 있었다고 했지만, 그 말의 사실 여부는 지금으로서는 알 길이 없다. 어쨌든 민영학의 흥분 상태는 예사롭지 않았다. 격앙된 감정은 옆에 있는 혈맹 당원 손양섭에게로 점차 옮아갔다. '모처럼 만들어진 조직인데, 이대로라면 아무 활동도 못한 채 끝나버리겠지.' 손양섭은 슬며시 소지하고 있던 총을 들어 운전대를 향해 겨누었다. 운전수 김인규金麟奎는 손양섭의 행동을 알아차리고 트럭을 급정차시켰다. 분견소에서 8~9킬로미터쯤 달려온 지점으로, 머락마티Merakmati라는 마을 근처였다. 동승한 야마자키 중사가 술을 마시고 소란을 피우는 민영학을 때렸기 때문에 싸움이 벌어졌다는 말도 있다. 어쨌든 트럭이 급정차하자 야마자키 중사는 이상 사태가 발생한 것을 직감하고 재빨리 도망쳐버렸다. 다른 군무원들도 트럭에서 뛰어내려 풀숲으로 몸을 숨겼다. "암바라와로 돌아가자!"라고 손양섭이 외치자, 노병한이 호응하여 "나도 같이 가겠다"라며 운전석에 올라탔다.

세 명의 고려독립청년당 당원은 트럭을 점거하고 지금까지 왔던 길을 거슬러 다시 암바라와로 돌아갔다. 울창한 삼림 사이로 난 언덕길을, 트럭은 힘이 부친 듯 힘겹게 올라갔다.

민영학은 멍하니 하늘을 쳐다보고 있었다. 이제는 손양섭이 흥분하기 시작했다.

"왜놈들을 모조리 죽여버리자!"

손양섭은 절규하듯 소리쳤다.

그들은 교회 앞에 이르러 차를 버렸다. 별로 수상하게 여겨지지는 않았던 것 같다. 세 명은 침착한 걸음걸이로 위병소에 서 있는 보초 바로 앞을 지나갔다. 보초를 서고 있던 인도네시아인 보조병은 차렷 자세를 취하며 그들에게 경례를 했다. 그들은 여류소 옆에 위치한 무기고로 향했다. 무기고에도 인도네시아 보조병이 보초를 서고 있었다. 이 보조병을 위협하여 안으로 들어간 세 명은 경기관총 한 자루, 총탄 2천 발, 소총 세 자루를 가지고 나왔다(헌병대의 증언. 조선인 쪽에서는 '부켄' 경기관총 두 자루, 탄약 3천 발이라고 한다).

경기관총, 소총, 탄약으로 무장한 세 명은 마침 분견소 사무소 앞에 정차해 있던 소장所長 전용 승용차에 올라탔다. 조금 전과 마찬가지로 노병한이 운전을 하고, 손양섭이 조수석에, 민영학이 뒷좌석에 앉아 옆자리에 탄약을 쌓았다. 문득 교회 종이 울렸다. 정확히 오후 다섯 시였다. 노병한은 한숨을 돌리곤 차를 세차게 출발시켰다. 위병소 앞을 질풍처럼 빠져나와 정문에서 큰길로 내달렸다. 차는 왼쪽으로 방향을 틀면서 크게 회전했고, 바퀴는 삐걱거리며 끽끽 쇳소리를 냈다.

한낮의 총격전

"왜놈들을 모조리 죽여버리자!"

손양섭이 다시 절규했다. 분견소에서 300미터쯤 앞으로 나가면 오른편에 분견소 소장의 관사가 있었다. 당시 소장은 스즈키 스스무鈴木進 대위였다. 관사 베란다에서 청소를 하고 있는 가정부가 보였다. 손양섭이 운전대로 손을 뻗어 경적을 울렸다. 마침 외출할 일이 있었는지, 스즈키 대위가 군모를 쓰고 정장 차림으로 밖으로 나왔다. 어쩌면 그들이 탈취한 승용차를 타고 어딘가 가려 했는지도 모른다. 뒷좌석에서 기관총을 겨누고 있던 민영학이 대위의 모습을 보

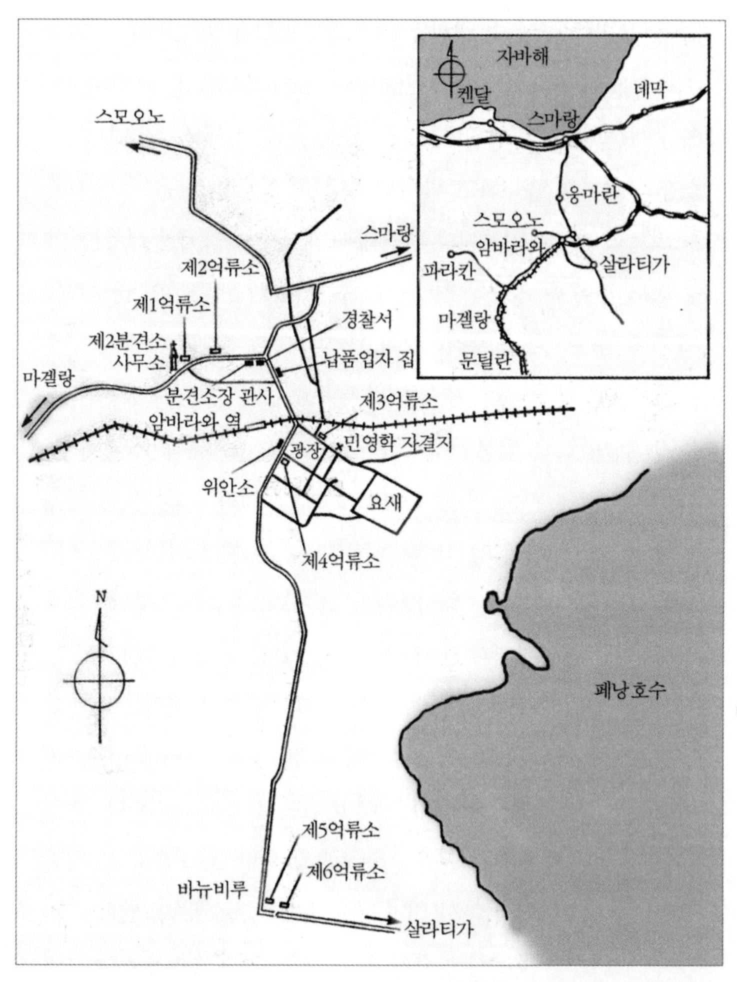

〈지도 3〉 사건 당시 암바라와 주변도

고 총을 쏘았다. 스즈키 대위는 기겁하여 바닥에 엎드렸다. 대위의 군모가 총알에 맞아 벗겨졌다. 쓰러진 스즈키 대위를 본 군무원들은 대위가 사살되었다고 판단하고 다음 목표를 향해 차를 돌렸다.

소장의 관사를 습격하고 나서 그들은 계속 여러 곳을 습격했다. 이후 그들이 자결하기까지의 행적에 대해서는 여러 증언이 있는데, 그중 어느 것이 꼭 정확하다고는 할 수 없다. 우선 조선인 군무원들의 증언에 따라 사건을 추적해보자.

분견소 소장의 관사를 습격한 뒤 형무소 소장 관사로 갔지만 소장은 부재중이었고, 일본군에 군수 물자를 납품하는 업자(일본인이라고 하지만 실제로는 중국인 아니었을까)도 부재중이었다. 그들은 차 안에서 사방팔방으로 총을 난사했다. 그러던 중, 역에 도착하자 일본인 역장이 보였다. 여기서도 역시驛舍를 겨냥하여 총을 난사했다. 그곳에 있던 사람들은 깜짝 놀라서 몸을 웅크렸다. 그때 엉뚱하게도 기적이 빽빽 울리고 있었다. 차를 몰아 좀 더 남쪽으로 내려갔지만, 인가만 드문드문 있고 목표도 없었기에 되돌아왔다. 그러나 커브(장소가 어디인지는 불분명)에 접어들었을 때 바퀴에 펑크가 나버렸다. 민영학은 화가 났는지 엔진 부분을 기관총으로 탕탕 쏘아댔다. 세 사람은 차에서 내려 걸어서 다시 건널목이 있는 곳으로 왔다. 날은 이미 완전히 저물었고, 이상 사태 발생이 알려졌는지 거리는 정적에 잠겨 있었다.

세 사람은 분견소를 향해 천천히 걸어갔다. 길 오른쪽에 군수품 납품업자의 집이 있었다. 마침 집에 불이 켜져 있었다. 손양섭이 베란다 난간을 넘어가 문 앞에 섰다. 민영학과 노병한은 마당에서 거리의 동정을 감시했다. 손양섭이 문을 부수고 집 안으로 들어갔다. 곧바로 총성이 울렸다. 민영학이 상황을 파악하러 들어갔을 때는 잠옷 차림의 납품업자가 바닥에 쓰러져 피를 흘리며 숨이 끊어지기 직전의 마지막 경련을 일으키고 있었다. 총을 쏜 손양섭 또한 넋이 나간 듯이 우두커니 서 있었다. 민영학이 그의 팔을 움켜잡고서 가까스로 밖으로 끌고 나왔다.

총성을 들은 형무소 소장이 문을 열고 동정을 살피고 있었다. 이번에는 노병한이 옆집 문을 부수고 집 안으로 들어갔다. 소장은 집 뒤쪽으로 탈출하려 했지만, 노병한의 위협 사격에 몸이 얼어붙고 말았다. 노병한이 들어갔을 때 소장은 덜덜 떨고 있었다. 소장의 허리에 매달려 있는 일본도日本刀가 맥없이 흔들거렸다. 노병한은 조금도 망설이지 않고 방아쇠를 당겼다.

분견소 쪽에서 인기척이 났다. 세 사람은 경계를 하면서 조심스럽게 그쪽으로 다가갔다. 바로 그때 갑자기 '탕!' 하는 한 발의 총소리가 수상한 정적을 깨트렸다. 손양섭은 깜짝 놀라 바닥에 엎드렸다. 옆에서 민영학이 쓰러졌다. 왼쪽 넓적다리에 총을 맞았던 것이다. 일단 정문 뒤로 몸을 숨기고, 손양섭과 노병한은 민영학을 보호했다. 여기서는 일단 후퇴하자. 이렇게 판단한 그들은 도로를 가로질러 방금 왔던 길을 되돌아갔다.

경찰서를 끼고 오른쪽으로 방향을 틀어 남쪽으로 내려갔다. 700~800미터를 걸어서 제3억류소 근처를 빠져나오자, 사방이 온통 옥수수 밭이었다. 옥수수를 헤치고 밭 안쪽으로 들어가 밖에서 보이지 않을 정도로 깊숙한 곳에 겨우 도착했다. 출혈이 심한 민영학을 일단 그곳에 눕혔다. 칠흑 같은 어둠 속에서 민영학이 내뱉는 거친 숨소리만 들려왔다. 가끔 불어오는 바람에 옥수수 잎이 수런거렸다. 치명상은 아니었지만 이미 몸을 움직일 수 없는 상태였다.

민영학의 최후는 불확실하다. 먼저, 민영학이 "나를 포기하고 그냥 가달라"라고 두 사람에게 말한 다음 옥수수 밭으로 들어가 자신의 가슴에 총구를 겨누고 군화의 앞부분으로 방아쇠를 당겨 자결했고, 두 사람은 민영학의 죽음을 확인한 뒤 시내로 돌아와 일본인 습격을 계속했다는 증언이 있다.

그런가 하면, 손양섭과 노병한이 민영학을 은신시켜 치료받을 만한 장소를 찾아서 분견소로 돌아갔다가 안전한 장소가 있음을 확인하고 다시 와보니 민영학이 나무 아래 쓰러져 있었고, 직접 머리에 총을 쏘아 자결한 상태였다는 증언도 있다. 남겨진 두 사람은 옥수수 잎으로 사체를 덮고 분견소로 돌아와 취사장으로 들어가 군무원 동료에게 부탁하여 밥을 얻어먹은 다음 위생자재 창고에 몸을 숨겼다는 것이다.

민영학이 옥수수 밭 근처에서 자결한 것만은 확실하다. 헌병대가 그 사실을 확인했다. 분견소 소장 스즈키 대위는 분견소만으로는 도저히 사태에 대응할 수 없다고 판단하여 스마랑 분소에 진압 응원대를 파견해달라고 요청했다. N 대위가 지휘하는 수십 명의 응원대가 도착한 것은 한밤중이었다. 그러나 포로수용소·억류소에 근무하는 인원은 대부분 조선인 군무원들이었고, 일본군 병사는 거의 없었다. 다만 몇 명의 하사관과 장교가 있을 뿐이었다. 요소요소에 배치된 조선인 군무원들은 동포끼리의 살상을 피하기 위해 일부러 조선말로 큰 소리를 내면서 떠들었다. 봉기를 일으킨 세 사람에게 자신들의 위치를 알려주기 위한 의도였겠지만, 동시에 죽음의 공포를 이겨내기 위해 뭔가 떠들고 있어야만 했던 것이리라.

헌병대 출동

스즈키 대위는 스마랑 분소만이 아니라 헌병대와 정규군 부대에도 응원을 요청했다. 수백 명의 간부 후보생 1개 대대가 급히 출동했다는 이야기도 있다. 스마랑 헌병대(대장은 와다和田 대위)에 근무하고 있던 다나카 도시오 중사도 헌병대장 등과 함께 급히 암바라와로 달려왔다.

> 1945년 1월 4일, 새해 분위기가 채 가시지 않은 때였다. 암바라와 네덜란드 부녀자 억류소에 근무하는 조선인 군무원이 경기관총 한 자루, 총알 2천 발과 소총 세 자루를 가지고 탈주했다. 탈주자가 암바라와 시내에서 일본인 의사 이케지리池尻를 비롯해 네덜란드 혼혈인 및 인도네시아인 등에게 무차별 총격을 가하여 수십 명의 사상자가 발생했다는 내용의 조선인 근무원 폭동 건에 관한 구원 부대를 요청하는 전화를 받았다.
> 스마랑 헌병대장 와다 대위는 즉시 비상소집을 발령하여 당직 요원과 기타 약간의 인원만을 남겨두고 완전무장을 시킨 다음 이들을 인솔하여 급히 암바라와로 달려갔다.(다나카 도시오 수기)

헌병대의 수색은 그날 밤 바로 시작되었다. 그러나 아무리 찾아도 세 사람의 행방은 오리무중이었다. 그러다 민영학의 사체를 발견한 것은 사건 발생 3일째인 1월 6일 정오 무렵이었다.

> 폭도들은 한밤중에 흉포한 짓을 저지르고 난 뒤라, 교회에서 멀리 도망쳤을 리 없었다. 교회 바깥 주변 마을과 밭을 철저하게 수색했다. 정오 무렵, 사람 키만큼 자란 옥수수 밭에서 조선인 폭도 한 명의 사체를 발견했다. 38식 보병총의 방아쇠에 나뭇가지를 걸어서 두 발로 밟고 총구를 손으로 잡아 자신의 목에다 대고 총을 쏘아 자결했는데, 특이한 유류품은 없었고 다른 두 사람의 낌새도 파악할 수 없었다. 군의관이 사체를 검증한 결과, 사후 시반屍班과 그 밖의 정황을 감안할 때 사망 후 적어도 수십 시간이 경과한 것으로 결론이 났다. 한편 왼쪽 발목에도 상처가 있었는데, 이 상처에서 상당한 출혈이 있었던 것으로 추정되었다. 아마 걸을 수 없었기 때문에 동지들을 따라가지 못하고 혼자 남아서 자결한 것인지도 모른다.(다나카 도시오 수기)

민영학을 잃은 두 명의 동지는 어떻게 되었을까? 다시 조선인 쪽의 증언에 따라 이후의 사태 진행 경과를 따라가보자.

진압 부대가 암바라와 시내를 샅샅이 수색하기 시작했다. 비상경계 사태가 발령되었고, 인도네시아인 경찰관과 경방단警防團도 동원되었다. 그러나 손양섭과 노병한은 여기저기에서 공격을 감행했고, 사상자가 속출했다. 그리고 마침내 그들은 분견소로 돌아왔다. 취사장에 들어가 천천히 밥을 먹은 뒤 위생자재 창고로 잠입했다. 이미 새벽이 다 된 시각이었다.

날이 새고 1월 5일이 되었다. 암바라와 경찰서에 수사본부가 설치되었다. 본부는 이 사건이 단순히 군무원 몇몇의 불만으로 야기된 것이 아니며, 전체 군무원의 동태와 맥락이 통하는 반란이라 판단하고, 스마랑에서 응원군으로 온 군무원을 포함한 암바라와 군무원들에게 실탄 휴대를 엄격하게 금지하는 한편, 군무원의 단독 행동도 금지하고 한곳에 집결시켜 연금 조치를 취했다. 암바라와에서 스마랑, 살라티가, 마겔랑으로 나가는 주요 도로에 빠짐없이 경비대가 배치되어 검문을 실시했다. 엄중한 포위와 필사적인 수색을 벌였지만, 그날은 아무런 단서도 얻지 못한 채 날이 저물었다.

밤 9시, 수사 본부에 급보가 날아들었다.

"저녁 점호를 하던 세 명의 일본인 간부가 피살되었다!"

이 보고로 수사본부에 아연 긴장감이 감돌며 술렁거렸다. 그러나 한편으로는 군무원들이 아직 멀지 않은 곳에 있다는 것을 알고 안도했다. 헌병대와 하사관이 300미터 정도 거리에 있는 분견소로 급히 출동했다. 스즈키 대위도 따라갔다. 소장실 옆에 딸린 방에서 뚱뚱한 몸집의 후쿠도메福留 통역과 왜소한 체격의 시모야마下山 위생병의 시체를 발견했다. 한 사람은 총살되었고, 또 한 사람은 칼에 찔려 죽었다. 밖에는 비가 부슬부슬 내리는, 정말 기분 나쁜 밤이었다.

손양섭과 노병한이 밤이 되어 위생자재 창고를 나왔을 때, N 상사가 점호를 취하고 있었다. 자결한 민영학과 사이가 상당히 나빴던 인물이다. 아니, 민영학은 N 상사를 증오할 정도였다. 손양섭과 노병한 두 사람은 침착하게 안뜰을 걸어서 N 상사 쪽으로 가까이 다가

갔다. 인도네시아인 보조병은 당황하여 허둥지둥 달아났고, N 상사도 정문을 통해 밖으로 달아나버렸다. N 상사를 놓쳐버린 두 사람은 사무실로 들어갔다. 그곳에는 동료 군무원들이 있었기 때문에 "피하라!"라고 큰 소리로 외치고 군무원들이 대피한 것을 확인한 다음 일본인 두 사람을 각각 칼로 찌르고 총으로 쏴 죽였다. 대리석 바닥 위에 유혈이 낭자했다. 바로 후쿠도메 통역과 시모야마 위생병이 흘린 피였다.

엇갈리는 증언들

이곳에서 일본인 두 사람이 살해된 것은 분명한 사실이다. 그러나 살해된 두 사람이 후쿠도메 통역과 시모야마 위생병이 맞는지는 다소 불확실하다. 먼저 헌병대 다나카 상사의 회고록을 살펴보자.

> 억류소의 야간 근무자인 장교가 수사본부로 달려와서 "억류소 사무실에서 총소리가 났다"고 보고했다. 헌병 1개 분대가 하야시 상사의 지휘 아래 교회 옆에 위치한 부속 건물 한쪽에 있는 억류소의 부대 본부 사무실로 향했다. 도로 위에서 살펴보니 사무실은 전등이 환하게 불을 밝히고 있는 것이 여느 때와 다름 없었다. 잠시 동정을 살폈지만 인기척 하나 없었다. 오싹 소름이 돋는 정적이었다. 흩어져서 각개 전진으로 사무실을 향해 다가가서 일제히 사무실 안으로 돌진했다. 문에서 몇 걸음 안으로 들어간 위치에 상등병上等兵이 쓰러져 있었다. 출입구 정면의 창가쪽 책상에는 주번사관週番士官이 주번 완장을 팔에 두른 채 얼

굴을 책상 위에 파묻고 있었다. 머리에 총을 맞아 앉은 채 죽은 것이다. 두 사람 모두 숨이 끊어진 상태였다.

군의관의 부검 결과, 상등병은 대검으로 가슴을 관통한 자상刺傷이, 주번사관은 머리를 관통한 총상이 사인으로 판명되었다. 두 사람 모두 즉사했다고 판정한 뒤 검증조서를 작성했다.

다나카 상사는 상등병과 주번사관이라고만 쓰고 이름은 밝히지 않았다. 그저 한 사람은 대검에 찔려 죽었고 나머지 한 사람은 총살되었다고만 적었을 뿐이다.

N 상사의 이야기를 들어보자. 그는 1914년생으로 미야기현 도메군 출신이다. 제16군 초대 사령관 이마무라 히토시 중장과 동향이다. 군에 소집되었을 때 그는 28살의 한창 나이로 막 결혼하여 신혼 두 달째인 새신랑이었다. 부산의 노구치 부대에서 조선인 군무원들과 함께 자바에 도착한 뒤 자카르타에 한 달가량 있었고, 그 후에 반둥에서 잠시 근무한 다음 암바라와로 왔다. 자결한 민영학과는 반둥에서 함께 근무했다. 게다가 부산 노구치 부대 시절에도 민영학의 상관이었다고 한다.

이 두 사람은 사실 그 전날 밤에도 만났다. 민영학의 왼쪽 넓적다리에 총을 쏜 당사자가 바로 N 상사였던 것이다.

"그날 밤, 억류소는 칠흑처럼 어두웠어. 내가 경계 근무를 서고 있는데 세 사람이 억류소로 다가오는 거야. 뭐랄까, 마치 미친 사람들처럼 이리저리 돌아다니며 사람들을 쏘아대고 난리를 쳤어. 관사 같은 곳을 노렸어. 그런데 그들이 저쪽 제2수용소 쪽에 서 오는 거야. 나는 그때 마침 이쪽 낮은 담 아래 엎드려 있었어. 그렇게 있는데 한 사람이 내 앞으로 다가오기에 총을 쏴버렸더니 "당했어, 당해버렸어"라고 하는 거야. 누군지 확인할 겨를도 없었어. 그게 바로 오카다岡田(민영학)였지. 그때 수용소 보초 한 명이 총격을 받고 부상을 당했어. 오카다는 나중에 옥수수 밭에서 발견되었다고 했어. 나는 보지 않았지만 "나쁜 짓을 저지른 놈은 죽어서도 험한 모습이었다"라는 따위의 말을 한 사람도 있었다고 하네. 오카다는 어딘지 얼굴에 그늘이 있던 사람이었어. 인상이 험악했지. 특별히 반항적이라고 할 순 없지만 역시 그런 느낌이 들게 하는 사람이었어."

민영학과는 뭔가 남다른 인연이 있는 것 같았지만 N 씨는 자세히 말해주지 않았다. 그리고 사건 이틀째 밤에 N 씨는 다시 간신히 목숨을 건지게 된다.

"내가 마침 일직을 서던 밤이었어. 매일 밤 나는 점호를 하는데, 그때도 점호를 하러 갔어. 제법 많은 지역민들을 찔러 죽이며 돌아다니고 있다고 해서, 그날 밤은 요소요소에 병력을 배치하고 헌병이 앞장서서 수색을 하고 있었지. 나도 6연발 권총을 빌려서 휴대하고 사무실을 나와 점호를 하러 갔어. 사무실에는 후쿠도메 통역과 나머지 일본 병사 두 사람, 그리고 조선인들이 남아 있었어. 내가 점호를 하러 나가고 나서 곧바로 교회 안쪽 약

> 품 창고에 숨어 있던 두 사람이 사무실로 왔어. 물론 거기 숨어 있었다는 건 나중에 알게 된 사실이지만. 후쿠도메 통역과 또 한 사람을 찔러 죽였거든. (…) 시모야마 위생병이었던가, 그럴 거야. 점호를 하고 있던 내게도 총을 갈겼지만 나는 도망쳤어. 그리고 본부에 이 사실을 알렸더니 난리가 나서 요소요소에 보초를 세우게 되었네."

N 씨는 자신이 기억하는 것이 사실인지는 자신이 없다고 했다. 그러나 후쿠도메 통역의 이름만은 거침없이 나왔다. 자신을 노렸던 총탄을 어찌 잊을 수 있겠는가. 사건 이틀째 밤, 두 사람의 일본인(한 사람은 후쿠도메 통역)을 살해하고 N 상사에게 총격을 가한 것은 분명한 사실이다. 그리고 그들은 다시 자취를 감추었다.

사건을 일으킨 두 사람이 손양섭과 노병한이라는 것, 그리고 위생자재 창고에 숨어 있다는 것을 조선인 군무원 몇 사람은 이미 알고 있었다. 그렇지만 그들은 이 사실을 일본인에게 알려주는 짓 따위는 하지 않았다.

두 발의 총성

암바라와에는 또 한 사람의 혈맹 당원이 있었다. 조규홍曺圭鴻이 그 장본인으로, 노병한과는 같은 강원도 출신이었다. 조선인 군무원의 숙소와 위생자재 창고는 안뜰을 사이에 두고 마주 보는 곳에 있었다. 조규홍은 어떻게든 숨어 있는 두 사람에게 접근해서 포위를 빠져나갈 수 있는 하수구의 소재를 알려주고 싶었지만, 그것은 그리

간단한 일이 아니었다.

날이 밝아 사건 3일째인 1월 6일이 되었다. 이날은 앞서 말했듯이 민영학의 사체가 발견된 날이다. 그러나 일본군에게는 그 밖에 아무런 성과도 없는 하루였다. 사무소를 중심으로 주변 마을을 이 잡듯 수색했지만 단서는 좀처럼 잡히지 않았다.

그리고 마침내 운명의 1월 7일이 되었다. 사건 주동자인 두 사람이 자결한 것이 1월 7일인지 6일인지 증언이 엇갈리고 있지만, 그 점은 나중에 말하기로 하고, 일단 여기서는 1월 7일 자결설에 따라 이야기를 진행시켜보자.

혈맹 당원 조규홍은 제정신이 아니었다. 동지들이 숙소에서 엎어지면 코 닿을 거리의 위생자재 창고에 숨어 있었다. 이미 여러 명의 일본인과 인도네시아인을 죽였으니, 잡히면 사형을 면할 수 없을 것이다. 조직의 일까지 드러나게 될지도 몰랐다. 안뜰을 건너 몇 번인가 창고 부근까지 다가가서 그 앞을 서성거리며 기침 소리를 내보기도 했지만, 창고 안에서는 아무런 응답도 없었고 괴괴한 정적만 감돌았다. 뜰에는 파파야와 바나나 나무가 자라고 있었는데, 그 열매들이 마침 알맞게 익어서 한창 맛이 있을 때였다. 바나나 나뭇잎에서 아침 이슬이 영롱하게 빛나고 있었고, 박새처럼 작은 새가 지저귀는 아름다운 아침이었다.

조규홍은 어쩔 수 없이 식당으로 되돌아왔다. 군무원 동료 20여 명이 아침 식사를 하기 위해 모여 있었다. 그들도 모두 사태의 막중함을 눈치 채고 하나같이 굳은 표정으로 긴장하고 있었다. 개중에는 제대로 잠을 자지 못해 눈에 핏발이 서 있는 사람도 있었다.

바로 그때, 별안간 위생자재 창고에서 손양섭과 노병한이 나왔다. 속옷 차림인 두 사람은 소리도 없이 동료들 가까이 다가왔다. 식당에 있던 군무원들은 모두 경악했다. 그러나 놀라서 소리를 지르거나 하는 사람은 없었다. 손양섭은 미소마저 지으며 여유를 가지고 차분하게 낮은 목소리로 말했다.

"여러분, 놀라게 해서 죄송합니다. 그러나 저희로서는 마땅히 해야 할 일을 했다고 자부하고 있습니다. 저희가 일으킨 일로 여러분의 입장이 난처하게 된 건 죄송하지만 저희는 다시 창고로 되돌아갑니다. 만약 총소리가 들리면 깜짝 놀라는 체하며 달아나주십시오."

식당에 있던 모든 이들은 손양섭과 노병한이 자결할 각오임을 대번에 눈치 챘다.

두 사람은 조규홍에게 담배를 청했다. 맛있게 담배를 피우고 난 뒤, 두 사람은 조규홍과 굳은 악수를 나누고 창고로 되돌아갔다. 군무원 동료들은 잠시 숨을 죽이고 창고 쪽을 바라보고 있었다.

그러자 손양섭이 다시 나왔다. 그는 조규홍의 곁으로 다가가서 "이것을 자카르타에 있는 박승욱朴勝彧(이노우에 우니진) 동지에게 전해주게"라고 하며, 이와나미 문고판 책 한 권을 건네주었다. 니체의 『짜라투스트라는 이렇게 말했다』인지 『인간적인 너무나 인간적인』이었는지 알 수 없지만, 어쨌든 그 두 권 중 하나였다. 손양섭이 늘 지니고 다니면서 즐겨 읽던 책이었다. 자카르타에 있는 박승욱도 당원으로, 그는 본소의 병기계兵器係에 근무하고 있었다. 같은 고향(충남) 사람이어서 서로 친했던 것 같다.[06]

조규홍은 부질없다 생각하면서도 "손 동지! 탈출구가 있단 말이야"라고 말해보았다. 그러나 손양섭은 머리를 가로저을 뿐이었다. 그 얼굴에는 위엄이 서려 있었다. 손양섭은 다시 창고로 들어갔다. 잠시 뒤 창고에서 낮은 노래 소리가 들려왔다. 고려독립청년당의 당가였다.

> 삼천만 민족에 광명이 온다
> 무궁화 동산에 꽃도 피련다
> 우리는 고려독립 우리는 청년 당원
> 해방의 선봉이다 피를 흘려라(당가 제3절)

당가가 끝나자 잠시 괴괴한 정적이 주위를 감쌌다. 바나나 나뭇잎이 바람에 희미하게 흔들리고 있었다. 전원이 숨을 죽이고 위생자재 창고 쪽을 바라보고 있었다.

탕, 타앙!

정적을 찢는 두 발의 총성이 울렸다. 고려독립청년당 당원 손양섭, 노병한의 죽음을 알리는 총성이었다.

암바라와 제2분견소 전경

손양섭과 노병한이 자결한
위생자재 창고
(사진 제공: 독립기념관)

민영학이 자결한
옥수수 밭(현재는 논)

6. 반란의 기억

사실의 재구성

혈맹 당원 이상문도 두 명의 동지가 죽어간 마지막 총성을 들었다. 그런데 이상문은 이 총성을 들었던 시각이 6일 오후 3시 무렵이었다고 증언한다.

스모오노 교육대에 남아 있으라는 명령을 받았던 이상문이 한 발 늦게 그곳을 떠난 날은 1월 3일이었다. 그날 밤, 그는 살라티가에서 동지들과 술잔을 나누며 결속을 다지는 자리에서 경솔한 행동은 하지 말자고 서로 다짐했다. 다음 날, 그는 암바라와 서남쪽 약 30킬로미터에 위치한 마겔랑 수용소 분견소로 향했다. 그리고 1월 6일, 마겔랑에서 진압을 지원하기 위해 암바라와로 출발하는 사카이酒井 대위(수라카르타Surakarta 분견소 소장)의 차에 동승하여 암바라와로 달려갔다. 그는 반란에 가담한 노병한은 자신이 매우 아끼는 부하이기 때문에 항복을 설득할 작정이라고 사카이 대위에게 말했다.

위관尉官이 타는 장교 전용차는 푸른색 깃발의 비표秘標를 달고 있어서, 도중의 검문을 쉽게 통과해 곧장 암바라와 수사본부에 도착했다. 사카이 대위는 이상문을 동반하여 사무소로 향했다. 이상문은 순간적으로 '나를 방패로 삼을 작정이구나' 하고 생각했다. 사무소에 들어서자 바닥에는 피살된 후쿠도메 통역과 시모야마 위생병이 흘린 끈적끈적한 피가 그대로 남아 있었다. 지난 밤 비가 내린 탓일까, 사무실에서는 송장 냄새가 코를 찔렀다.

사카이 대위와 이상문은 냄새나는 사무실을 나와 군무원들이 있는 숙소로 향했다. 식당으로 가는 계단을 막 올라가려는 순간, 탕탕 하고 두세 발의 총소리가 들렸다. 그러자 식당 안에 있던 군무원들이 일제히 뛰쳐나왔다. 깜짝 놀란 사카이 대위는 허리에 차고 있던 군도軍刀를 꽉 움켜쥐고 당황해서 몸을 피해 문 밖으로 뛰쳐나갔다. 군무원들은 손양섭의 요청에 부응하여 일부러 달아나는 척했을 것이다. 이 일이 있었던 것이 1월 6일 오후 3시 반경이었다는 것이다. 이상문이 조규홍의 곁으로 다가갔을 때 그는 울고 있었다.

이상문의 증언에 따르면, 그날은 계속 수색을 진행했지만 두 사람의 행적을 찾지 못했고, 다음 날인 7일이 되어서야 서로 총을 쏘아 자결한 두 사람의 유체가 발견되었다고 한다.

두 사람의 유체가 7일에 발견되었다는 사실은 일본인 쪽 증언에서도 확인되고 있다. 자결하고 하루 동안 유체가 방치되었다는 것은 이 사건의 경우 거의 불가능한 일 아닐까? 따라서 두 사람이 자결한 것은 역시 7일 오전 중이라고 보는 편이 좀 더 타당성이 있을 것이다. 단, 조선인 군무원 두 명의 자결과 관련하여 현장 가까이에는 일본인이 아무도 없었다. 우리는 마침 두 사람의 자결 장소에 가까이 있었던 조규홍 등으로부터 간접적으로 이야기를 들었을 뿐이다. 이상문의 증언이 다른 증언들과 다소 상이한 점이 있다고는 해도, 그도 동지 두 사람의 마지막 총성을 확실히 들었던 인물 중 한 사람인 것은 분명하다. 시간상의 문제만 제외하면 이상문의 증언과 다른 증언들은 앞뒤가 제대로 맞는다. 일본인이 이 사건의 전후 사정을 자세히 모르는 것은 별로 이상한 일이 아니다. 거기에는 분명히 '민족의 장벽'이 놓여 있었기 때문이다.

어둠 속에서 민영학에게 총격을 가한 N 상사도, 마지막 총성과 노랫소리는 전혀 들은 기억이 없다고 한다. 그러나 그는 위생자재 창고에서 두 사람의 유체가 발견될 당시의 일을 기억하고 있었다.

사무소에서 두 명의 일본인이 피살된 사건으로 인해 분견소 근처를 샅샅이 수색했다. 심지어 쌀독에도 손을 넣어볼 정도로 철저했다. 그런데 위생자재 창고의 열쇠 구멍이 탈지면脫脂綿으로 꽉 메워져 있었다. 이건 좀 수상하다는 생각이 들어 발로 차서 문을 부수고 안으로 들어갔더니 두 사람이 거기에 죽어 있었다고 한다.

이 사건이 발생한 직후, 반둥에서 임무를 마치고 돌아오는 길에 우연히 암바라와에 들렀던 나가오카 마고토永岡寔에 따르면, 1월 7일 오후에 군무원 두 사람이 위생자재 창고에서 자살한 사실이 밝혀졌다고 한다. 자살 시각은 확실하지 않지만 정오 무렵이었다고 한다. 그러나 나가오카는 민영학의 사체가 발견된 시각이 1월 8일 정오 무렵이라고 기억하여, 다른 증언들과 달랐다. 헌병대의 다나카 상사는 두 사람의 자결(발견)에 관해 다음과 같이 기록했다.

> 날이 새자(문맥으로 볼 때 1월 7일—인용자) 억류소 내 건물들로 범

1989년 암바라와에서 재회한 이상문(왼쪽 두 번째)과 사르무지(오른쪽 끝)

위를 좁혀 세밀한 수색을 시작했다. 병사兵舍 내의 변소·창고 등을 하나하나 꼼꼼하게 조사해나갔다. 그런데 위생자재 창고의 문이 열리지 않았다. 자물쇠가 채워져 있어서 창고 내의 상황을 알 수 없었다. 열쇠는 없다고 했다. "안에 누가 있나"라고 소리치며 문을 두드렸지만, 안에서는 아무런 응답이 없었다. 아무래도 이 창고가 수상했다. 문을 부수고 들어가는 것밖에 방법이 없었다. 발로 차서 문을 부수고 안으로 뛰어들었다.

그곳에는 조선인 폭도 두 사람이 어깨동무를 하고 누워 있었다. 38식 보병총 총구를 잡아 목에 대고 발로 방아쇠를 당겨 자결했던 것이다. 전날 옥수수 밭에서 발견된 조선인과 똑같은 자결 방식이었다. 두 사람의 머리맡에는 한 통의 유서가 남겨져 있었다. 조선말로 급하게 휘갈겨 쓴 것이었다. 통역의 설명에 따르면 대체로 다음과 같은 내용이었다. "조선인에게 고원을 모집할 당시의 조건과 현재의 실상은 너무나 큰 격차가 있다"라는 서론으로 시작하여, 대우와 급여 그 밖의 여러 문제에 대한 불평을 호소하고, 그 개선 방안을 강구할 것을 요청하는 일종의 요청서였다. 유서는 참고 자료로 암바라와 억류소 소장에게 제출했다. (…) 조선인 폭도 세 사람은 전원 자결했다. 그렇게 이 사건은 일단락되었다.

다나카는 일본 패전 이후 연합군에 의해 전범 용의자로 체포되어 자카르타의 치피낭형무소에 수용되었다. 그는 동료 한 명과 함께 죽음을 무릅쓰고 치피낭형무소를 탈주했기 때문에, 헌병 시절의 메모

같은 것을 가지고 있을 리 없다. 그렇지만 뛰어난 기억력 덕분에, 그가 들려준 여러 가지 이야기는 조선인 쪽이나 수용소 관계자의 증언과 대조해보아도 정확도가 매우 높았다.

유서에 대해서는 나가오카 마고토도 간접적으로 그 존재를 들어서 알고 있었다. 그의 말에 의하면 "일본인 장교도 억울하면 죽어보라"라는 식의 말이 적혀 있었다고 한다. 유서가 실제로 존재했다 하더라도, 지금으로서는 그 내용을 확인할 길이 없다. 암바라와에서 조선인 군무원 세 사람이 일으킨 항일 의거는 이렇게 일단락되었다.

인도네시아인의 증언

1945년 1월 4일, 싱가포르로 전속 명령을 받은 조선인 군무원 세 사람이 암바라와에서 스마랑으로 가는 도중 트럭을 빼앗아 암바라와로 되돌아와 기관총, 소총, 탄약을 탈취하여 일본인과 인도네시아인을 포함해 열 몇 명(인원은 정확하지 않음)을 살상하는 반란을 일으켰다. 한 사람은 일본군 하사관이 쏜 총알에 왼쪽 넓적다리를 맞고 거사 당일인 4일에 자결했고, 나머지 두 사람은 분견소 내의 위생자재 창고에서 1월 6일(내지 7일)까지 몸을 숨기고 있다가 자결했다. 이것이 암바라와 반란 사건의 핵심 내용인 것은 거의 의심의 여지가 없다. 그리고 이 세 명 가운데 한 명은 그 전 해 12월 29일 스모오노에서 조직된 자바 조선인 항일 조직인 고려독립청년당 혈맹 당원이었으며, 나머지 두 명도 당이 결성된 뒤 입당을 서약한 당원이었다.

이 사건에는 여전히 분명치 않은 점이 몇 가지 있다. 우선 첫 번째로, 도대체 몇 사람이 살상되었는가 하는 점이다. 조선인들의 증언을 종합하면, 죽은 사람은 형무소장, 일본인 군납업자, 후쿠도메 통역, 시모야마 위생병까지 네 사람이다. 또 부상자에 대해서는 확실한 정보가 거의 없지만, 차를 타고 시내를 달리면서 총을 난사했을 때 인도네시아인을 비롯한 몇 사람이 부상을 당했다는 사실은 확실하다.

한편, 다나카 상사는 자신이 직접 확인한 죽음은 상등병과 주번사관 두 명뿐이었고, 헌병대에 들어온 정보에 따르면 의사 이케지리, 혼혈인, 인도네시아인 등 수십 명의 사상자가 있었다고 한다. 수용소의 나가오카 마고토의 이야기에 따르면, 1월 4일에는 관청에 납품하는 일본인 상인이 사살되었고, 마침 길을 가던 인도네시아인 몇 명이 살상되었으며, 하사관 한 명이 부상을 당했다. 또 6일에는 장교 한 명, 위생병 한 명, 군무원(통역) 한 명 등 총 세 명이 사살되었다고 한다. N 상사는 후쿠도메 통역과 이름을 기억하지 못한 위생병 등 두 사람의 죽음을 가장 가까이에서 목격한 인물이다. 그 역시 시내에서 총기 난사로 인도네시아인 몇 명이 부상을 당했으며, 수용소의 인도네시아인 보초(보조병)가 부상을 당했다고 말하고 있다.

형무소장이 살해되었다는 증언은 인도네시아인 쪽에서도 나왔다. 당시 암바라와역 근처에서 구장區長 일을 맡고 있던 인도네시아인의 이야기이다. 그의 말에 따르면, 형무소장만이 아니라 두 명의 인도네시아인 직원이 살해되었고, 일반인 몇 명이 부상을 당했으며, 말도 한 마리 죽었다고 한다. 보조병으로 수용소에 근무하고 있던 사르무지는 일본인 두 명(그중 한 명은 통역)이 살해되었고, 그들 외에 풀을 나르기 위해 대나무 장대를 들고 있던 인도네시아인도 살해되었다고 기억한다. 결국 증언의 차이, 기억의 차이가 있어 사상자가 정확히 몇 명이었는지 판단하기는 어렵다. 그렇다고는 해도, 결론은 네 명 이상이 죽었고, 부상자는 사망자 이상으로 많았다는 것, 일본인만이 아니라 중국인, 인도네시아인도 사상자에 포함되어 있다는 것이다.

자바 포로수용소에서 작성된 공식 문서인 「사망자 관련 사항 처리 일람표」는 민영학, 노병한, 손양섭에 대해 다음과 같이 기록하고 있다.

사망 보고 : 1945년 1월 12일
사망 통보 : 1945년 1월 15일. 자살이므로 포상 자격 없음.
유골 처리 : 자카르타시 일본인 묘지에 매장.
사망 사유 : 군의 말레이 포로수용소 전출 명령을 회피하려 한 것이 동기. 출발 당일 도망, 이틀에 걸쳐 군인·군무원·일본인·인도네시아인 등 12명을 사살하고 3명에게 부상을 입히는 사건을 야기하고 자결했음.
사망 장소 : 자바섬 스마랑
사망 일시 : 민영학 1945년 1월 5일
노병한 1945년 1월 6일
손양섭 1945년 1월 6일
사망 구분 : 변사(자살)

그런데 사르무지 씨는 이들의 칼에 찔려 죽은 혼혈 여성이 한 명 있었다고 주장한다. 그녀의 이름은 도리(가명)였고, 페낭 호수 인근 마을에 사는 아가씨였다.

암바라와에는 12명의 '위안부'를 둔 위안소가 있었다. 사르무지 씨의 설명에 따르면, 일본군은 위안소 외의 장소에서 유락 행위를 금지했다. 치안 유지와 건강 문제, 군사 기밀 유출 우려 때문이었다고 한다. 그러나 위안소 여성들에게 만족하지 못한 군인과 군무원들은 위안소 밖에서 유락 행위를 하곤 했다. 그들에게는 특히 혼혈 여성이 인기가 높았다. 반란을 일으켰던 세 사람도 도리라는 혼혈 여성과 친숙한 사이였는데, 마침 일본군 한 사람도 그녀를 좋아하고 있었다고 한다. 그런 이유 때문에 세 사람이 전속되었다는 것이다. 사르무지 씨는 도리가 왜 살해되었는지 이해할 수 없다고 하면서도, 세 사람의 반란 배경에는 이런 문제도 얽혀 있었다고 말한다.

혼혈 여성을 둘러싼 문제 때문에 전출을 당했다는 이 주장은 지나친 억측이지만, 반란을 일으킨 세 사람 가운데 특히 민영학이 스마랑으로 가는 도중 완전히 평정심을 잃었던 일은, 이 이야기와 전혀 관계없다고 단정할 수 없을 것 같다. 어쨌든 이 문제는 영원히 수수께끼로 남을 수밖에 없다.

이 일과 관련하여 말하자면, 봉기를 일으킨 1월 4일 밤 이들 세 사람은 어느 인도네시아인의 집에 들렀다고 한다. 다나카 상사의 증언이다.

> 다음 날(1월 5일—인용자) 아침, 수색을 하러 바뉴비루Banyubiru 지역의 논 가운데 있는 외딴집에 들어갔다. 그 집 주인인 인도네시

> 아인의 이야기로는 어제 밤 세 사람이 자신의 집에 들렀다는 것이다. 경기관총은 고장이 나서 버렸다고 했고 (…).

바뉴비루는 수용소 사무소로부터 남쪽으로 7~8킬로미터 떨어진 곳으로, 제5·제6억류소가 위치해 있었다(205쪽 〈지도 3〉 참조). 그들은 무슨 일로 여기까지 온 것일까? 또 이 집주인과는 어떤 사이였을까? 이런 내용은 전혀 파악할 수 없다. 다나카에 의하면, 세 사람은 집주인에게 입단속을 시킨 뒤 이른 아침(5일)에 그곳을 떠났다고 한다. 그러나 민영학이 4일 밤에 부상을 입고 그 집까지 걸어갔다가 다시 되돌아와서 옥수수 밭에서 자결했다고는 생각하기 힘들다. 틀림없이 차가 고장 나기 전에 이 집에 들렀을 것이다. 나가오카 마고토는 군무원 두 명이 4일 밤에 억류소 근처 인도네시아인의 집에서 하룻밤을 보냈을 것이라고 추정하고 있다. 이 두 사람의 증언에 따르면, 4일 밤 민영학 외의 두 사람은 위생자재 창고까지 되돌아오지 않고 다른 곳에 머물렀을 가능성도 있다. 또 세 사람이 함께 인도네시아인 집을 찾아갔을 가능성도 있다. 그렇다면 여자 문제가 얽혀 있었을 가능성도 있다.

끝나지 않은 반란

조선인 군무원 세 사람이 일으킨 반란은 중부 자바의 작은 마을을 공포에 떨게 만들었을 뿐 아니라 일본군에게도 큰 충격을 안겨주었다. 헌병대는 2차 폭동도 예상된다고 판단하여, 곧바로 요주의 조선인들을 자바 헌병대에 분산 배치시키고 배후 관계를 캐기 위해 철저한 조사에 착수했다.

이 반란의 직접적인 계기는 전출에 대한 불만이었지만, 그 불만과 관련해서는 여러 가지 개인적인 이유가 있었을 것이다. 그리고 조선인 군무원 전체에 공통된 보다 중요한 이유가 있었다. 그것은 바로 2년의 계약 기간이 만료되었는데도 귀국할 수 없다는 것, 또 일상적인 차별을 당하면서 분노가 누적되었다는 것, 일본의 패전이 눈앞으로 다가왔고 조선 독립의 정보를 알고 있었다는 것 등을 들 수 있다. 이런 일련의 배경 속에서 고려독립청년당이라는 조직이 결성되었고, 당 결성은 이들 세 사람에게 용기와 활력을 불어넣었다. 만약 고려독립청년당이라는 조직이 없었다면 이런 반란은 발생하지 않았을지도 모른다. 그런 의미에서 암바라와의 반란은 단지 우발적인 사건이 아니라 조직적 배경을 가진 사건이었다고 결론지어도 좋을 것이다.

나가오카 마고토는, 암바라와 사건은 일본군에 대한 반감과 조선 독립운동이 표출된 것이라는 말을 들었다고 증언했다. 멀리 암본 땅에서 굶주림과 싸우면서 비행장 건설에 종사하고 있던 김철수도, 자바에서 동료 군무원들이 조선 독립을 위해 반란을 일으켰다는 소식을 들었다. 타이-미얀마 철도 건설에 종사했던 이학래도 같은 내용의 이야기를 들었다고 한다. 암바라와의 반란은 항일 독립운동으로 각 지역에 전파되어 군무원들의 마음을 격렬하게 흔들어놓았다.

1월 7일, 당 총령 이억관은 세 명의 당원이 자결했다는 소식을 알게 되었다. 그는 자카르타에서 동지들을 모아놓고 암바라와의 당원 세 사람이 일으킨 반란을 '고려독립청년당 제1차 거사'로 규정하는 한편, 2차 거사를 실행에 옮기려 했다. 헌병대가 우려했던 '2차 폭동'이 다가오고 있었던 것이다.

7. 화교와의 연계 공작

자카르타의 조직 활동

자카르타 포로수용소 본소의 조선인 군무원 숙소 앞에는 크나리Kenari라는 아름드리나무가 있었다. 이 나무는 숙소 베란다를 뒤덮고 있어 한낮에는 차양 역할을 제대로 해주었다.

1월 4일 밤, 고려독립청년당 총령 이억관은 새로 입당한 당원 변봉혁과 숙소 베란다에 마주 앉아 있었다. 한낮의 뜨거운 열기가 아직 가시지 않아 후덥지근했지만, 이따금 크나리 가지 끝이 살짝 흔들릴 정도로 살랑대는 바람에 멀라티Melati(재스민) 꽃향기가 실려와 숙소 일대를 감싸고 있었다. 어딘지 모르게 가련한 느낌을 주는 멀라티의 흰 꽃은, 조선 민족에게 무궁화가 특별한 의미를 지닌 것처럼 인도네시아 민족을 대표하는 꽃이다. 암바라와에서 동지들이 반란을 일으킨 그 시간에, 총령 이억관은 새로 입당한 동지와 마주 앉은 채 고뇌에 잠겨 있었다.

"고려독립청년당을 만든 후 처음 맞이하는 중대한 시련이다."

이억관은 혼잣말로 중얼거렸다. 그날 혈맹 당원인 군사부장 김현재, 조직부장 임헌근, 자카르타 지부장 문학선, 자카르타 지구 책임자 백문기白文基 등 네 사람에게 말레이 전출 명령이 떨어졌던 것이다. 당의 핵심 멤버가 이처럼 빨리 전출당해버릴 줄이야. 이러면 당을 결성한 의미가 없잖은가. '어떻게 해야 할까?' 이억관은 은은한 멜라티 꽃향기에 몸을 내맡긴 채 고민을 거듭하고 있었다.

이억관을 비롯한 혈맹 당원들은 12월 30일 밤 자카르타로 돌아오자마자 적극적으로 조직 활동을 시작했다. 타이에서 김주석 탈주 사건이 발생한 뒤에 모였던 멤버에 두세 명이 더 가담하여, 회의에는 모두 열 몇 명의 군무원이 참석했다. 스모오노의 혈맹 당원인 이억관, 김현재, 임헌근, 문학선과 이미 당원이 되기로 내락을 받았던 동맹통신 미치가와(신경철) 기자가 중심이 되어, 스모오노에서의 당 결성 경위를 상세히 설명했다. 그곳에 모인 군무원들은 즉석에서 당원 가입에 동의했고, 임헌근(조직부장)이 입당에 따른 실무 절차를 밟았다. 자카르타에서 새로 당원에 가입한 인물은 총 13명으로 다음과 같다(괄호 안은 창씨명).

신경철申曝喆(道川曝喆), 30살, 동맹통신 기자, 경성 출신

지주성池周成(池上開成), 24살, 충남 출신

박승욱朴勝彧(井上雨而人) 25살, 자카르타 본소 병기계, 충남 출신

변봉혁邊鳳赫(原川鳳赫) 27살, 평남 출신

한맹순韓孟淳(香川淳二) 29살, 경기 출신

금인석琴仁錫(琴平仁錫) 26살, 경북 출신

송병기宋炳驥(松岡秀明) 32살, 충북 출신

김춘식金春植(金田春植) 32살, 경성 출신

김민수金旼洙(金山政義) 30살, 충북 출신

김규환金奎煥(金奎煥) 32살, 경성 출신

김선기金璇基(金延哲也) 30살, 경성 출신

신재관辛在觀(重光義政) 33살, 경성 출신

김인규金麟奎(金原麟奎) 32살, 경성 출신

결국 자카르타에서는 혈맹 당원 5명에 더하여 13명의 조직 당원을 포섭하여 모두 18명의 당원을 확보할 수 있었다. 그 밖의 지역에서 조직 당원이 된 군무원은 세 명뿐이었다. 미처 조직할 시간적 여유조차 없는 상태에서 전출 명령이 내려졌고, 또 암바라와에서 반란이 일어났기 때문이다. 따라서 총 당원은 26명으로 혈맹 당원 10명, 조직 당원 16명이었다. 이를 근무지로 구분하면 자카르타가 18명, 자카르타 외의 지역이 8명이었다. 그 8명의 당원 가운데 세 명이 암바라와에서 자결했던 것이다. 결국 자카르타 외의 지역에서 혈맹 당원을 제외하고 새로 당에 가입하여 조직 당원이 된 사람은, 암바라와의 노병한(25살, 강원 출신), 민영학(27살, 충북 출신), 그리고 반둥의 안승갑安承甲(安田桂薰, 28살, 청주 출신) 등 세 명이었다.

총령 이억관은 자카르타 당원들 앞에서 2차 거사의 구체적인 전략과 전술을 제시했다. 가장 중요한 문제는 무기 확보였다. 자카르타에는 본소 외에 몇 개의 분견소가 있어 당원들이 흩어져 있었다. 유사시에는 분견소 단위로 무기를 확보할 필요가 있었다. 그래서 일단 본소가 무기 확보 방안을 강구하여 유사시에 각 분견소에 무기를 배치할 수 있도록 조치했다. 다행스럽게도 새로 당원이 된 박승욱이 자카르타 본소의 병기계에 근무하고 있었다. 그는 병기계장 우쓰미 가즈히코內海一進 중사(후에 상사로 승진)와도 사이가 좋아, 신뢰를 받고 있었다. 병기계의 주된 임무는 수용소의 자동차(주로 트럭) 배차와 수리, 무기(소총과 탄약) 관리와 배치였다. 본소에 딸려 있는 자동차 공장에는 네덜란드인 포로 중에 선발한 기술자가 항상 40명 정도 배치되어 자동차를 수리하고 있었지만, 군무원은 두 명 밖에 없어 포로 감시가 비교적 느슨한 편이었다. 병기계를 맡고 있던 박승욱은 이런 상황을 감안하여 당의 무기계武器係로 임명되었다. 아울러 유사시에 무기와 탄약을 확보할 계획을 검토하라는 총령의 지시도 받았다.

무기와 함께 중요한 것은 식량이었다. 식량 확보와 관련된 책임은 조직부장 임헌근과 새 당원 김민수가 맡았다.

다음으로 자금이 문제였다. 자카르타 본소의 경리계에 근무하는 금인석에게 자금의 소재를 확인해두라는 지시가 내려졌다.

연합군이 자바섬에 상륙할 경우, 당연히 자카르타에서 일본군과 연합군의 시가전이 벌어질 가능성이 있었다. 언젠가 산악 게릴라전을 벌인다 해도 자카르타 시내에 연락처와 잠복 장소를 확보해두어야 했다. 또 지방에 있는 동지들과의 비밀 연락망도 완비해둬야 했다. 총령은, 이 문제는 자카르타의 화교와 절충하고 있으므로 머지않아 구체화될 것이라며 회의를 끝냈다. 이날은 그 밖에 당의 인장印章, 당기黨旗 제작에 관한 사항도 두 명의 당원에게 하달되었다.

공작 성공

이억관은 능숙하게 중국어를 구사하며 자카르타에 거주하는 화교와 벌써부터 제휴 공작을 진행해왔지만, 당이 결성되고 나서야 비로소 이전부터 친교를 맺고 있던 중년의 화교에게 구체적인 제안들을 내놓을 수 있었다. 그 화교는 이억관을 어느 젊은 통신기사技師의 집으로 데리고 갔다. 이억관이 만난 통신기사는 우탕吳棠이라는 이름을 가진 인물이었다. 도수 높은 안경을 낀 우탕에게, 이억관은 서면으로 요청 사항을 제시했다.

1. 화교가 가지고 있는 통신망을 반둥·스마랑·암바라와에 있는 동지들과 연락하는 데 이용할 수 있게 해달라.
2. 재정적 원조를 바란다.
3. 잠복 장소를 제공해달라.

위의 세 가지 요청 사항에 대하여 화교 기사는 구두로 다음과 같이 대답했다.

"우선 통신망 이용에 대해서, 당이 자카르타·반둥·스마랑·암바라와에 각각 한 명씩 책임자를 배치할 수 있다면 통신망 이용에는 문제가 없다. 그리고 나머지 두 가지 요청 사항도 받아들이겠다. 다만 연합군 상륙 등 유사시에는 당에서 식량 확보를 책임질 것, 또 우리 쪽에서 요청이 있을 때는 병력 일부를 차출해줄 것, 이 두 가지를 조건으로 하겠다."

이억관은 식량이 어느 정도 필요한지, 또 어떤 병력을 상정하면 좋을지 물었다. 식량은 요인要人 약간 명을 위한 것이고, 병력은 요인의 신변 경호를 위한 것이라는 대답에 이억관은 즉석에서 그 조건을 받아들였다.

그리고 1월 4일, 이억관은 다시 화교 기사의 집을 방문했다. 자카르타 지구 통신 책임자로 지명한 지주성을 소개시키기 위해서였다. 몇 가지 상의를 하고 나서 저녁 대접을 받았다. 식사를 하면서 이야기에 열중하다 보니, 그 기사의 아버지가 중국 국민당 계열 비밀결사인 남의사와 관련이 있고, 현재 헌병대에 구금되어 있다는 사실도 알게 되었다. 집을 나설 때 그의 여동생들이 전송하러 나왔다. 이억관은 일본이 패전한 뒤 그 여동생들 중 한 사람과 결혼했다.

이억관이 홀가분한 기분으로 수용소에 돌아왔을 때, 네 명의 혈맹당원에게 말레이 전출이라는 소식이 기다리고 있었다. 마침내 조직이 본격적인 활동을 시작하려는 중차대한 시기였던 만큼, 이억관은 이 예상치 못한 사태가 가져온 심한 충격으로 속이 타고 머리가 혼란스러웠다. 차라리 명령을 무시하고 숨어버려야 하나. 아니야, 아직은 시기상조야….

잠을 이루지 못하고 베란다로 나오자 거기에 변봉혁이 있는 것 아닌가. 멀라티 꽃향기를 음미하며 눈을 지그시 감고 있자니 문득 말레이행 수송선이 떠올랐다.

"바로 그거다! 이런 생각은 어때?"

이억관이 갑자기 소리치는 바람에 변봉혁은 깜짝 놀랐다. 이억관은 방금 순간적으로 떠오른 생각을 차분하게 설명하기 시작했다. 아니, 설명해가면서 순간적인 착상에 살을 붙여나갔다.

"수송선을 탈취하는 거야. 배는 탄중브리욱항을 출발하여 자바해로 나아간다. 거기에서 배를 탈취한다. 그리고 방향타를 서쪽으로 돌리게 해서 순다해협으로 나아간다. 순다해협을 빠져나오면 바로 인도양이다. 수송선은 포로를 실어 나르는 것이 목적이라 경비의 주체는 우리 군무원들이 아닌가. 그러니 배는 반드시 탈취할 수 있다. 문제는 선장, 기관장 등 선원들이다. 과연 그들을 협박해서 동조하게 할 수 있을까…. 아니, 포로 중에 어쩌면 해군 장교가 있을지도 몰라. 이건 조사해볼 필요가 있겠는데…."

이억관은 이것은 '하늘의 계시'라고 하며 지금까지의 침울함은 어디론가 날려버린 듯 쾌활해졌다. 그러나 그런 기쁨도 잠시, 다음 날 아침 도무지 믿을 수 없는 이야기가 전해졌다.

8. 스미레호를 탈취하라!

포로와의 연대

1945년 1월 5일 이른 아침, 자카르타 본소의 전화가 요란하게 울렸다.

"암바라와에서 어젯밤 손양섭, 민영학, 노병한 등 세 명의 군무원이 총기와 탄약을 탈취하여 탈주했다. 현재 도주 중이지만 아직 종적은 발견되지 않고 있다. 일본인들이 죽거나 다쳤다."

이 전화를 받은 사람은 자카르타 본소에서 주번週番 근무를 하고 있던 당원 중 한 사람이었다. 비밀로 하라는 전달이 있었지만, 그 당원은 아침 식사 중인 이억관 등에게 곧바로 이야기를 전달했다.

이억관은 피가 거꾸로 솟는 것 같았다. 온몸이 후들후들 떨려서 그냥 멍하니 동지들을 둘러보았다. 수송선 탈취 계획에 대한 말을 막 꺼내려던 참이었다. 암바라와에는 아직 거사에 참가하지 않은 조규홍도 있는데, 그는 어떻게 하고 있을까. 이 사건의 전개 방향에 따라 수송선 탈취 계획은 물론이고 당 조직마저 위험에 처할 수 있다. 어쨌든 6일이 되면 암바라와에서 전출 명령을 받은 군무원 일부가 도착할 것이다. 그들이 가져올 소식을 기다리는 수밖에 없었다.

다음 날 1월 6일 정오 무렵, 전출 명령을 받은 군무원들이 자카르타에 도착했다. 놀랍게도 당의 반둥 지역 책임자인 박창원과 부책임자 오은석(모두 혈맹 당원) 두 사람도 전출조에 들어 있었다. 이렇게 되면 혈맹 당원 열 명 중 여섯 명이 전출된 것 아닌가.

박창원은 본소에 도착하자마자 고열로 바로 의무실로 가서 김선기(당원)의 치료를 받았다. 그 후 곧바로 자카르타 지역에 있는 동지들을 소집하여 전속 명령을 받은 동지들과 합동 회의를 열었다. 이 회의에 참석한 인원은 모두 아홉 명이었다.

이억관은 여섯 명이 전출된 이상 '수송선 탈취' 거사를 도모하는 것이 당장 당이 선택할 수 있는 최선책이라고 동지들에게 호소했다. 동지들 모두가 탈취 계획에 찬성했다. 그리고 바로 행동에 들어갔다.

조직부장 임헌근과 박승욱 두 사람이 수송선 스미레호로 이송될 포로 상황을 파악하러 달려갔다. 이송될 포로들은 주로 네덜란드군과 영국군 장교들이었다. 그들은 포로 농장이 있는 자카르타 교외의 제5분견소에 수용되어 있었다. 그곳에는 일본어 통역을 담당하는 네덜란드인 봉가르틴 대위가 있었는데, 그도 이송 명단에 들어 있었다. 박승욱은 치마히 분견소에 있을 때부터 봉가르틴 대위와 잘 아는 사이였다. 임헌근이 봉가르틴 대위에게 수송선 탈취 계획을 솔직하게 털어놓았다.

"우리 조선인 군무원들은 해상에서 수송선을 탈취하여 인도양 방면으로 탈출하려 계획하고 있다. 일본 병사는 일개 분대만 승선하기 때문에 배는 우리 힘으로 제압할 수 있을 것이다. 당신들 가운데는 해군 장교도 있을 테니, 일본인 선원이 협력하지 않을 경우 당신들의 협력이 필요하다. 일본은 어차피 패망하겠지만 그날이 언제 올지는 알 수 없다. 우리와 함께 탈주하지 않겠는가."

봉가르틴 대위는 임헌근의 말을 듣고 동료들에게 돌아가서 상당히 오랫동안 상의를 한 듯하다. 마침내 충분히 승산이 있을 것 같다는 결론을 내고, 계획에 참여하겠다는 회답을 주었다.

다음 문제는 무기 확보였다. 이것은 박승욱이 맡았다. 그는 병기계에 근무하고 있었기 때문에 미제 경기관총(에테스톤)과 탄약 3천 발을 손쉽게 조달해냈다.

탈취 계획의 총지휘는 군사부장 김현재가 맡기로 했다. 그러나 겨우 당원 여섯 명이라는 소수 인원으로 일말의 불안이 없는 것도 아니었다. 인원을 늘려야 하는 건 아닐까. 그리하여 후보로 역시 박승욱이 추천되었다. 변봉혁도 후보에 올랐다. 변봉혁은 자카르타 본소에 오래 근무한 인물로, 민족의식이 매우 강한 사나이였다. 기독교회 목사인 아버지 밑에서 자랐기 때문에, 기독교를 배경으로 한 민족주의자였다고 할 수 있다. 그는 이억관이 철석같이 믿고 있는 동지였다.

우선, 전출자가 아닌 변봉혁이 스미레호에 무단 승선해 거사에 동참하기로 결정되었다. 한편 박승욱은 앞으로 점점 중요해질 무기 확보에서 가장 핵심적인 역할을 수행해야 할 인물이었기에, 지금 가버리면 남은 사람들에게 마이너스 요인이 너무 크다는 이유로 거사에서 제외되었다.

이런 협의를 하던 중에, 포로의 상황을 정찰하고 계획 참가를 타진하러 갔던 두 사람이 돌아왔다. 배를 탈취한 뒤 운행에 대해서는 포로 장교가 책임을 진다는 확약을 받았다고 두 사람은 신이 나서 보고했다. 다만 "포로들은 연료와 식량 걱정을 하고 있었습니다만"이라고 임헌근이 말했다. 이억관은 "전시 수송선 안에는 어느 정도 연료와 식량이 비축되어 있는 것이 통례다. 염려 없을 것이다"라며 일단 포로와의 연대가 성사된 것을 기뻐했다. 배는 1월 8일에 출항하기로 예정되어 있었다. 수송 지휘관은 가사하라 겐고笠原源吾 중위였다. 이틀 뒤면 출항이었다.

1월 7일 오후, 암바라와에서 세 사람의 동지가 자결했다는 소식이 날아왔다. 이억관은 다시 동지들을 소집했다. 그리고 그 자리에서 암바라와에서 세 사람의 동지가 일으킨 반란을 '고려독립청년당 제1차 거사'로 규정하고, 다음 날 실행될 스미레호 탈취 계획이 바로 '제2차 거사'라고 전원에게 알렸다.

"왜놈들은 입버릇처럼 천우신조를 바란다고 하지만, 지금 우리야말로 진정 천우신조를 바라고 있다."

이억관의 말은 '신의 가호'라고도 여길 수 있었기에, 목사의 아들인 김현재나 변봉혁도 특별한 반론의 기색 없이 잠자코 있었다. 한편 박승욱은 친구인 손양섭이 암바라와에서 자결했다는 말을 듣고 심한 충격을 받았다. 책 읽기를 좋아했던 손양섭의 지적이고 의연한 모습을 마음속으로 떠올렸다. 손양섭이 니체의 문고판 책을 그에게 유품으로 남긴 일까지는 알 턱이 없었지만, 그는 몸을 추스르며 앞으로 당무黨務에 더욱 매진해야겠다고 다짐했다.

작전이 누설되다

스미레호에는 천 2백 명 정도의 포로가 승선하기로 되어 있었다. 대부분 네덜란드군과 영국군 장교들이었다. 군무원 가운데 전출 대상자 삼십여 명이 자바 각지에서 모여들었다. 그들 중 여섯 명이 당원이었고, 또 한 사람의 당원이 '불법' 승선을 계획하고 있었다.

보통 포로 감시는 군무원에게 맡기고 일본 군인은 1개 분대 정도가 보조적으로 동행하는 것이 관례였다. 그러나 이날 군무원들이 탄중브리옥항에 도착해보니, 가사하라 수송 지휘관 외에도 일본인 장교와 하사관, 병사가 삼십 명도 넘게 있었다. 게다가 가사하라 중위의 지휘 아래 하사관들이 직접 부두에서 포로들의 소지품을 검사하고 있었다. 이 일도 관례대로라면 군무원들이 수행해야 했다. 일본 군인의 숫자도 그렇고 소지품 검사까지, 왠지 분위기가 이상했다.

수송선 탈취 계획의 지휘자인 김현재는 사태가 심상치 않다고 직감했다. '거사를 중지할까?' 그는 망설였다. 무단 승선하기로 한 변봉혁은 이미 부두에 나와 있었다. 그는 이날 자바를 떠나면 영원히 돌아오지 않을 각오를 하고 있었다. 개인 소지품을 정리하고 우편물도 책자도 다 태워버리고 왔다. 어느새 박승욱도 조달한 무기를 가지고 부두에 모습을 드러냈다.

사태가 이상하게 돌아가는 것을 심각하게 우려한 김현재는 그 사이 거사를 중지하는 편이 뒤탈이 없겠다고 전원에게 알렸다. 그러자 임헌근이 "아직 그렇게 결단할 단계는 아니다"라고 강한 어조로 반박했다.

"그렇다고 해도 이런 상황에서 전속 명령을 받지도 않은 변봉혁

동지를 승선하게 할 수는 없다. 설사 거사를 강행한다손 치더라도 여기서는 일단 변 동지가 손을 떼게 해주는 편이 안전하지 않을까."

김현재는 거사는 계속 진행하되 변봉혁의 승선만은 그만두자고 했다. 임헌근은 계속해서 상의한 대로 탈취 계획을 실행하자고 주장했지만, 그 역시 사태가 심상치 않다는 것을 점차 깨닫고 변봉혁의 승선은 포기하는 쪽으로 가닥을 잡았다.

한편 임헌근은 박승욱으로부터 경기관총을 다루는 간단한 기본 요령을 배워두었다. 자신에게 익숙하지 않은 기관총이었기 때문이었다.

그럭저럭 하는 사이에 출항 시간이 다가와 군무원들도 전원 배에 올랐다. 그러나 배에 타자마자 군무원들은 전원 짐칸에 감금되고 말았다. 출입도 엄격하게 통제되었다. 경비하는 쪽이 아니라 경비를 당하는 쪽으로 처지가 뒤바뀐 것이다. 반둥에서 전출된 박창원은 이 짐칸에서의 상황을 다음과 같이 회상했다.

> "우리가 전혀 갑판으로 올라갈 수 없도록 배 짐칸에 몰아넣어졌다는 것을 알았을 때, 나는 '작전이 누설됐다'고 직감했어요. 갑판으로 나갈 수 없었기 때문에 작고 둥근 창으로 별을 바라보고 있었어요. 8일 밤이었지요. 별을 바라보고 있노라니 아무리 생각해도 배가 자카르타 앞바다를 빙빙 돌고 있다는 느낌이 들었어요. 배는 밤새도록 그렇게 돌았는데, 틀림없이 우리가 어떤 행동을 일으킬까 주시하고 있는 거라는 생각이 들었어요.
>
> 다음 날 아침이 되어서야 마침내 배가 곧장 앞으로 나가기 시

작했어요. 그러나 배 위를 초계 비행기가 윙윙거리며 날아다니고 있는 것 아니겠어요. 경비병도 교대로 번갈아가며 짐칸에 들어왔고요. 그런데도 우리는 계획을 실행에 옮기려고 봉가르틴 대위를 통해 포로 쪽에 우리 의사를 알렸어요. 그러나 포로들은 경비가 심상치 않은 것에 완전히 겁을 집어먹어버렸어요. 영국군 장교, 그러니까 분명히 대령급이었다고 기억하는데, 그는 "이 작전은 중지합니다. 우리는 당신들의 요청에 응할 수 없습니다"라고 말했어요. 그래도 어떻게 좀 생각을 바꿔달라고 끈질기게 요청했지만, 그는 "내가 주의 깊게 조사해보니 자바를 출발한 이후 비행기가 계속 따라오고 있습니다. 이런 상황에서는 무리입니다. 비행기가 공격할 수 없다 해도 무선 연락이라도 하는 날이면 이 배는 바로 격침되겠지요"라며 거부했어요. 포로의 협력을 받지 못한다면 성공할 가망이 전혀 없었어요. 결국 우리는 눈물을 머금고 계획을 포기했어요."

박창원 등은 11일에 무사히 싱가포르에 도착했다. 한편 자카르타에서 목이 빠지게 소식을 기다리고 있던 이억관, 박승욱, 그리고 배에 탈 기회를 놓친 변봉혁 등은 9일이 지나고 10일이 지나도 아무 소식을 들을 수 없었다. 소식이 없다는 것은 탈취에 성공했다는 뜻일까? 그러나 1월 11일 저녁, 지주성은 군사령부에서 전보를 받았다. 가사하라 중위에게서 온 전보로 '무사히 도착했다'는 내용이었다.

'거사를 포기하여 무사히 도착했다는 것일까?'

'거사는 실행했는데 실패했기 때문에 무사히 도착했다는 것일까?'

어쨌든 거사가 예정대로 진행되지 못한 것은 분명했다. 며칠이 지나도 아무런 소식도 없었다. 그렇다고 당 동지가 체포되었다는 소식도 없었다. '제2차 거사는 실패했다'는 결론을 내릴 수밖에 없었다.

그리고 다시 며칠이 지나갔다. 박승욱은 우연히 수송 지휘관 가사하라 중위가 보낸 포로 수송 결과 보고서를 볼 기회가 있었다. 그리고 비로소 스미레호 탈취 계획이 사전에 누설되었음을 알았다. 밀고가 있었던 것이다. 그러나 당 조직과 관련한 정보가 누설된 기미는 없어 보였다. 이억관 등은 일단 안심했다. 하지만 사태는 그렇게 만만한 것이 아니었다. 일본군 헌병대의 정보망에는 이미 '고려독립청년당'이라는 존재가 파악되어 있었던 것이다.

9. 체포, 군법회의, 그리고 8·15

혈맹 당원의 체포

1945년 7월 21일, 자카르타 일본 육군 제16군 군법회의. 검찰관 오니쿠라 노리마사鬼倉典正는 열 명의 피고들을 향해 준엄한 논고를 전개하고 있었다. 하지만 정작 피고들은 오로지 '빨리 끝내만 달라'는 심정이었다. 각기병이 심해져 제대로 서 있기조차 힘들었기 때문이다. 임시군법회의의 넓은 법정에 오니쿠라 검사의 자못 진중한 목소리가 울렸다.

"따라서 이것은 명확하게 치안유지법을 위반하는 중대한 범죄다. 피고 고야마 도요조(이억관) 징역 12년, 동 가미이시 겐자이(김현재) 징역 10년 (…) 을 구형한다."

형은 예상보다 가벼웠다. 하지만 '이미 패전도 임박했다는데 새삼스럽게 뭐하는 짓인가'라는 게 그들의 솔직한 심정이었다. 구형량보다는 체포되어 육군 구금소에 갇혀 있는 동안 영양부족에 시달리며 몸이 쇠약해진 이 몇 달이 더 끔찍했다.

조직의 비밀이 그렇게 빨리 헌병대에 누설될 것이라고는 전혀 생각지도 못했다…. 이런 생각을 하면서 이억관은 검사의 논고와 구형을 어딘가 먼 세계에서 침입한 낯선 이의 목소리처럼 듣고 있었다.

'설마 그 녀석이?'

이억관은 믿고 싶지 않았지만 아무래도 당원 A를 의심할 수밖에 없었다. A는 이억관과 매우 가까운 사이였다. 입당을 권유한 것도 이억관이었다. A는 포로들이 일하는 빵 공장에서 관리 업무를 담당하고 있었기 때문에, 수용소 밖에서 근무하는 경우가 많았다. 이 빵 공장에는 헌병대가 주재하여 포로들의 동정을 감시하고 있었다. 포로들이 수용소 밖의 민간인과 연락을 취할 우려가 있었기 때문이다.

여기서 A는 헌병과 자주 접촉할 기회가 있었다. 처음에는 평범한 관계였지만, A는 가진 돈이 있어서 종종 헌병에게 술을 사주었다. 그렇게 하여 차츰 서로 마음을 터놓는 사이가 되었다. 암바라와에서 조선인 군무원들이 반란을 일으킨 뒤에는 오히려 헌병 쪽이 A에게 적극적으로 접근해왔다. 군무원들의 동정을 탐지하기 위해 술을 사주거나 여자를 붙여주기도 했다. 그러면서 헌병은 A에게 수용소 일본인 간부들에 관한 정보를 흘리거나 군무원들을 동정하는 듯한 발언을 하면서 반복해서 유도 심문을 했다. 결국 A는 무심코 이억관과 조직에 관한 일을 입 밖에 내고 말았다. 그 헌병은 별로 놀라는 기색도 없이 그 일에 아무 관심 없는 듯 시치미를 떼고 있었지만, 실제로는 조직에 관한 내용을 속속들이 캐내고 있었다.

스미레호 탈취 계획에 대해서도 A가 비밀을 누설한 것인지는 알 수 없다. 포로 가운데 스파이가 있어서, 임헌근과 박승욱이 포로 농장을 방문하여 포로들과 수송선 탈취 계획을 의논했던 사실이 스파이를 통해 헌병대에 전달되었다는 증언도 있다. 또 다른 조선인 군무원은, 스파이는 포로가 아니라 군무원이었다고 주장한다. 인도네시아인 여성과 내연 관계를 맺고 있던 한 군무원이, 무슨 이유에선지 헌병대에 체포된 그녀의 동생을 석방시키기 위해 스미레호 탈취 계획의 정보를 헌병대에 팔았다는 이야기였다. 그는 당 조직은 언급하지 않고, 다만 배가 무사하게 싱가포르까지 가지 못할 것이라고만 말했다고 한다. 이런 정보가 있어서 수송선이 자카르타 앞바다를 빙빙 돌면서 출항이 하루 지연되었고, 거기에 더해 초계 비행기까지 따라붙었다는 것이다. 이 정보를 판 인물이 앞에서 말한 당원 A인지는 알 수 없다. 확실한 것은 군무원 또는 포로 중에 스파이가 있어서 스미레호 탈취 계획이 헌병대로 새어나가고 말았다는 점이다.

A의 배신 때문일까, 이억관의 신변이 위험해졌다. 아무래도 감시당하고 있다는 느낌이 들었다. 그렇지 않아도 암바라와 반란, 그리고 미수에 그쳤다고는 하지만 스미레호 탈취 계획 등으로 위험한 다리를 아슬아슬하게 건너온 참이었다. 이억관은 탈주를 결심했다. 1월 23일 무렵, 이억관은 박승욱이 있는 병기계로 갔다.

"나는 산으로 도망치려 하네. 미안하지만 권총과 실탄 열 발을 마련해주게."

"말씀하지 않아도 예상하고 있었습니다. 이미 준비는 되어 있습니다. 이것을 가지고 가십시오."

박승욱은 권총과 실탄을 내놓았다. 이억관은 탈출에 앞서 신변을 정리했다. 그러나 불행하게도 때마침 고열이 그를 덮쳤다. 뎅기dengue열熱(뎅기 바이러스에 감염되어 생기는 병으로 고열을 동반하는 급성 열성 질환)

이었다. 권총은 사전을 도려내고 거기에 숨겨두었다가, 다행히 박승욱이 문병을 와주어서 일단 그에게 돌려주었다.

1월 28일, 아직 자리에 누워 있던 이억관의 거처에 자바 헌병대가 들이닥쳤다. 그리고 바로 체포되었다. 이억관은 뎅기열로 비틀거리며 걸음조차 제대로 걷지 못하는 몸으로 헌병대에 연행되었다.

그날 암바라와에서는 조규홍이 체포되었다. 또한 자카르타 분견소에 있던 이상문도 체포되었다. 이상문은 암바라와 사건이 일어난 뒤 수라카르타 분견소 소장 밑에서 사무 관리를 하고 있었다. 1월 15일자로 용원傭員에서 고원雇員으로 막 승진도 한 참이었다. 지금까지 달고 있던 붉은 별 하나에서 유성 다섯 개짜리 직위로 승진했지만, 뭔가 낯간지러운 듯한, 바보가 된 듯한 복잡한 기분이 들었다. 어쨌든 승진과 함께 칼을 차는 것이 허용되었기에 일본도日本刀를 주문해둔 상태였다. 1월 28일 숙소로 헌병대가 들이닥쳐 개인 소지품과 책꽂이를 조사했다. 책꽂이에는 오오카와 슈메이大川周明[07]의 『미영동아침략사米英東亞侵略史』와 『일본 2600년사』 등 몇 권의 책이 꽂혀 있었다. 헌병은 이상하다는 표정을 지었다. 일본 정신을 연구하고 오오카와 슈메이에 심취해 있다고 생각하기라도 했던 것일까.

"너는 조선 독립운동의 우두머리지. 그렇지 않아?"

헌병이 이상문에게 물었다.

"당치도 않습니다"라고 그는 서슴없이 말했다. 어째서 발각된 것일까. 믿어지지 않았다. 헌병이 들이닥쳤을 때, 순간적으로 오싹 소름이 끼쳤다. 지난번 스모오노에서 당을 결성할 때 만든 당기黨旗의 도안이 책상 위에 놓여 있었기 때문이다. 헌병이 개인 소지품을 조사하는 사이, 그는 도안이 그려진 종이를 재빨리 집어 들고 코를 푸는 척하며 둥글게 뭉쳐서 쓰레기통에 집어 던졌다. 때마침 인도네시아인 보조병이 들어와서 그 쓰레기통을 들고 나가버렸다. 숨 막히게 아슬아슬한 한순간이었다. 이상문은 수라카르타에서 3일 동안 조사를 받은 뒤 자카르타로 호송되었다.

2월 14일, 이번에는 자카르타에서 지주성과 박승욱 두 사람에게도 헌병대가 들이닥쳤다. 나중에 지주성은 기소되었지만 박승욱은 기소를 면했다. 두 사람 모두 혈맹 당원은 아니었지만, 한 사람은 기소되고 한 사람은 불기소된 내막이 무엇인지는 알 수 없다. 조직 당원으로 기소된 사람은 지주성이 유일했다.

우쓰미 가즈히코 상사는 16군 초대 사령관인 이마무라 히토시 중장의 전속 하사관으로, 반텐만 상륙 작전에 참가한 경력을 가지고 있었다. 참모부에 근무하고 있던 그는 나중에 포로수용소로 전출되어 병기계에 근무하며 박승욱의 상관이 되었다.

"나는 이노우에(박승욱)가 체포되었을 때 현장에 없었어요. 어딘가 출장을 가 있었을 거예요. 병기계라곤 하지만, 실제로 내가 맡고 있던 업무는 수용소 차량 배차였어요. 그래서 항상 지방에 나가 있을 때가 많았지요. 그런데 어느 날 일을 마치고 돌아왔더니 이노우에가 안 보이는 거예요. 이노우에는 능력이 상당히 뛰어난 사나이였어요. 그게 말이죠, 매월 월말이 되면 보고서를 작성해야 하는데 나는 지방으로 출장을 다니느라 상당히 바빴기 때문에 항상 이노우에가 원안을 작성하곤 했어요. 그러나 그는 악필이라 무라야마라는 다른 군무원이 다시 정서를 해서 제출하곤 했지요.

왜 이노우에가 보이지 않느냐고 물었더니, 헌병대에서 데리고 가버렸다는 것 아니겠어요? 나는 깜짝 놀라서 인사계에 물어봤어요. 그랬더니 조국을 위해 뭔가 운동을 했다고 한 것 같은 기억이 나네요. 아무튼 평소 전혀 그런 낌새가 없어서 몰랐던 거지요. 조선 사람들은 일반적으로 농가의 둘째 또는 셋째 아들들을 그러모아 온 거잖아요. 그래서 대학 출신자들처럼 우수하지는 않았어요. 그렇지만 지원 제도가 있어서 그중에는 상당히 우수한 사람도 있고, 지식인도 있었어요. 나는 딱 한 번 구금소로 그를 면회하러 갔어요. 특별히 달라진 모습은 없었지만 당연히 고문을 당하기도 했겠지요. (…) 어쨌든 그런 사건이 일어났지만, 그건 그다지 좋은 일은 아니라고 생각해서 그랬는지, 군도 수용소도 외부에는 비밀로 하기로 한 것 같았어요. 그렇기 때문에 나 같은 사람도 그다지 자세한 내막은 알 수 없었어요."

제16군 군법회의

한편 스미레호 편으로 싱가포르에 무사히 도착한 당원들은 어떻게 되었을까.

당원들은 수송선 탈취 계획이 미수로 끝나버리자 모두 허탈감에 빠져 있었다. 싱가포르에 도착하자 당원인 동맹통신 기자 신경철이 있었다. 그 또한 싱가포르로 전근되었던 것이다. 당원 여섯 명 중 네 명은 싱가포르 포로수용소 본소에 근무하게 되었고, 박창원은 조호르 분견소에 근무하게 되었다(나머지 한 명은 확실하지 않음). 그들은 주1회 외출 때마다 모이곤 했다. 여기서 조선인 군무원을 조직해나가기는 어려울 것 같았다. 그보다는 말레이 반도의 항일 중국인이나 공산 세력과 연대해 그 세력권으로 탈출하면 어떨까? 논의 끝에 중국인 유격대에 참가하는 쪽으로 의견이 모아졌다. 섭외 담당 신경철이 그 통로를 개척하는 일을 맡았지만, 중국인 조직과의 접촉은 상당히 힘들었다. 중국인 지하 조직의 경계가 매우 엄중했기 때문이다.

그럭저럭하는 사이에 3월 1일이 되었고, 당원들은 전원 체포되고 말았다. 그날은 싱가포르 포로수용소 소장인 사이토 마사토시 소장少將(전前 자바 포로수용소장)이 열병을 하러 온 날이었다. 사이토 소장의 훈시를 듣고 난 뒤 군무원들은 총검술, 총기 조작 시범 연기를 펼쳐 보였다.

박창원은 싱가포르에 도착한 이후 계속 몸 상태가 좋지 않았다. 게다가 스미레호에서의 긴장, 그리고 이후 당 활동이 겹치면서 체력이 약해진 상태였다. 적도의 작열하는 태양 아래 직사광선을 받으면서 사이토 소장의 훈화를 듣는 도중, 박창원은 마침내 쓰러지고 말았다. 정신을 차리고 보니 사무실 안에 누워 있었다. 사이토 소장과는 처음으로 대화를 나누었다. 사이토 소장은 어디서 왔느냐, 어디에 근무하고 있느냐 따위를 물었다.

그 후 박창원이 샤워를 하고 숙소로 돌아왔을 때 헌병대가 들이닥쳤다. 헌병들은 박창원의 개인 소지품을 모두 검사하고, 그를 헌병대로 연행했다. 무슨 혐의인지 전혀 모른 채 감방에 수감되었다. 그랬더니 거기에 동지들이 모두 있는 것 아닌가. 신경철 기자도 있었다. '아, 마침내 운동이 발각되었구나' 하고 박창원은 체념했다.

다음 날부터 취조가 시작되었다. 취조관은 헌병대 상사였다. 그는 박창원에게 자바에서 진행된 취조 상황을 자세하게 들려주었다. 박창원은 이제 끝장이라 생각하고 "자바의 취조 내용 그대로입니다"라고 했다. 이미 그는 삶을 체념하고 있었다. 상사가 말하는 모든 것에 "말하는 그대로입니다"라고 대답하여, 취조는 비교적 짧은 시간에 끝났다. 임헌근과 김현재는 상당히 오랜 시간 취조를 받았다. 5월 하순, 그들은 자바로 압송되었다. 신경철 기자는 군인 신분도 아니고 증거도 없다는 점에서 기소되지 않았다. 그 이후 신경철 기자의 행방은 알려지지 않았다.

2월 1일, 수라카르타로부터 자바의 제16군 구금소로 압송된 이상문은 거기서 총령 이억관과 만났다. 취조는 가차 없이 진행되었다.

"이것이 너희들 당가겠지?"

이억관이 쓴 것이었다.

"너희들이 한 짓은 초등학교 학생들이 하굣길에 뚝방에서 불장난을 한 것이나 다름없다. 대단한 것도 아니지. '이런 짓을 했습니다'라고 고분고분하게 말해주면 끝날 일이다."

위협하고, 달래고, 때리고, 발로 차고, 굶기고, 물고문을 하고, 마침내 식수마저 끊어버렸다. 이상문은 급성 적리에 걸려 병원으로 실려 갔다.

5월 하순, 싱가포르 조組가 자바의 구치소에 유치되어 동지들과 만났다. 재회의 기쁨은커녕 그들은 다시 혹독한 취조를 받았다. 박창원은 모든 것을 포기하고 있었기에 취조에 솔직하게 응했다. 그러나 구금소의 간수, 법무하사관의 학대는 지독했다. 잠자는 시간 외에는 마루 위에 정좌를 시켰다. 조선인에게 이것은 매우 고통스러운 일이었다. 개미가 몸속을 기어 다니고 영양도 부족했다. 모두 각기병에 걸렸다. 5월 19일에 자바 조 네 명이 군법회의에 송치되었고, 5월 24일에 싱가포르 조에도 같은 조치가 취해졌다.

7월 21일, 자카르타 제16군 군사법정 재판관 기다 구라노스케木田庫之助 대위는, 검찰관의 구형이 끝나자 잠시 휴식시간을 가진 뒤 조선인 군무원 10명에게 선고 판결을 내렸다.

이억관 징역 10년(구형 12년)

김현재 징역 8년 6개월(구형 10년)

임헌근 징역 8년(구형 10년)

이상문 징역 7년(구형 8년)

조규홍 징역 7년(구형 8년)

문학선 징역 7년(구형 8년)

백문기 징역 7년(구형 8년)

박창원 징역 7년(구형 8년)

오은석 징역 7년, 집행유예 3년(구형 3년)

지주성 징역 2년, 집행유예 3년

전원이 치안유지법 제1조 위반이었다. 박승욱과 신경철은 기소유예 판결을 받았다.

사형을 면했다! 이것으로 죽지 않게 되었다. 일본은 머지않아 전쟁에서 패망할 것이기에, 징역이 몇 십 년이든 상관없다. 그들은 감격하여 춤이라도 덩실덩실 추고 싶은 심정이었지만, 각기병 때문에 서 있는 것조차 힘들었다. 빨리 감방이든 어디든 넣어주었으면 하는 생각이 간절했다. 재판장은 피고인 군무원들에게 따로따로 최후진술을 하게 했다.

"본 군법회의는 황송하게도 천황 폐하의 신성한 명령을 받아 조직되었기 때문에 절대로 모욕적인 언사는 뱉지 말 것."

판결 결과가 예상 밖이었기 때문에 군무원들은 "관대한 조치에 감사한다"라고 간단하게 진술했다. 그러나 박창원은 뭔가 머리에 번쩍 떠오르는 것이 있었다.

"재판이라는 것에 왜 피고인 나를 변호하는 사람이 한 사람도 없는가. 나에게는 내가 하고 싶은 말이 있는 거다. 당신들에게도 당신들의…"

여기까지 말하자 재판장은 의자를 박차고 일어서서 "무슨 말을 하는 거야. 발언 중지! 앉아!"라고 명령했다. 법정 정리는 박창원을 강제로 자리에 앉혔다. 최후의 저항이었다.

조국으로 돌아갈 수 있다!

그들은 제16군의 어두컴컴한 감옥에 갇혀 습기와 영양실조에 시달리고 있었다. 혼자서는 걷는 것조차 힘들 정도로 쇠약해졌다. 마침내 8월 15일, 그들의 고국은 해방의 날을 맞이했다. 종로 한복판에서는 어떤 노파가 미친 듯이 춤을 추었다. 그러나 자바에서 반일 투쟁이 발각되어 감옥에 갇혀버린 고려독립청년당 당원들에게는 아직 아무런 소식도 없었다.

"이봐, 18호."

이상문은 그렇게 불리고 있었다. 8월 20일 무렵의 일이다. 간수가 말을 걸어왔다.

"이봐, 18호. 히로시마廣島에 말이야, 특수 폭탄이라는 것이 떨어졌단 말이야. 20만 명인가 30만 명인가 죽어버렸어. 어때? 어이, 어때?"

"그렇습니까."

다시 이삼 일 뒤, 간수가 또 몰래 속삭였다.

"이봐 덴짱(천황을 지칭하는 속어)이 말이야, 손을 들었다는 거야."

"무슨 말씀이십니까?"

이상문은 정중하게 되물었다.

"천황 폐하가 무조건 항복을 했다는 말이다!"

"우리는 어떻게 됩니까?"

"모르겠어."

"죽여버립니까?"

"그런 일이야 없겠지. 그것은 나로서는 알 수 없는 일이야."

뜨거운 심사가 치밀어 올라왔다. 어느새 자신도 모르게 눈물이 흘렀다.

"아, 이제 조선은 독립할 수 있다. 조국으로 돌아갈 수 있구나."

마음껏 소리치고 싶은 충동을 억누르며 벽을 노려보며 계속 정좌를 하고 있었다. 그 무렵 자카르타 거리와 자바의 곳곳에서는, 아니 인도네시아 전역에서 "히듭 머르데카!"(독립 만세)의 함성이 울려 퍼지고 있었다.

이국땅에서 잠들다

이 몸은 이국땅의 사형수
오늘일까 내일일까 집행을 기다리네
오늘도 하루해가 저무는데
아무런 연락도 없네

한 발의 총성으로 스러질 목숨
젊은 사나이의 최후는 사나이답게
야자나무 그늘에 잠들어 있어도
잠시라도 잊을손가 조국의 독립

설령 이 몸이 이국땅에 썩어버려도
이 마음, 이 정신은 변함없어라
조국의 독립 영원히 지키리

피로 눈물로 얼룩진 조국 강산
순국의 선열들이 나를 부르네
기필코 나는 가리 선열들의 대열로
선열들은 진심으로 나를 맞으리

적도에 묻히다

4부 • 남의 나라 전쟁이 끝난 날

1. 석방, 그날은

인도네시아의 독립선언

1945년 8월 17일 오전 10시, 자카르타의 퍼간산 티무르Pegansaan Timur 거리에 있는 수카르노 저택 앞마당에 5백여 명의 인도네시아인들이 운집했다. 수카르노는 전날 밤부터 한숨도 못 잤지만, 오히려 힘찬 목소리로 인도네시아의 독립을 선언했다.

> 독립선언
>
> 우리 인도네시아 민족은 이에 독립을 선언한다. 권력의 위양 및 그 밖의 사항은 신중한 방법으로 가능한 한 신속하게 실시하기로 한다. —자카르타에서 인도네시아 민족의 이름으로, 수카르노 핫타. 05년 8월 17일.[01]

청년들의 강력한 요구에 따라 인도네시아는 세계 만방에 독립을 선포했다. 동맹통신의 전파를 타고 인도네시아의 독립이 전 세계에 알려졌다. 일본은 무조건 항복하고 연합군은 승리했다. 패전과 승전 사이에 일시적으로 생겨난 권력의 공백을 뚫고, 인도네시아는 어쨌든 독립했다. 그러나 제국주의의 한쪽이 패배했다고 해서 또 다른 제국주의가 재침략을 포기한 것은 아니었다.

독립선언을 열광적으로 환영하는 인도네시아 민중의 시위, 국민위원회國民委員會로 급히 달려가는 중요 인사들, 일본이 만든 향토방위의용군을 모체로 조직된 인민치안단人民治安團 병사들까지, 인도네시아는 들끓고 있었다. 사람들은 인사말 대신 "머르데카(독립)"를 외치며 주먹을 불끈 쥔 오른손을 높이 치켜 올렸고, 거리마다 인도네시아 민족을 상징하는 홍백紅白의 깃발이 물결처럼 휘날리고 있었다.

그러나 독립의 환희는 오래 가지 못했다. 9월 8일, 영국과 네덜란드의 연합군 선발대 7명이 자카르타 커마요란Kemayoran 공항(현재 수카르노 핫타 공항)에 낙하산을 타고 상륙했다. 9월 29일에는 크리스텐손Christenson 중장이 지휘하는 영국령 인도군 및 네덜란드군이 자카르타에 상륙했다. 인도네시아의 옛 지배자인 네덜란드는 다시 한 번 '적도의 에메랄드 목걸이'(네덜란드령 인도를 칭함)를 네덜란드 여왕의 목에 걸어주려는 야망을 적나라하게 드러냈다. 그리하여 인민치안단을 중심으로 새롭게 조직된 인민치안군과 자발적으로 형성된 민중부대는, 패전 이후 그대로 남아 있던 일본군으로부터 무기를 빼앗거나 넘겨받아서 네덜란드군과 본격적인 전투에 돌입했다. 인도네시아의 실질적인 독립을 위한 이 치열한 전투는, 국내의 권력 암투와 뒤엉켜 장장 5년이라는 긴 세월 동안 계속되었다.

고려독립청년당의 투사들은 일본이 패전했다는 것을 알고서도 계속 어두컴컴한 감방에 갇혀 있었다. 간수가 "덴짱" 운운하던 날로부터 이틀인가 사흘 뒤, 기다 구라노스케 법무대위가 찾아왔다. 그는 조선인 투사들에게 형을 선고했던 바로 그 재판관이었다. 간수가 감방의 자물쇠를 하나하나 열고, 감방에 있던 이들을 모두 안마당에 집합시켰다. 마당에는 사포딜라Sapodilla(추잉검의 원료가 되는 수액을 채취하는 나무) 열매가 떨어져 있었다. 기다 대위가 먹어도 좋다고 했기에 몇 사람이 그것을 주워 먹었다. 마치 곶감처럼 단맛이 났다. 기다 대위는 친절한 목소리로 말을 꺼냈다.

"너희들은 감사보은感謝報恩이라는 말을 알고 있을 것이다. 부모의 은혜, 나라의 은혜, 사회의 은혜 등, 여러 가지 은혜가 있다. 날마다 감사하는 마음으로 은혜에 보답하는 것이 매우 중요하지 않을까 생각한다. 어떻게 생각하나 마쓰오카?"

마쓰오카, 즉 이상문은 심한 각기병을 앓고 있었다. 손가락으로 장딴지를 누르면 그 자리가 쑥 들어간 채 그대로 있을 정도였다. 게다가 아메바 이질에 걸려 입원한 적도 있었다. 기력이 완전히 쇠진된 상태였다. 하루라도 빨리 이 지옥 같은 감옥에서 벗어나고 싶은 일념뿐, 기다 대위의 질문의 의도가 무엇인지 생각하고 싶지도 않았다. 그러나 그 자리에서 반항해봤자 아무 소용이 없다는 생각이 들어 "감사보은하는 마음을 갖는 건 상당히 중요한 일이지요"라고 간단하게 대답했다.

나중에 알게 되었지만, 이미 정치범들을 석방하라는 요청이 제기되어 있었던 데다, 일본군으로서도 언제까지 군무원들을 잡아놓을 수 없는 노릇이어서, 기다 대위가 군무원들을 모아놓고 그들의 심경을 넌지시 떠보았던 것이다. 일본군은 보복을 두려워했던 것인지도 모른다.

일본이 패전한 이상 하루라도 빨리 정치범을 석방해야 한다고 요구한 것은 히나쓰 에이타로日夏英太郎라는 인물이었다. 그는 제16군 선전부의 일원이었는데, 사실 조선인이었다. 히나쓰 에이타로는 어떤 사람이었을까? 우리가 인터뷰한 군무원들 대부분이 그의 이름을 알고 있었다. 그들은 대단한 사람이라도 말하는 듯이 "히나쓰 씨"라고 불렀다. 일본이 패전한 뒤 자카르타에서 조선인 군무원, 간호사, '위안부' 등이 중심이 되어 결성한 '조선인민회'에서 히나쓰에게 조선말을 가르쳤다는 김선기(자카르타 본소 의무실 근무, 고려독립청년당 당원, 충남 출신)에 의하면, 히나쓰 에이타로는 강원도 출신으로 조선 이름은 허영許泳이라고 했다. 히나쓰 에이타로, 즉 허영이 전후에 김선기로부터 조선말을 배웠다는 점을 미루어볼 때, 그는 조선말과 동떨어진 세상에서 살고 있었던 것 같다. 조선인 군무원들이 히나쓰를 이야기할 때 자주 함께 언급하는 것이 〈그대와 나(君と僕)〉라는 영화였다. 이 영화는 히나쓰가 만들었다고 했다.

〈그대와 나〉는 1941년 11월에 도쿄에서 개봉된 영화로, 조선군 보도부가 제작하고 일본 육군성 보도부가 후원했다. 이 영화의 연출자가 바로 히나쓰 에이타로였다. 시나리오도 히나쓰 에이타로와 이이지마 다다시飯島正가 썼다. 히나쓰는 조선인이었지만 일본 영화인으로 성장하여 국책 영화를 제작하고 있었던 것이다. 조선 문학 연구자인 가지이 노보루梶井陟는 "히나쓰 에이타로가 어떤 경력을 가진 인물인지 알 수 없다"라고 하면서도, 〈그대와 나〉의 시나리오는 "철두철미하게 전쟁 수행과 내선일체를 칭송한 작품"이었다고 말한다.

당시 히나쓰는 '신흥 키네마 교토 기획부'(2차대전 이전의 일본 영화사)에 소속되어 있었다. 〈그대와 나〉는 창씨개명을 한 조선 청년이 애국심과 내선일여의 결의에 후끈 달아올라 솔선하여 지원병으로 전쟁터로 나가면서 조선에서도 하루 빨리 징병제가 시행되기를 바란다는 내용으로, 이른바 군 선전영화였다. 출연진은 문예봉文藝峰, 이향란李香蘭, 고스기 이사무小杉勇, 마루야마 사다오丸山定男, 미야케 구니코三宅邦子 등 호화 캐스트였다.[02]

히나쓰 에이타로와 재자바 조선인민회

자바로 끌려온 군무원들이 히나쓰의 영화 〈그대와 나〉를 조선에서 본 적이 있었는지는 알 수 없다. 조선인을 전쟁터로 내모는 앞잡이 역할을 떠맡았던 조선인 출신 영화인이, 전쟁터로 내몰린 조선인 군무원들과 자바에서 해후한 것은 역사가 만들어낸 얄궂은 운명이다. 그런데 히나쓰, 아니 조선인 허영은 어디에서 어떻게 변신했던 것인지, 자바에서 항일 무장 반란을 일으키고 저항 조직을 결성했다가 체포된 조선인 군무원들의 석방을 위해 동분서주하고 있었다.

히나쓰는 왜 선전부에서 일했을까? 선전부라는 말은 사실 정확한 표현이 아니다. 원래 제16군은 자바섬 상륙에 대비하여 현지 주민을 안심시키고 협력을 얻어내기 위해 '선전반'이라는 조직을 만들었다. 선전반 반장에는 마치다 게이지町田敬二 중령(육군 교육총감부 관동군)이 임명되었으며, 오오야 소이치大宅壯一, 도미자와 우이오富澤有爲男, 오오키 아쓰오大木惇夫, 아베 도모지阿部知二, 기타하라 다케오北原武夫, 이이다 노부오飯田信夫, 요코야마 유이치橫山隆一, 마쓰이 수이세이松井翠聲 등

영화 〈그대와 나〉 촬영 당시의 허영(1941)

당시 명성을 날리던 쟁쟁한 '문화인'들이[03] 선전반에 소집되어 군정 초기 인도네시아 식민지 문화 정책에 일익을 담당하고 있었다.[04]

그러나 선전반이 가지고 있던 민족주의에 영합하는 자유주의적인 분위기는, 군정 기구가 정비되고 전쟁 상황이 일본에 불리해지면서 금방 자취를 감춰버렸다. 선전반은 군정감부 소속 정보부로 개편되었고, 다시 1942년 12월에는 선전부로 바뀌면서 내부 조직이 서무庶務, 신문, 영화, 선전, 방송 등 다섯 개 과課로 재편되었다. 그리고 1943년 4월, 방송과는 군정감부 관할을 벗어나 독립 조직인 방송관리국으로 전환되었고, 통신·보도·영화 부문은 민간으로 이관되었다. 당초 영화는 선전반이 영화공사를 설치하여 제작에서 배급까지 전 과정을 담당했지만, 민간으로 이관된 뒤 제작은 일본 영화사가 하고 배급은 별도의 영화 배급사가 담당했다. 그 밖에 선전부가 영향력을 행사할 수 있었던 기관으로는 동맹통신사, 『자바신문』(아사히신문사 경영), 계민啓民문화지도소 등이 있었다.

선전부의 활동 중 간과할 수 없는 것이 '대大아시아주의' 고취였다. '아시아의 빛 일본, 아시아의 모체母體 일본, 아시아의 지도자 일본'을 주창하는 3A운동인 일본의 '대동아大東亞 이데올로기' 고양운동이 선전부 선전과장(계민문화지도소 부소장)인 시미즈 히토시淸水齊를 지도자로 하여 자바 전역을 휩쓸었다. 시미즈가 실질적인 지도자 역할을 맡았던 선전부는, 3A운동만이 아니라 민중 총력 집결운동, 자바봉공회奉公會운동 같은 민중 동원운동과 쌀 강제 공출, 노무자 징용 등 전쟁 경제 협력을 위한 선전 활동도 병행했다고 한다.[05]

히나쓰는 영화인 또는 연극인으로서 처음에는 선전반에 소속되어 있다가, 나중에 민간으로 이관된 군의 영화 관계 일에 종사했던 것으로 추정된다. 김선기에 의하면, 히나쓰는 일본 군정이 실시되고 있던 인도네시아에서 〈민족의 혼〉, 〈봉화烽火〉 등의 영화를 연출했다고 한다. 물론 일본 군정에 협력하는 내용의 영화였겠지만, 한편으로 이들 영화는 '인도네시아 민족은 장장 350년이라는 긴 세월에 걸친 네덜란드의 식민지 지배에서 벗어나 독립을 쟁취해야 한다'는 측면을 강조한 것이었다. "독립 정신 고양에 탁월한 효과가 있었다. 히나쓰 씨가 만든 영화는 일본군이 의도하는 바를 넘어서 인도네시아 민족 정신을 고취시키는 것이었다"라고 김선기는 말했다. 히나쓰가 군정 당시에 '핀탄 수라바야'라는 영화사(극단?)를 조직했다고 말하는 사람도 있었다.

어쨌든, 히나쓰는 선전반에 소속되어 활동하는 과정에서 인도네시아 민족주의에 대해 심층적인 이해를 가지게 되었을 수도 있다. 선전반에는 평범하지 않은 이른바 '고수'들이 많이 모여 있었다. 나중에 인도네시아 독립 전쟁에 목숨을 걸었던 이치키 다쓰오市來龍夫도 선전반의 일원이었다. 어쩌면 군정의 실상을 직접 목격함으로써, 히나쓰 자신이 지니고 있었던 종래의 일본상像이 무너졌을 수도 있다. 혹은, 좀 더 노골적으로 핵심을 찔러본다면, 일본의 패전으로 '일제 협력자'라는 딱지가 붙는 게 두려웠던 것은 아닐까? 동기야 무엇이었든, 히나쓰는 일본군 감옥에 갇혀 있는 조선인 군무원들의 신상을 걱정하여 기다 대위에게 석방을 요구하고 있었다.

8월 26일, 감옥에 갇혀 있던 조선인 군무원들이 식당으로 소집되었다. 그곳에는 기다 대위, 오니쿠라 검사뿐 아니라 히나쓰 에이타로(허영)도 있었다. 이 자리에서 군무원들은 비로소 일본군이 무조건 항복했다는 사실을 공식적으로 알게 되었다. 기다 대위는 허영과 여덟 명의 군무원(박창원은 각기병으로 입원)에게 카스텔라, 우유, 홍차를 대접하며 다음과 같이 말했다.

"당신들은 오랫동안 힘든 고초를 겪었으므로 석방이 결정되었다. 다만, 석방할 때는 당신들의 신병을 인수할 마땅한 단체나 인물이 있어야 한다. 지금 여기 있는 히나쓰 씨 등이 조직을 만들기 위해 애쓰고 있다고 하니, 조직이 만들어지는 대로 당신들을 그 조직에 인도할 것이다."

일본이 패전하자마자, 히나쓰는 동맹통신 기자였던 최호진崔浩鎭 및 군무원 대표 한 사람과 함께 자바의 조선인들을(민간인, 군무원, '위안부' 등) 결집하고자 군사령부에 조직 결성 허가를 신청해놓은 상태였다. 그러나 암바라와 사건 등으로 조선인 군무원들의 과거 행동에 불신을 품고 있던 군사령부는, 조선인이 한곳으로 결집하는 데 난색을 표하면서 좀처럼 허가를 내주지 않았다. 히나쓰 등은 매일같이 군사령부를 찾아갔다. 그리고 정치범 석방도 요청했다. 군사령부는 결국 군대의 내무령과 흡사한 회칙을 만든다는 조건으로 겨우 조직 결성을 승인해주었다. 그리하여 9월 1일, '재在자바 조선인민회'라는 조직이 정식 발족했다.

그들은 자카르타 시내의 코타 지역(중국인 밀집 지역) 거리 한귀퉁이에 주택 몇 채를 빌려 집단으로 거주하게 되었다. 8월 30일부터 9월 5일 사이에, 그때까지 일본군이 장악하고 있던 방송국을 이용하여 "조선인은 모두 자카르타 조선인민회로 한데 모이세요"라고 호소했다. 이 호소에 반응하여, 반둥 등 서부 자바 각지에서 조선인 군무원들이 속속 모여들었다. 중부 자바에 있던 군무원들은 스마랑에 집결하여 '스마랑 조선인민회'를 결성했다.

9월 4일, 조선인민회 대표가 일본 육군 구금소로 '죄수'들을 맞이하러 왔다. 이상문은 처음엔 다소 흥분했지만 곧 복잡한 상념에 얼굴이 굳어졌다.

'이로써 나는 자유의 몸이다. 고국에 돌아가면 부모 형제도 만날 수 있다. 그러나 죽어간 동지들이 살아 돌아오는 것은 아니다.'

생사의 경계를 넘나들며 살아온 긴장감이 풀어지고 환희의 순간이 지나가자, 지금까지 '적'이었던 상대에게 까닭모를 연민마저 일었다. 그는 눈앞에서 역시 복잡한 표정을 하고 있는 오니쿠라 검사의 모습을 물끄러미 바라보았다.

"나는 너희들과 최후의 은사恩賜담배(일본 황실이 특별 주문한 궐련. 당시 군인들에게 지급되었다)를 나누어 피운 뒤 죽어버릴 각오를 했다. 석방 결정도 내려졌으니 이제 너희들은 희망에 부풀어 어쩌면 조선 독립에 몸을 바치게 되겠지만, 우리는 이제부터 가시밭길을 걸어야 한다. 이것은 이별의 은사담배다. 그리고 이별의 커피다."

그렇게 생각해서일까, 오니쿠라 검사의 눈시울이 붉어진 듯했다.

이상문과 군무원들은 조선인민회 사람들의 환영을 받으며 자신들을 위해 마련된 숙소(인민회 본부와는 별도의 장소)에 도착했다. 그들은 인민회에서 자신들을 위해 준비해놓은 것을 보고 깜짝 놀랐다. 간호사로 종군했던 조선 여성이 비타민 주사를 놓아주었고, 바나나, 두리안durian, 사포딜라 같은 열대 과일을 계속 가져다주었다.

이상문은 감방에 있을 때 바미 고렝bami goreng(중국식 찐 국수에 야채·고기 등을 섞어 볶은 요리), 아얌 고렝ayam goreng(닭튀김), 사떼 아얌sate ayam(닭 꼬치구이) 같은 음식을 떠올리며 군침을 흘리곤 했다. 그러나 지금 눈앞에 그와 다름없는 진수성찬이 차려져 있는데도 전혀 식욕이 일어나지 않았다. 도무지 먹을 기력이 없었다. 김선기의 권유로 미음부터 먹기 시작했다. 쇠약해진 몸에 미음의 따뜻한 기운이 스며드는 것 같았다. 조금씩 체력과 기력이 회복되었다. 젊은 그들은 회복도 빨라서, 일주일도 채 안 되어 이상문은 다시 활동을 시작했다.

전쟁이 끝나고 고국은 해방되었다. 그러나 그들이 고국으로 돌아가는 것은 아직도 먼 미래의 일이었다.

2. 코타 거리의 해방구

우리는 조선 사람이다

"지금이라도 자카르타의 코타 거리 한쪽 구석을 파헤치면 금은보화가 쏟아져 나올지 모른다. 그와 함께 상하이 대한민국 임시정부 주석 김구가 고려독립청년당 앞으로 보낸 친서와 태극기도 기름종이에 싸인 채 묻혀 있을지 모른다."

이런 말을 해준 사람들이 있었다.

1945년 9월 1일에 발족한 조선인민회는 일본이 패전했을 때 자바에 남아 있던 대략 천 몇 백 명의 조선인 군무원과 민간인을 규합하여 만든 자치 조직으로, 군무원들이 전범 용의자로 전원 형무소에 수용된 1946년 4월까지 약 7개월 동안 활동했다. 이 조직의 구성원으로는 포로수용소와 억류소에서 근무했던 군무원들이 가장 많았고, 다음으로 '위안부', 간호사, 항만 등에서 일했던 일본군 잡역부, 그리고 아주 소수였지만 동맹통신 같은 반半민간 기관에서 근무했던 민간인(방인邦人 혹은 사쿠라 구미組라고도 했다)들도 있었다. 그러나 각 집단의 인원수 같은 상세한 내용은 알려지지 않았다. 바로 이들이 자카르타 코타 거리 한쪽 구석에 주택 몇 채를 빌려서 집단생활을 하고 있었던 것이다(파사르 서넨Pasar Senen 근처에도 조선인민회 분소 같은 것이 있었던 것 같다).

그들은 일본군과 담판을 벌여 우선 3년 동안 생활할 수 있을 정도의 군표軍票(전쟁 지역이나 점령지에서 군이 통화 대신 발행하는 증표)와 생활물자를 확보했다.

"일본은 전쟁에서 패했고 우리나라는 해방되었다. 이제는 국가도 민족도 다르지만 지금까지 같은 군대에서 목숨을 걸고 싸워왔으니 우리가 귀국할 때까지 책임을 져라. 어차피 물자는 연합군에게 압수될 텐데, 조금이라도 더 달라."

일본군은 조선인민회의 이런 요청을 받아들여 트럭 아홉 대분의 식량, 의복, 군표 등을 내놓았다.

이 기묘한 '해방구'에는 활기가 넘쳐흘렀다. 주택가 한쪽에는 '재在자바 조선인민회'라고 쓴 먹물 자국 생생한 간판이 걸렸고, 입구에서는 군무원이 총을 들고 보초를 섰다. 어떤 집에는 급조한 조선어 교실이 개설되어 모국어 공부에 열중하는 이들도 있었다. '위안부'로 끌려왔던 사람들도 열성적으로 한글을 배웠다. 또 어떤 여성은 재봉틀을 사와서 양재를 가르쳤다. 한편 『조선인민회보』라는 기관지가 매주 등사판으로 발행되어 모든 회원들에게 배부되었다. 고려독립청년당 총령이었던 이억관은 이 기관지에 「조국의 군상群像」이라는 제목으로 민족 운동사에 관한 연재 기사를 기고하거나 상하이 임시정부 요인들의 동정에 관한 기사를 썼다. 「목포 삼학도三鶴島의 전설」이라는 제목으로 자신의 출신지에 얽힌 이야기를 소개하는 사람도 있었다. 심지어 난해한 예술론을 전개한 이도 있었다고 한다. 이 회보가 100호를 넘었다는 이야기도 있지만, 언제 창간되어 언제 종간되었는지 자세한 내용은 파악되지 않는다.

필리핀 레이테섬 포로수용소에서는 일본인들이 『소코우신분曙光新聞』이라는 등사판 주간 신문을 발행하고 있었다. 『조선인민회보』도 이 신문과 마찬가지로 해방의 희열과 귀국을 애타게 기다리는 조선인의 심정을 반영하고 있었겠지만, 그 실재 여부는 확인되지 않는다. 마치 환상 속의 존재 같은 신문이다.

인민회(민회) 안에는 극장이 설치되어 운영되었다. 회원들은 이 극장에서 연극을 공연하기도 하고 음악을 연주하기도 했다. 조선 무용도 공연했다. 조선인민회의 노래도 만들어졌다. 작곡은 고려독립청년당 당가를 작곡했던 김현재가 맡았고, 작사는 한맹순韓孟淳이 했다. "무궁화 핀 동산에서 자란 우리들, 4대강이 감싸고 도는 우리의 고향…"으로 시작되는 이 노래는, 귀국을 눈앞에 둔 조선인들의 고향에 대한 가눌 길 없는 그리움을 잘 표현한 그들의 애창곡이었다.

인도네시아 사람들도 이 기묘한 해방구를 기웃거렸다. 그들 중에는 이곳을 일본군 부대로 여기고 무기를 구하러 오는 이들도 있었다. 얼굴도 비슷한 데다 머리까지 짧아서, 일본인이라 생각했을 것이다. 해방구 사람들은 우리는 일본인이 아니라고 강조했지만 그들은 좀처럼 이해할 수 없다는 표정을 지었다.

"우리는 일본 사람이 아니라 조선 사람이다."

"조선? 뭐야 조선이라는 것은?"

이런 실랑이가 꽤 벌어졌던 것 같다.

"여자를 내놔라"

조선인민회의 초대 회장에는 동맹통신에 근무했던 최호진이 취임했다. 창립 간사는 모두 11명이었다. 허영(히나쓰 에이타로), 박승욱, 송병기宋炳驥, 김규환金奎煥, 김선기 등이 이름을 올렸다. 여기 열거한 인물 가운데 허영을 제외한 네 명은 모두 고려독립청년당 당원이었다. 초대 회장이 최호진이 아닌 장윤원張閏遠이었다고 말하는 사람도 있다. 장윤원은 1919년 3·1 독립운동에 가담했다가 후에 남방으로 망명한 인물이라고 한다. 그는 자카르타 화교사회에 뿌리를 내리고 제법 규모 있는 잡화상을 경영하면서 상당한 신망을 얻고 있었다. 그러나 그가 인민회를 후원할 수 있는 입장에 있긴 했어도, 초대 회장이었다는 것은 인민회의 취지에 부합되지 않는 것 아닐까?

두 번째 회장도 민간인(방인) 출신의 정건섭鄭健燮이라는 인물이었다. 그러나 군무원 출신이 많아서 그로서는 통솔에 애로가 있었던 것인지, 얼마 안 되어 세 번째 회장인 이기홍李基弘으로 바뀌었다. 이기홍은 인민회 내에서 가장 나이가 많은 사람으로 니혼대학을 졸업한 인물이었다. 그는 일본군이 고집했던 엄격한 규칙을 똑같이 만들어 군대식으로 내부를 통제하고자 했다. 그러자 불만이 폭발했다.

"뭐야, 이건 일본군과 똑같은 방식이잖아. 전쟁이 끝나고 민주주의가 되었다는데, 이건 뭐 일본군과 다를 게 하나도 없네."

그 무렵에는 이미 연합군으로부터 사역 노동에 필요한 인원 조달 요청이 시작되고 있었다. 초기에는 조선인을 담당하게 된 연합군의 영국군 장교 해닝Haining 소령이 "여자를 내놓으라"라면서 매일 밤 찾아왔다고 한다. 그는 "당신들은 일본군에게는 '위안부'를 제공한 주제에 우리 연합군에게는 왜 여자를 제공할 수 없다는 것인가"라는 말을 하여 조선인들을 크게 실망시켰다.

"연합군은 신사의 나라라고 생각했는데 일본군과 마찬가지로 총칼로 우리를 협박하는 것이 아닌가. 여자를 제공하는 일 따위 도저히 받아들일 수 없다."

여자를 내놓으라는 요구에 대해 회장은 "여기 주위에 있는 조선 청년들을 보십시오. 그들의 눈빛이 무엇을 말하는지 아시겠죠. 당신도 나도 안전할 수 없습니다. 무릇 조선 사람만이 아니라 동양 사람들은 정조를 소중하게 여기는 이들입니다. 그중에서도 특히 조선 사람은 예의범절을 중요하게 여깁니다. 만약 내가 당신에게 '예스'라고 대답하면, 그 즉시 나는 당신의 신변 안전을 보증할 수 없게 됩니다"라고 대답했다.

이 위협이 효과가 있었던 것일까, 아니면 군무원들이 금방이라도 달려들어 물어뜯을 듯한 표정으로 노려보고 있었기 때문일까. 해닝 소령은 그쯤에서 자신의 요구를 철회하고 대신 매일 몇 백 명의 사역 노동자를 내놓으라고 말했다.

연합군의 사역 노동이 시작되고 나서 연합군에 '얼굴이 알려진' 인물이라는 이유로 군무원 김만수金萬壽가 회장으로 선출되었다. 김만수에 대해서는 여러 가지 설이 있지만, 그가 포로들에게 특히 잘 대해주던 사람인 것은 확실한 듯하다. 어느 네덜란드 고관의 딸을 잘 보살펴주었다는 설도 있고, 억류소에 수용되어 있던 호주의 여성 스파이와 친해져서 그녀가 외부와 소통하는 데 연락원 역할을 맡았었다는 설도 있다. 그리고 이런 일로 인해 전쟁이 끝난 뒤 네덜란드

정부로부터 표창을 받았다는 이야기도 있다.

김만수와 같은 부대에서 근무했던 김선기에 따르면, 김만수는 억류자용 야채 구매를 담당했다고 한다. 그가 반둥 억류소에 있었을 때, 억류자 중에 호주 여성이 한 명 있었다. 그녀는 억류자들에게 외부 소식을 전달하고, 일본군이 포로들에게 되도록 많은 양의 식사를 배급하도록 만드는 공작 임무를 띠고 있었다. 김만수가 이 여성과 가까워지자, 그녀는 김만수에게 모든 사실을 털어놓고 협조를 부탁했다. 억류소 밖의 중국인 조직이 그녀와 연결되어 있었는데, 김만수는 외부에서 억류소로 들여오는 야채나 양곡, 또는 마초馬草 더미 속에 중국인들이 그녀에게 전하는 연락이나 물건을 숨겨오곤 했다. 부대 입구에서의 검사는 동료 군무원이 담당하고 있었기 때문에 별다른 어려움 없이 통과할 수 있었다.

연합군과의 이런 관계를 인정받아서 김만수가 네 번째 회장이 되었지만, 실제로 연합군의 사역에 김만수의 '얼굴'이 어느 정도 통했는지는 알 수 없다. 김만수는 전쟁이 끝난 뒤 귀국했다가 다시 인도네시아로 돌아가 장사를 했다고 한다. 일본의 '아지노모토'에 필적하는 한국의 화학조미료 회사인 '미원味元'이 인도네시아에 진출하여 합작 회사를 만들 때도 김만수가 주선했다고 알려졌다. 그는 1977년 혹은 1978년 무렵 인도네시아 보고르에서 세상을 떠났다.

당 해산의 날

한편, 고려독립청년당 사건으로 체포되었던 당원들은 석방 이후 인민회 본부와는 다른 별도의 장소(파사르 서넨 근처?)에 거주하고 있다가 점차 인민회 본부가 있는 코타 쪽으로 옮겨왔다. 이때는 이미 일제의 패망으로 당이 추구했던 자바에서의 저항운동이 더 이상 의미를 가질 수 없는 상황이었다. 그러나 이상문은 암바라와에서 자결한 동지 세 사람의 일이 아무래도 마음에 걸려서 견딜 수 없었다.

그는 자바섬 전역의 치안이 게릴라전으로 인해 불안한 상황이었음에도, 홀로 자카르타를 빠져나와 암바라와로 향했다. 1945년 11월경의 일이다. 동지 세 사람의 유골이 어디에 있는지 옛 인도네시아 보조병과 중국인들에게 수소문한 끝에, 마침내 그는 세 사람의 유골을 수습할 수 있었다. 간소하나마 위령제도 올렸다. 다시는 찾아올 일이 없을 것 같았던 암바라와를 다시 찾은 이상문의 뇌리에는, 손양섭 등 동지 세 사람의 모습이 지울 수 없는 화인처럼 깊이 새겨져 있었다.

봉기 바로 전날인 1945년 1월 3일, 설날도 지났고 이상문도 수라카르타로 돌아가야만 했던 그날, 헤어지기 아쉬웠던 이상문과 동지들은 살라티가 시내로 놀러 나갔었다. 술에 취하고, 꽃에 취하고, 여자에 취했던 그날 밤의 일이 마치 어제처럼 되살아났다. 당 결성도 무사히 마치고 모두가 내일의 희망으로 부풀어 있었다. 암바라와와 스마랑의 갈림길에서 하차한 일행은 다시 한 번 맹세를 새롭게 하고 각자 임무를 완수할 것을 다짐하면서 헤어졌다. 그날 굳은 악수를 나눌 때 손양섭의 단정했던 얼굴이 새삼 눈에 어른거렸다.

'아, 그대들은 왜 죽었단 말인가!'

조국의 독립을 위해 희생된 세 사람의 동지에게, 이상문은 수도 없이 마음속으로 말했다고 한다. 위령제를 끝내고 나서도 이상문은 스마랑에 계속 머물렀다. 그리하여 그는 '스마랑 조선인민회' 2대째 회장을 맡게 된다.

당시 인도네시아 곳곳에서는 게릴라전이 전개되고 있었다. 스마랑에서도 1945년 10월 15일 2백 명에 가까운 일본인이 인도네시아 인민치안군과 민중군民衆軍에 의해 살해되는 사건이 발생했다. 인도네시아 쪽에서 일본군에게 보유하고 있는 무기를 넘기라고 요구했는데 일본군이 이를 거부하면서 충돌이 발생했던 것이다. 이런 충돌은 스마랑 이외의 지역에서도 상당히 많이 발생했다. 수라바야에서는 10월 하순에 영국령 인도군과 인도네시아 인민치안군 사이에 대규모 전투가 벌어졌다. 이 전투에서 인도네시아군은 대승을 거두었고, 그들의 사기는 하늘을 찌를 듯이 높아졌다.

이상문은 전쟁 와중에 다시 자카르타로 돌아왔다. 유명을 달리한 고려독립청년당 동지 세 사람의 일주기 행사가 1월 6일 조선인민회에서 거행되었다. 천여 명의 조선 사람들이 참석했고, 여성들은 치마저고리의 정장 차림을 한 채 모두 함께 앞서간 동지들의 명복을 진심으로 빌었다. 고려독립청년당은 그날을 기해 정식으로 해산했다. 당원들은 향후 고국으로 돌아가서 각자 조국 독립을 위해 헌신할 것을 맹세했다.

고려독립청년당 총령이던 이억관은 화교의 비밀결사인 남의사에 관계하던 우 씨의 딸 우지에젠吳潔貞과 정식으로 결혼했다. 이 아가씨의 오빠가 이억관 등의 당 활동에 협력하던 통신기사였음은 이미 앞에서 말했다. 신부의 아버지는 상하이와 유대를 가지고 상당히 큰 규모의 담배 회사를 경영하고 있었다고 한다. 고려독립청년당과 상하이 임시정부 주석 김구와의 연락에 신부의 아버지가 중개 역할을 했던 것 같은데, 자세한 내막은 알 수 없다. 그러나 실제로 김구로부터 고려독립청년당을 인정하는 취지의 친서와 태극기가 왔다고 한다. 이 태극기와 중국 국민당의 청천백일기靑天白日旗가 조선인민회 정문에 게양되어 있었다.

꿈에도 그리던 태극기가 자바의 창공에 휘날리고 있었다. 태극기를 우러러보는 고려독립청년당 당원들은 감개가 무량했을 것이다. 이런 모습을 보고 싶다는 마음 하나만으로 많은 조선인들이 피를 흘렸던 것이 아닐까. 정녕 암바라와에서 자결한 세 명의 동지에게도 보여주고 싶은 광경이었으리라.

이억관이 당 해산 이후 어떤 활동을 했는지에 대해서는 제대로 알려진 사실이 없다. 한 번 귀국했다가 다시 홍콩으로 건너갔다는 이야기도 있지만, 옛 동료들도 그의 소식을 모르고 있었다.

행복의 열쇠

어느 날, 조선인민회의 허영(히나쓰 에이타로) 앞으로 한 통의 편지가 배달되었다. 그 안에는 간단한 내용의 문서와 열쇠 두 개가 들어 있었다. 그 문서에는 "우리 민족 대표는 여러분의 독립을 진심으로 축하드립니다. 여러분이 결성한 조직을 위해 이 변변찮은 선물을 받아주십시오"라고 적혀 있었고, 동봉한 열쇠를 가지고 모처에 가서 어떤 물건을 넘겨받길 바란다고 쓰여 있었다. 이것은 김선기의 증언이다.

또 다른 사람은, 인도네시아 예술인협회가 인도네시아 민족 예술과 민족주의의 고양에 공헌한 허영에게 감사의 말을 전하며, 부대통령 핫타의 명의로 이 '행복의 열쇠'를 선물했다고 증언한다. 어쨌든, 열쇠를 가지고 지정된 장소에 갔더니 큰 가방 두 개가 건네졌다. 가방을 열자 그 안에는 보물이 가득 들어 있었다. 뜻밖의 독립 축하 선물에 놀란 인민회 사람들은 이 보물을 어떻게 처리할 것인지 여러 가지로 의논했지만, 결국 1945년 조국 해방 당시 조국에서 1만 해리나 떨어진 머나먼 타국 땅에 이민족의 존경을 받는 조선인이 있었다는 사실을 기념하기 위해 귀국 후 박물관에 기증하기로 결정했다고 한다.

앞에서 자카르타 코타 지역의 한쪽 구석을 파헤치면 금은보화와 김구의 친서, 그리고 태극기가 나올지도 모른다고 썼는데, 바로 이 '행복의 열쇠'로 얻었던 보물을 말한 것이다. 1946년 4월 중순에 조선인 제1진이 귀국하게 되었지만, 보물은 가지고 올 수 없었다. 당초 일본군은 포로와 억류자들에게 귀금속, 보석 등을 내놓도록 하여 그것을 따로 보관해두었다. 그런데 당연히, 이를 내놓지 않고 가지고 귀국하려는 사람들도 있었다. 때문에 귀국자에 대한 소지품 검사가 매우 철저하게 행해졌다.

조선인민회는 인민회 해산 당시 부득이하게 귀중품을 인민회 극장 지하에 묻어두기로 했다고 한다. 이 얘기가 사실이라면, 그리고 전쟁이 끝난 뒤 자카르타 시내가 파헤쳐지지 않았다면, 아직까지도 자카르타의 코타 지역 어느 구석에는 금은보화와 김구의 친서가 들어 있는 큰 가방이 묻혀 있을 것이다.

1946년 4월에 마침내 기다리고 기다리던 귀국이 시작되었다. 인민회에도 3일 뒤 배에 승선하라는 통지가 왔다. 4월 13일, 재在자바 조선인민회는 해산했다. 일반 민간인과 선원, 간호사, '위안부'로 인도네시아에 왔던 사람들 1,600여 명이 배에 올랐다.

그런데 군무원들(1,300명이라고도 한다)은 이들과 다른 배에 올랐다. 탄중브리옥항을 출항할 당시, 왜 군무원들만 따로 배에 태웠는지 깊이 생각한 사람은 아무도 없었다. 3년 반의 자바섬 근무를 끝낸 조선인 군무원들은 오히려 조금 아쉬운 심정으로 멀어져가는 자바섬을 바라보고 있었다. 동료들 중에는 죽은 사람도 많았다. 살아서 돌아가는 것만 해도 행운이라는 생각이 들었을 것이다.

무산된 귀향, 그리고 체포

군무원들이 탄 배는 부산으로 향하는 게 아니었다. 군무원들은 싱가포르에서 하선 명령을 받고 배에서 내리자마자 그대로 창이Changi 형무소와 오트럼형무소에 분산 수용되고 말았다. 그러니까 조선인 군무원 전원이 그대로 체포된 것이다.

두 곳의 형무소에서 혹독한 전범 추궁이 행해졌다. 매일같이 전범 대면 지목에 끌려갔다. 하루에 두세 번 대면 지목을 받고 나면, 몸과 마음이 모두 녹초가 되어 맥을 못 추게 된다. 대면 지목이란, 예전의 포로와 억류자들이 가해자를 찾아내려 왔을 때 군무원들이 그들 앞에 정렬한 채 얼굴을 보여주는 것을 말한다. 가해자의 이름이 확실하지 않을 때 이 대면 지목이 행해졌다.

견디기 힘든 순간이 지나고 나면 저절로 안도의 한숨이 나왔다. 간혹 사람을 잘못 보고 지목하는 경우에도 어김없이 줄 밖으로 끌려나와 전범 용의자로 본격적인 취조를 받아야 했다. 어딘가 켕기는 데가 있는 사람일수록, 대면 지목을 당하는 그 순간은 애간장이 타서 수명이 줄어드는 것 같았다. 포로수용소와 억류소 관련 조선인 군무원들은 어쨌든 전원이 형무소에 수용되었다.

고려독립청년당 당원들도 예외는 없었다. 당원들은 영국 장교로부터 특별히 비행기를 제공해줄 테니 빨리 돌아가라는 권유를 받은 적도 있었다고 한다. 그러나 이들은 다른 동료들이 모두 남아 있는데 자신들만 돌아가는 짓을 할 수 없었다. 당원들은 상의 끝에 전원이 돌아갈 때까지 기다리자는 결정을 내렸다.

창이형무소와 오트럼형무소에서 영국군과 호주군 관련 전범 용의자로 고발된 군무원들은 어디론가 연행되었다. 전범 혐의를 벗은 군무원들이 영국군과 호주군 포로들의 고발을 무사히 통과하여 떳떳하게 방면되었다고 한숨을 돌리려는 순간, 이번에는 네덜란드가 기다리고 있었다. 그들은 풀려나자마자 창이형무소 입구에서 그대로 자바로 다시 끌려오고 말았다. 반가워야 할 자바였지만, 갇혀 있는 몸이다 보니 마치 모래를 씹는 듯 쓰라린 심사만이 가슴에 차올랐다. 싱가포르로부터 끌려온 조선인 군무원들은 이번에는 그대로 치피낭형무소와 글로독Glodok형무소에 분산 수감되었다.

자카르타의 치피낭형무소와 글로독형무소에는 이미 몇 명의 조선인 군무원이 수감되어 있었다. 그들은 처음부터 네덜란드 전범 용의자로 체포되어 싱가포르로 가는 배에 오르지도 못했던 것이다. 이상문이 글로독형무소의 굶주림과 사역에서 해방된 것은 1947년 2월이었다. 그때까지 그도 대면 지목에 불려 다녀야만 했다. 커다란 종이

(상) 창이형무소 앞에 서 있는 우쓰미 아이코(1979)
(하) 치피낭형무소의 감시탑(1979)

에 정면과 측면에서 찍은 사진을 붙여놓고, 그 아래 근무지를 알리는 지명이 적혀 있었다. 마치 지명수배된 범인의 수배 전단 같았다. 사진 속 사람에게 학대를 당했거나 구타를 당한 사람은 신고하라는 것이었다. 몇 달이 지났지만 이상문은 전범 지명을 받지 않고 마침내 석방되었다.

1945년 2월부터 9월까지 일본군에 의해 감옥에 갇혔고, 1946년 4월에 조선인민회를 나오자마자 곧바로 창이형무소에, 그리고 다시 글로독형무소에 갇히고 말았다. 전쟁이 끝나면 바로 귀국할 수 있다고 생각했었는데, 1년 가까운 세월 동안 자바 땅에서 계속 수감 생활을 해야 했다. 오로지 독립된 조국의 일에 마음이 쓰였지만, 자유를 속박당한 몸으로는 달리 어떻게 해볼 도리가 없었다. 묵묵히 작업에 몰두하는 나날이 계속되었다. 그 사이에 박창원의 어머니는 아들의 귀향을 기다리지 못하고 끝내 돌아가시고 말았다. 박창원에게 이 1년이라는 세월은 어머니의 임종을 지키지 못한 회한과 더불어 지금도 통한의 기억이 생생하게 되살아날 만큼 괴로운 시간이었다고 한다.

이상문은 고국으로 향하는 복원선復員船(태평양전쟁이 끝난 뒤 해외에 남아 있던 일본인을 귀환시키기 위해 사용된 배) 안에서, 피골이 상접한 자신의 몰골을 지그시 바라보았다. 돈이 될 만한 것은 네덜란드 병사들이 검사 명목으로 모두 빼앗아버렸다. 당장 필요한 일용품만 달랑 손에 들고 너덜너덜한 옷을 걸친 자신의 몰골을 보니 저도 모르게 쓴웃음이 나왔다. 도대체 누구를 위한 전쟁이었단 말인가.

이상문은 귀국선 안에서 히로시마 출신의 일본인 장교와 친해졌다. 히로시마에 특수 폭탄이 떨어졌다는 것은 간수로부터 들어 알고 있었다. 히로시마 시내가 전멸했다는 소식도 그 무렵에는 이미 자바에 전해졌다. 그 장교는 고향으로 돌아가도 맞아줄 부모 형제조차 없었을 것이다. 두 사람은 헤어질 때 노래를 주고받으며 서로를 위로했다. 이상문은 그 장교에게 이런 노래를 불러주었다고 한다.

> 거리는 불타고 집도 없어진 히로시마는
> 이제 그대의 슬픈 고향이려니

부산을 떠난 뒤 어느덧 4년 반이라는 세월이 흐르는 물처럼 때로는 격렬하게, 때로는 덧없이 지나갔다. 결혼하자마자 이별해야 했던 아내의 얼굴이 갑자기 못 견디게 그리워지며 눈앞에 어른거렸다. 배가 우지나宇品항(히로시마 남쪽 항만. 보통 히로시마항을 우지나항이라고 한다)에 닿았다. 조선까지는 아직도 먼 뱃길이 기다리고 있었다. 우지나 땅에 발을 내디딘 이상문은 온몸에 DDT(방역용·농업용 살충제. GHQ가 상륙자에게 살포)를 뒤집어쓴 새하얀 몰골로 패전국이 된 일본의 모습을 물끄러미 바라보았다.

3. 전범으로 추궁당하며

두 번째 사형수

이상문은 다행히도 전범으로 내몰리지 않았다. 그러나 누가 전범이 되어도 이상할 것 없을 듯한 연합군의 전범 재판이 인도네시아 각지에서 진행되었다. 자바의 조선인 군무원으로서 사형을 선고받고 전범 사형 집행 제2호가 되었던 박성근朴成根이 글로독형무소에서 총살형을 당한 것은 1947년 1월 25일 오전 7시 반이었다. 바로 그 전날, 이상문은 박성근을 면회했다. 친구 대표로 이상문과 윤성순尹聖淳, 부친 대리 자격으로 마부치 이쓰오馬渕逸雄[06] 소장, 이렇게 세 사람이 마지막 면회를 함께했다.

1947년 1월 24일 이른 아침, 옛 일본군 자바 군정감부 종무부宗務部 소속 군종 신부였던 고이데 데쓰오小出哲夫 신부로부터 이상문에게 연락이 왔다. 다음 날 아침 7시 반 박성근의 총살이 결정되었기 때문에, 오늘 오후 2시 반부터 3시 사이에 앞서 말한 세 사람의 면회가 허락되었다는 것이다. 오후 2시, 이상문은 만사를 제쳐놓고 고이데 신부와 함께 글로독형무소로 달려갔다. 총살형은 글로독형무소 내에서 집행될 예정이었다. 어차피 당할 일이라곤 해도 지난해 말 일본인 한 사람이 사형된 뒤 하필이면 박성근이 바로 다음 차례란 말인가. 물론 조선인으로서는 최초의 사형이다. 왜 이렇게 빨리…. 어지간한 일에는 당황하지 않던 이상문도 예기치 못한 뜻밖의 사태에 기가 막혔다.

박성근은 치피낭형무소에서 글로독형무소로 오고 있는 중이었다. 잠시 기다리는 동안 마부치 소장은 이상문에게 박성근의 가정 형편 같은 것을 물었다. 하필이면 조선인이 '대동아전쟁'의 희생양이 되다니. 전쟁터에서 청춘을 보낸 노장老將의 가슴속에 어떤 상념이 일었는지는 알 수 없다. 짓누르는 듯한 답답한 공기가 흘렀다. 눈앞의 기막힌 상황에 모두 입을 다물고 질식할 것 같은 침묵 속으로 빠져들었다. 그렇게 몇 분이 흘러갔다. 박성근이 두 명의 헌병에 의해 호송되어 글로독형무소에 도착했다. 직원들이 사무실에서 의자와 비품 같은 것을 가져오며 바쁘게 움직였다. 그럭저럭 면회소가 마련된 것 같았다.

잠시 시간이 지나고, 이상문과 윤성순, 마부치 세 사람이 지정된 면회소로 안내되었다. 하지만 그곳은 면회소가 아니라 박성근이 마지막 밤을 보낼 감옥의 독방이었다. 시멘트 바닥의 감방에는 작은 변기 하나가 달랑 있을 뿐 삭막하기 그지없었다. 감방 안쪽 벽을 등지고 출입구 쪽을 향해서 박성근이 정좌를 하고, 박성근의 정면 오른쪽에 마부치 소장과 윤성순이, 왼쪽에는 이상문이 자리를 잡았다. 박성근의 뒤쪽에는 네덜란드군 소위가 앉아서 네 사람을 감시하고 있었다. 감방 밖에도 감시인이 서성거리고 있었다.

엄숙한 시간이었다. 감시하는 자, 면회하러 온 자, 그리고 무엇보다도 당사자인 박성근 자신이 새롭게 맞닥뜨린 현실에 압도되어 있었다. 한정된 생명, 그 정해진 시간이 순간순간 사라져갔다. 하지만 박성근은 태연했다. 흥분한 쪽은 오히려 이상문 등 면회하러 온 사람들이었다. 박성근은 침통한 표정의 마부치 소장에게 말을 건넸다.

"각하, 이번에 사형을 당하게 되었습니다만, 이 일은 이미 4개월 전부터 각오하고 있었습니다. 새삼스럽게 마음의 동요 같은 것은 없습니다. 결코 비겁한 행동은 하지 않겠습니다. 조선 남아로서 당당하게 죽을 각오가 되어 있습니다. 아무쪼록 염려하지 마십시오."

박성근은 오금을 박듯 딱 잘라서 말했다. 그 말을 듣고 마부치 소장이 무겁게 입을 열었다.

"자네 말뜻은 충분히 알겠네. 자네가 그처럼 훌륭한 심경에 이르렀다는 것이 나로서는 실로 존경스럽네. 마음을 잘 정리했네. 믿음직스러울 뿐이네. 사실은 일본 전체가 책임을 져야 할 문제인데, 자네에게 희생을 강요하게 되고 말았네. 정말로 미안하네. 패전이라는 충분한 죗값을 치렀는데도 개개인을 전쟁 범죄자로 만드는 것은 우리 견해와 다르지만 어쩔 수 없네. 우리는 전쟁에서 진 것이네. 하지만 일본은 가까운 장래에 반드시 재건될 날이 올 것이네. 자네의 죽음도 그것을 위한 희생이라고 생각하여 마음을 정리해주게. 유족에게는 자네가 결단코 전쟁 범죄자 따위가 아니라는 것을 충분히 이해할 수 있도록 여기 마쓰오카(이상문) 군에게 최선을 다해달라고 부탁하겠네. 물론 나도 최선을 다할 생각이네."

마부치 소장의 말을 박성근은 어떤 심정으로 들었을까. 그는 특별히 다른 말은 하지 않고 다만 정중하게 감사하다는 인사만 했다.

"상문 형, 너무 걱정을 끼쳐드렸습니다. 죄송하지만 담배 한 대 피울 수 있을까요?"

이상문은 그에게 담배를 건네주면서 감시원에게 유창한 인도네시아말로 물었다.

"가무라(성근)와 함께 담배를 피우고 싶은데 괜찮을까요."

"물론이요, 어서 피워요, 피우세요."

감시원은 친절했다. 맛있게 담배 한 대를 다 피우고 박성근은 "상문 형"이라고 부르더니 한시漢詩 한 구를 읊으면서 그 음률에 자신의 감개를 담았다.

"각하, 죄송하지만 동포들과는 우리나라 말로 하는 쪽이 편합니다. 우리나라 말을 쓰도록 하겠습니다. 아무쪼록 오해는 하지 말아주세요."

마부치 소장에게 먼저 양해를 구한 다음, 박성근은 이상문에게 힘주어 말했다.

"모든 것은 운명이라 생각하고 체념했습니다. 그러나, 그러나 말입니다. 이 몸은 죽어 없어지더라도 마지막까지 조국의 완전한 자유와 독립을 간절히 바라고 있습니다. 제가 말하고 싶은 것은 이것뿐입니다. 조국의 완전한 자유와 독립! 이것을 위해 피를 흘리며 투쟁하다 죽어간 선배들의 뒤를 따르겠습니다. 부디 조국에 돌아가면 형께서도 있는 힘을 다해 분투해주십시오."

그때 고이데 신부가 한 장의 종이쪽지를 가지고 들어왔다. 그것은 네덜란드령 인도 총독인 판 모크가 박성근에게 직접 보낸 서한이었다. 네덜란드 말로 작성된 이 편지는 "박성근 씨가 제출한 구명 탄원은…"이라는 문장으로 시작하고 있었다. 고이데 신부는 편지를 읽기 시작했지만, 거기 적혀 있는 너무나도 안타까운 내용에 자신도 모르게 말을 멈춰버리고 말았다. 말이 막힌 신부의 모습을 보고 내용을 알아차린 박성근은 신부에게 그대로 계속 읽어달라고 재촉했다.

"…구명 탄원은 그 후 관련된 각 부문에서 책임 있는 조사를 진행해왔지만, 해당하는 이유가 불충분하기에 이에 기각한다. 네덜란드령 인도 총독 비서장. 박성근 귀하."

조선 독립 만세!

박성근의 사형이 확정되었다. 이제 사형을 면할 길은 하나도 남지 않았다. 마음 어딘가에서 희미하게 가물거리던 희망의 불빛마저 스르르 사라져버리고 말았다.

"다만 한 가지 마음에 걸리는 것은, 연로하신 부모님께 걱정을 끼쳐드렸는데 아무런 효도도 하지 못하고 낯선 이국땅에서 죽을 죄에 이른 것, 그것뿐입니다. 그러나 이것도 운명이겠지요. 저에게는 누이동생이 하나 있습니다. 그 아이가 부모님을 보살펴주겠지요."

이상문이 마부치 소장에게 통역을 해주었다. 소장은 박성근에게 지금 가슴에 품고 있는 생각을 기록으로 남겨두도록 권해보았다. "죄송하지만 유서를 쓰거나 하는 일은 제 성격에 맞지 않습니다"라고 자르듯 말했던 박성근도 남겨둘 말이 가슴에 있었다.

"저에게는 아내가 있습니다. 이곳에 오기 한 달 전에 결혼했습니다. 그동안 제가 돌아오기만 애타게 기다리고 있었을 텐데, 이런 꼴이 되고 말았습니다. 고국에 돌아가시면 하루 빨리 좋은 상대를 찾아서 부디 행복하게 살라고 전해주십시오."

박성근은 자신의 말을 적고 있는 이상문에게 이야기를 계속했다.

"독립, 모든 분들이 그토록 간절하게 염원했던 조국의 독립, 반드시 완수해주십시오. 저는 저세상에서나마 지켜보겠습니다. 공산주의든 민주주의든 상관없습니다. 다만, 우리 민족이 자주적으로 단결하여 하나로 뭉쳐야 합니다. 저의 피는 조선 민족의 피랍니다. 이 사실을 기쁘게 마음에 새기면서 죽겠습니다. 죽을 때는 조국 독립 만세를 간절하게 외칠 작정입니다. 설령 제 몸은 이역만리 낯선 땅에서 완전히 썩어 없어진다 해도 저의 혼만은 조국의 완전한 독립을 간절하게 염원하고 있을 것입니다."

잠시 침묵이 흘렀다. 〈종전행終戰行〉이라는 노래가 어떤 멜로디였는지 지금은 알 수 없다. 아마도 그 당시 유행하던 노래 아니었을까. 박성근은 이 곡에 「이국땅에서 잠들다」라는 제목의 시를 붙여 노래하기 시작했다.

이 몸은 이국땅의 사형수
오늘일까 내일일까 집행을 기다리네
오늘도 하루해가 저무는데
아무런 연락도 없네

한 발의 총성으로 스러질 목숨

젊은 사나이의 최후는 사나이답게
야자나무 그늘에 잠들어 있어도
잠시라도 잊을손가 조국의 독립

설령 이 몸이 이국땅에 썩어버려도
이 마음, 이 정신은 변함없어라
조국의 독립 영원히 지키리

피로 눈물로 얼룩진 조국 강산
순국의 선열들이 나를 부르네
기필코 나는 가리 선열들의 대열로
선열들은 진심으로 나를 맞으리

허용된 면회 시간이 순식간에 지나갔다. 네덜란드군 소위에게 재촉을 받은 박성근은 마부치 소장이 내민 손을 꽉 잡았다. 그러나 그의 시선은 두 사람의 동포를 바라보고 있었다. 최후의 한순간이었다. 동포들을 바라보는 박성근의 눈동자가 번쩍 빛났다. 이별의 말도 남기지 못한 채 감방에서 나온 이상문의 가슴속에는 박성근에게 하고 싶은 말들이 넘쳐나고 있었다.

그날 밤, 이상문은 박성근에게 편지를 썼다. 다음 날 아침 박성근의 최후에 입회하게 될 고이데 신부에게 부탁하면 아직 늦은 것은 아니다. 조바심을 억누르고 편지를 쓰기 시작했다.

경애하는 박성근 동지에게.

새빨갛게 활활 타오르는 화염에 자신의 육체를 태워 사방의 어둠을 밝히면서 대가를 바라지 않는 촛불, 그것이야말로 진정한 희생이다. 자네는 이 초와 같이 자신의 육체를 바쳐 세상과 인류의 평화 건설에 미련 없이 희생이 되었네.

자네는 지금 이 지상의 모든 더러움을 말끔히 씻어내고 신의 나라로 떠나려 하고 있네. 그리고 또 조국을 위해 피를 흘렸던 많은 선배들은 틀림없이 자네를 반기며 맞아줄 것이네.

자, 사나이답게 영광의 나라로 떠나세. 그리고 자네가 항상 앙모해 마지않던 암바라와의 열사들이 그 장렬한 마지막 순간에도 여전히 미소를 머금고 읊조렸던 노래를 부르세.

삼천만 민족에 광명이 온다
무궁화 동산에 꽃도 피련다
우리는 고려독립 우리는 청년 당원
해방의 선봉이다 피를 흘려라

—1947년 1월 24일 밤 박 바오로 형에게 이상문

박성근은 고이데 신부로부터 이미 세례를 받은 몸이었다.

1947년 1월 25일 이른 아침, 고이데 신부는 글로독형무소로 갔다. 박성근은 지난밤 제대로 잠을 이루지 못했을 텐데도 밝은 표정을 짓고 있었다. 고이데 신부로부터 이상문과 윤성순의 메시지를 받아든 그는 침착하게 읽기 시작했다.

"눈을 가리지 않아도 형장에서 결코 비겁한 짓은 하지 않겠습니다"라고 고이데 신부에게 말한 박성근은, 친구 두 사람에게 전해달라며 다음과 같은 말을 남겼다.

"조선 동포들에게 조국 독립을 위해 있는 힘을 다해 노력해달라고 전해주십시오. 나의 마음은 동포 여러분과 마찬가지로 조국을 지켜보고 있습니다."

형장에 도착하자, 박성근은 지휘관인 판 스수드 소령에게 경례를 하고 형장에 참석한 일동에게 "수고하십니다"라고 말을 건넸다. 11명의 사격수에게도 일일이 정중하게 인사를 건넸다.

고이데 신부는 신에게 그의 죄를 사해줄 것을 빌며 신의 축복을 내렸다. 판 소령의 허가를 받은 박성근은 침착하게 큰 소리로 거침없이 조국 독립 만세를 세 번 외치고 "주여, 조국 동포를 지켜주소서"라며 기도했다. 기도하는 소리가 고이데 신부에게도 들렸다.

이윽고 눈을 가리지 않은 채 사격수 앞에 선 박성근은 "주여, 나는 당신을 사랑합니다"라고 기도하면서 11발의 총알 세례를 받았다. 7시 30분이었다.[07]

가네미쓰 나리, 김동해는 형무소 철창 안에서 박성근의 사형 집행 소식을 들었다.

"눈을 감고 〈바다에 가면〉이란 노래를 불렀어요. 성근이 얼굴이 생생하게 떠올랐어요…. 그 녀석은 외아들이었지요."

그 안타까운 순간으로부터 30년이라는 세월이 흘러갔다. 오사카에서 사형 집행 당시를 회상하며, 김동해는 북받치는 감개에 젖어들었다. 지독하게 고생은 했지만 가까스로 살아남았던 자신에 비해, 박성근은 정말 운이 나빴다. 김동해 씨는 박성근이 사형에 이르게 된

원인을 다음과 같이 설명해주었다.

"성근이도 억류소에 근무하고 있었지요. 억류소에선 매일 한 차례씩 억류자들에게 샤워를 시켜야 했어요. 그런데 워낙 인원이 많아서 다루기가 정말 힘들었어요. 줄을 세워 차례를 기다리게 하면, 그중에는 장난을 치며 소란을 피우는 사람도 있기 마련이지요. 성근이는 억류자들을 줄 세우다가 장난이 심한 어린아이의 궁둥이를 가볍게 때렸어요. 저기, 남방에서 자라는 풀 중에 줄기의 굵기가 2센티미터 정도 되는 풀이 있어요. 바로 그 풀 줄기였어요. 그런데 운 나쁘게도 맞은 녀석이 네덜란드의 높으신 분 아들이었던 거죠. 그 단순한 사실이 성근이에게 죽음이라는 기막힌 불행을 안겨주었어요. 높으신 분의 아들을 때렸다면 목이 몇 개라도 부족할 판이었어요."

이렇게 말하는 김동해도 억류자 학대라는 죄명으로 징역 10년형을 받았다. 김동해 씨가 전범이 된 이유도 박성근과 별반 다르지 않았다.

"1945년이 되자 치안부에서 네덜란드인 억류자들을 계속 보내왔어요. 우리는 한 사람 한 사람 조서를 작성해야 했는데 이게 시간이 만만치 않게 걸렸어요. 그러다 보니 줄을 서서 기다리는 사람들 중에 소란을 피우는 사람들이 생겼죠. 지금 와서 돌이켜보면 그 녀석들은 이미 일본이 패할 거라는 사실을 알고 있었던 것 같아요. "저 녀석들, 일본이 패했다는 걸 아직 모르고 있는 거야"라면서 큰소리로 떠들거나, 마치 우리 들으라는 듯이 이쪽을 가리키며 "완전히 원숭이 같은 놈들이다"라고 말하곤 했어요. 나는 너무 화가 나서 "헤이, 거기 네놈, 앉아"라고 말했지요. 그리고 대리석 바닥에 앉아 있게 했어요. 바로 그 일을 가지고 장시간 돌바닥에 똑바로 앉아 있게 해서 병에 걸리게 만들었다는 이유로 기소되었어요. 스마랑 억류소에는 일본인 하사관과 나밖에 없었어요. 우리 외에는 인도네시아 보조병이 7명 내지 10명 정도 있었고요. 일본인 하사관과 나, 두 사람 모두 전범이 되었어요. 도중에 전출되어 일본으로 돌아간 일본인들은 모두 무사했는데, 남아 있던 두 사람이 책임을 떠안게 되었어요. 나는 나름대로 억류자를 위해 상당히 편의를 봐주었지만 소용없었어요."

박성근의 기소장

조선인 군무원들은 동료의 사형 소식을 듣고 큰 충격에 빠졌다. 누구나 박성근 같은 처지로 전락할 위험성을 가지고 있었기 때문이다. 군무원으로서 수용소에 근무한 사람이라면 다소 차이는 있겠지만 모두 포로와 억류자를 때리거나 야단친 경험을 가지고 있었다. 그것을 학대, 조직적 테러라고 부른다면 누구의 목숨도 안전할 수 없었다.

박성근은 무슨 이유로 사형에 처해진 것일까. 공판 기록이나 판결문을 입수할 수 없는 지금, 동료들의 증언에 의존하여 추측할 수밖

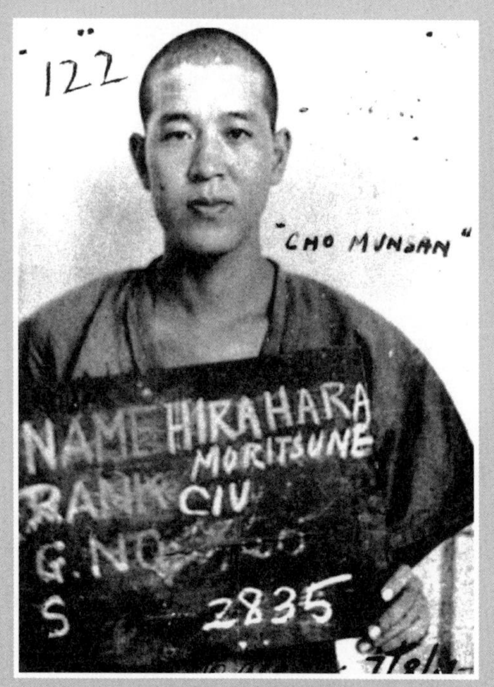

조선인 전범 사형수

에 없다. 자료는 네덜란드 법무성이 일부 가지고 있겠지만 공개하지 않고 있다. 자카르타 전범 재판에서 통역을 담당했던 마쓰우라 오사무지로松浦攻次郎는 "지금도 자카르타 창고에 보관되어 있을 것이다"라고 말하지만 현재는 그 소재를 확인할 길이 없다.

그러나 이상문은 박성근의 기소장 사본을 몰래 가지고 귀국했다. 붉은 선으로 줄이 그어져 있는 일본 육군성 용지에 베낀 판결문에는 다음과 같은 내용이 적혀 있었다.

> 피고인은 전쟁 중인 1944년 6월 1일경부터 1945년 4월 말경 사이에 스마랑에서 적국인 일본의 국민으로서 처음에는 게당안Gedangan 시민 억류소, 다음에는 반둥 시민 억류소의 간부 직원으로 근무했다. 피고인은 그곳에 억류되어 있던 민간인들을 대상으로 전쟁 법규 및 관례에 반하여 조직적 폭력과 학대를 자행함으로써 전쟁 범죄를 범했거나 또는 전쟁 범죄를 사주했다. 즉 고의로 주먹, 허리띠, 곤봉 따위를 사용하는 등 각종 방법으로 계속하여 몇 번이나 아주 심하게 그들을 직접 구타했거나, 또는 구타하도록 사주했다. 또한 그들을 구둣발로 차거나, 적어도 그들 중 많은 사람에게 며칠 동안 아무런 음식도 지급하지 않거나, 또는 지급하지 못하도록 사주했다. 이렇게 하여 실제로 그들 중 많은 사람을 몇 번이나 불필요하게, 아무튼 징계의 통상적 집행 한도를 현저하게 벗어난 방법으로 고의로 심하게 학대하거나 또는 학대하도록 사주한 자이다. 따라서 피고인에 의해, 또는 피고인이 내린 명령에 따라 저질러진 이상의 폭력과 학대는 앞에서

열거한 피억류자들에게 심각한 육체적 고통을 주었고, 그 고통으로 인해 그들 중 많은 사람을 죽음에 이르도록 만들었거나, 아니면 적어도 그들의 죽음을 재촉하게 만들었다.
이상의 사실은 네덜란드령 인도 관보 1946년 제45호 전쟁 범죄 처벌 조례 제4조 이하에 해당되고 또 그것에 의해 처벌되어야 할 자라고 판단된다.

기소장에 의하면 '극악무도한 박성근', '인류의 적 박성근'을, 따라서 사형에 처한다는 것이다. 그러나 자세한 재판 내용은 알 수 없다. 바타비아(네덜란드는 자카르타를 다시 네덜란드 식민지 시대의 이름인 바타비아로 바꿔 불렀다) 법정에서 변호사로 일했던 마쓰모토 기요시松本清는 "박성근의 재판에 관여할 겨를이 없었다"라고 말했고, 박성근을 재판한 법정에서 통역 역할을 한 것이 확실한 마쓰우라 오사무지로 씨는 "전혀 기억에 없다"라고 말한다.

3백 명 이상의 피고를 재판했던 바타비아 법정에서 시종일관 통역으로 일했던 마쓰우라 씨에게, 개별 피고와 사건의 내용을 자세히 기억해내라는 것은 무리한 요구일 것이다. 그러나 적어도 박성근은 일본인 전범으로 두 번째 사형을 당한 인물이다. 그렇기 때문에 뭔가 기억이 남아 있지 않을까 하여 다양한 관점에서 질문을 던져보았지만, 결과는 마찬가지로 기억에 없다는 허망한 대답뿐이었다. 이마무라 히토시를 '무죄'로 만든 것이 꽤나 기뻤던지, 마쓰우라 씨는 이마무라 대장의 재판에 얽힌 당시 상황을 자세히 이야기해주었다. 그러나 '한낱 조선인 군무원'의 죽음은 전혀 마음에 새겨두지 않았던 것 같다. 동포들만이 그의 죽음을 애도했다. 누군가는 감옥의 철창 속에서 〈바다에 가면〉을 불렀고, 또 누군가는 고려독립청년당 당가를 부르며 그의 죽음을 진심으로 슬퍼했을 뿐이었다.

4. 네덜란드의 전범 재판

최전선에서

박성근의 기소 사유는 억류자를 학대했다는 것이 전부였다. 기소 사실이 실제로 있었는지 여부는 지금에 와서는 확인할 수 없다. 그러나 이상문이 알고 있던 박성근은 성품이 깔끔한 야구 선수였다고 한다.

현실에서는 분명히 포로를 때리거나 발로 차는 일도 있었다. 억류자나 포로의 규칙 위반이나 외부 연락을 적발하거나 라디오 청취 같은 것을 적발하면 뭔가 처벌을 해야만 했다. 그러나 위반자를 심사위원회나 징벌위원회에 회부하기보다는, 대부분의 경우 현장에서 체벌을 하는 것으로 일을 마무리했다. 이런 식의 일처리가 일본 군대에서는 상식이었다고 한다.

이미 앞서 말했듯이, 김만수의 경우 포로나 억류자의 편의를 도모하여 대신 연락을 취해주거나 라디오를 반입해주는 등 이런저런 도움을 주고 있었다. 그 덕분에 그는 전쟁이 끝난 뒤 네덜란드 쪽으로부터 좋은 평판을 얻어 표창을 받았다는 이야기도 있다. 그러나 박성근처럼 융통성이 없는 고지식한 감시원들은 일본군이 하는 방식을 곧이곧대로 따라하여 포로와 억류자들로부터 공포와 증오의 대상이 되었던 것이다. 일본군의 처사는 억류자들에게 지나치게 가혹했다.

일본의 패전으로 서로의 세력 관계가 뒤바뀌어버린 다음, 억류 당시 포로들의 갖가지 고통이 원한으로 맺혀 모조리 박성근에게 쏟아졌다 해도 전혀 이상한 일이 아니다. 박성근은 일본군의 가장 말단에서 일본군의 힘을 배경으로 억류자나 포로들과 접촉하는 위치에 있었다. 그야말로 적과 접촉하는 최전선에 있었다는 말이 적절한 표현이다. 일본군에 대한 사무친 원한이 바로 이 최전선에 있던 박성근 같은 조선인 군무원들을 향해 폭발했던 것이다.

네덜란드의 주재로 네덜란드령 인도 전역(현재 인도네시아공화국)에서 진행된 전쟁 재판은, 1946년 8월 5일 바타비아(자카르타)를 시작으로 12곳에서 열렸다. 그리고 1949년 12월 14일 바타비아 법정의 마지막 재판을 끝으로 마감되었다. 이 전범 재판에서 448건의 전쟁 범죄로 1,038명이 기소되고 236명이 사형 판결을 받았다(그 가운데 조선인 4명, 타이완인 2명이 포함되었다). 무기징역은 28명이었는데, 1명은 나중에 유기징역으로 감형되었다(조선인, 타이완인 가운데 무기징역을 받은 사람은 없었다). 유기징역은 705명으로, 그 가운데 조선인은 64명, 타이완인은 5명이었다.

결국 일본이 네덜란드령 인도 지역의 포로수용소 감시원을 조선인에게 맡겼던 것이, 조선인 전범자가 양산된 주요 원인이다. 네덜란드령 인도 지역에서 전범이 된 타이완인은 대부분 통역을 담당했던 사람들이었던 것 같다. 타이완인은 주로 필리핀과 보르네오 지역 포로수용소에 감시원으로 배치되었으며, 네덜란드령 인도 지역 포로수용소에는 모두 조선인 군무원이 배치되었다.

네덜란드령 인도 법정에 기소된 인원은 미국 관할 법정 다음으로 많았고, 그중에서도 사형 판결을 받은 236명은 각국의 전범 재판 가운데 가장 많은 인원이었다.

영국의 싱가포르 법정이 많은 희생자를 낸 타이-미얀마 철도 건설 관계자를 관할했음에도, 그곳에서 내려진 사형 판결이 223건이었다는 점을 감안하면, 네덜란드령 인도 법정의 사형 판결이 과다했음을 알 수 있다. 특히 사형 판결이 많았던 곳은 암본, 모로타이, 마카사르, 머나도, 쿠팡Kupang, 발릭파판, 폰티아낙Pontianak 등, 자바 외곽에 위치한 섬에서 열렸던 법정이다.

1942년 3월 네덜란드령 인도군이 항복한 이후 일본과 네덜란드 양국은 교전 사실이 없었음에도, 네덜란드에 의한 전범 기소 인원이 이처럼 많았던 것은 대체 무슨 이유 때문일까?

전쟁 범죄란 무엇인가

먼저 네덜란드가 어떤 기준으로 전쟁 범죄를 판단했는지 살펴보자. 1946년 6월 1일, 네덜란드령 인도 부총독 판 모크는 『네덜란드령 인도 법령 공보』 제44호에서 전쟁 범죄 개념을 밝히고 있다. 법령 제1조에는 다음과 같은 조문이 있다.[08]

> 전쟁 범죄란, 전쟁 중인 적국의 국민 및 적에게 사용되고 있는

외국인에 의해서 전쟁 법규 및 관례를 위반하여 저질러진 사실을 말한다. 즉, ① 살인 및 집단 살인, ② 조직적 폭력 및 학대 행위, ③ 인질의 살해, ④ 시민의 고문 (…)

〈표 5〉 B, C급 전범 재판 판결과 조선인·타이완인 전범자 수

재판국	건수	인원수	내역				
			사형	종신형	유기형[2]	무죄	기타[5]
네덜란드	448	1,038 (조 68) (타 7)	236(10)[1] (조 4) (타 2)	28(1)	705 (조 64) (타 5)	55	14
미국	456	1,453 (조 3) (타 4)	143(3) (조 1) (타 1)	162(2)	871 (조 2) (타 3)	188	89
영국	330	987 (조 56) (타 26)	223 (조 10) (타 6)	54 (조 9)	502 (조 37) (타 20)	116	83
호주	294	949 (조 5) (타 95)	153 (조 0) (타 7)	39 (조 1)	455 (조 4) (타 84)	267	36 (타 1)
프랑스	39	230	63(37)	23(4)	112(2)	31	1
필리핀	72	169	17	87	27	11	27
중국[3]	605	883 (조 8) (타 41)	149 (조 0) (타 5)	83	272 (조 8) (타 35)	350	29 (조 0) (타 1)
합계	224	5,700 (조 140) (타 173)	984[4] (조 23) (타 21)	475 (조 10) (타 0)	2,944 (조 107) (타 147)	1,018	279 (조 0) (타 5)

주 1) 감형자 수
2) 타이완인 전범 종신형은 분류가 안 되었기 때문에 유기형에 포함하여 계산
3) 조선인 전범 가운데 중국은 사형자만 판명
4) 실제로 사형 집행을 받은 자는 920명
5) 기타는 공소 기각, 사망, 도망 등

자료 1) 법무대신관방사법법제조사부 『전쟁범죄개사요』 38항
2) 조선인 전범자 수는 '한국 출신 전범자 동진회' 에 따름
3) 타이완인 전범자 수는 '타이완 출신 전범자 동지회' 에 따름

조문에는 총 39개 항목의 전쟁 범죄가 열거되어 있다. 그 가운데는 "비인도적 상태에서의 시민 억류", "재산 몰수", "부상자 또는 포로의 학대", "허용되지 않은 방법으로 포로에게 일을 시키는 것", "억류 시민 또는 구금자의 학대" 등과 함께, 마지막 39번째 항목으로 "정전停戰 조건에 반하여 적대 행위를 하거나 제3자에게 적대 행위를 교사하는 것, 또는 적대 행위를 위해 정보, 기회 혹은 수단을 공여하는 것"이 적시되어 있다. 인도네시아 독립 전쟁을 염두에 둔 전범 규정임이 분명하다.

독립을 선언한 인도네시아인들은, 병력을 그대로 유지한 채 패전을 맞이했던 자바의 일본군을 상대로 각지에서 무기를 제공하라고 요구하고 있었다. 그리고 경우에 따라서는 시가전까지 불사해가면서 무기 탈취를 기도했다. 39번째 항목은 이러한 무기 공여를 포함한 일본군의 인도네시아 독립군에 대한 원조를 전쟁 범죄로 판정하는 법령 조문이었다.

또 제1조에서는 "적에게 사용되고 있는 외국인"이라는 표현이 주의를 끈다. 여기서 말하는 외국인이란 "그 사람이 계속적으로 적에게 사용되고 있다는 의미만으로 이해해야 할 것이다"라고 한정되어 있다. 이 해석에 따르면, 일본군에 끌려온 조선인과 타이완인이 제1조에서 규정한 외국인의 개념에 해당된다. 아울러 사르무지 같은 인도네시아인 보조병이나 의용군은 "적에게 사용되고 있는 외국인"이 아니다. 네덜란드가 법령에서 인도네시아인을 "적에게 사용되고 있는 외국인"에서 제외한 이유는 분명하지 않지만, 아마도 인도네시아인은 네덜란드 식민지인이지 '외국인'은 아니라고 생각했기 때문은 아니었을까.

조선인에 대해서는 "전쟁 범죄에 관한 한 조선인은 일본인으로 취급한다"라는 방침이 이미 네덜란드령 인도 검찰 총장과 영국 당국자 사이에 양해되어 있었다. 이 방침은 1945년 12월 11일과 13일에 싱가포르에서 열린 양국 회담에서 다루어졌다. 이 회담에서 양국은 조선인을 일본인으로 취급하여 재판하기로 결정했다. 조국이 독립했으므로 금방이라도 귀국할 수 있다는 생각과 기대로 한껏 부풀어 올랐던 조선인 군무원들에게, 이런 사태는 상상조차 하지 못한 날벼락이었다.

'재在자바 조선인민회'는 해방의 열기로 넘쳐흘렀고, 태극기가 자바 하늘에 휘날리고 있었다. 모두가 귀국을 낙으로 삼아 귀국할 날만 손꼽아 기다리고 있었다. 일본인에 대한 전범 추궁 사실을 알고는 있었지만, 그것은 어딘가 먼 곳에서 일어나는 남의 일일 뿐, 자신들의 현실이라고는 꿈에서조차 생각하지 않았다. 우리는 돌아갈 수 있다, 우리에게는 해방된 조국이 기다리고 있다, 이런 생각이 갈수록 깊어지면서 조선인 군무원들의 마음도 마냥 설레고 있었다.

전쟁 범죄와 관련하여 조선인은 일본인으로 취급한다는 방침이 네덜란드령 인도 검찰 총장과 영국 당국자 사이에 확정되면서, 전쟁 범죄에 대한 관점도 명확해졌다. 조선인 군무원은 전범 추궁이라는 그물 속으로 점점 빨려들어가고 있었다. 앞의 공보와 같은 날 공표된 '전쟁 범죄 형법' 제10조는 "전쟁 범죄가 어느 집단의 직무 범위 내에서 그 집단 전체가 책임을 져야 할 방법에 의해 저질러진 경우에, 그 범죄는 그 집단에 의해 저질러진 것으로 간주하고, 그 집단 전원을 상대로 공소를 제기하고 그에 대한 형을 선고한다"고 규정했다.[09] 포로 학대, 억류자 학대가 문제시되면 "집단 전원"이 형을 선고받게 되는 것이다. 더욱이 조선인 군무원들이 근무했던 포로수용소와 억류소는 헌병대 및 형무소와 함께 '조직적 테러 단체'로 간주되고 있었다.

플로레스섬의 마우메레, 암본섬의 리앙, 세람섬의 아마하이, 하루쿠섬의 하루쿠 등 네 곳에 비행장 건설을 명령받았던 자바 포로수용소 파견 제3분소의 경우, 비행장 건설 공사를 하면서 다수의 포로를 사망에 이르게 한 책임을 추궁당해 전범자를 양산했다. 예를 들어 아시다 쇼지 대위가 지휘관으로 근무했던 플로레스 제2분견소의 경우, 소장 이하 14명이 합동 재판을 받았다. 미술학교 출신의 젊은 아시다 대위는 '조직적 테러', '포로 취급 불량'의 책임을 추궁당하여 재판에서 사형 판결을 받았다. 마찬가지로 조선인 군무원 세 명도 사형 판결을 받았다. 일본인 하사관 두 명은 유기징역을 받았지만, 재판이 개시되기 전에 하사관이었던 아오키 마사시로青木政四郎와 하세가와 가쓰오長谷川勝雄 두 사람은 일본군을 탈주하여 인도네시아 독립군에 투신했다. 이 두 사람에 관한 이야기는 뒤에 좀 더 자세히 언급할 것이다. 이 합동 재판에서 유기징역을 받은 조선인 군무원은 8명이었다.

'아, 살아서 돌아가게 되었다'고 생각했던 것도 잠시, 고재윤·박윤상·김철수·김운영 등 네 사람은 암본에서 조직 테러라는 구실로 합동 재판을 받게 되었다.

"포로들은 나를 '학대자'라는 별명으로 부르고 있었던 것 같아요."

지금은 담담하게 말하는 김철수 씨도, 당시 20~30건에 달하는 자신에 대한 고발장을 보고는 한때 사형당할 각오도 했었다고 한다. 개인적인 원한으로 포로를 때린 것은 아니지만, 성질이 급했던 그는 좀처럼 진척이 없는 작업에 초조해져서 그만 손찌검을 한 적도 있었다. 때로는 반항하는 포로에게 울컥하기도 했다. 모든 것을 포기한 그는 재판장에서 기소장에 기재된 사실 전부를 순순히 인정해버렸다. 범죄 사실에 대해 하나하나 자세히 조사하는 건 도저히 바랄 수 없는 전범 재판에서, 모든 것을 인정하고 순종적인 태도로 나온 게 오히려 잘한 일이었던 것일까? 그는 목숨을 부지할 수 있었다.

온화한 표정의 김철수 씨 어디에 그런 격정이 잠재해 있었을까? 30년이란 세월이 흘러가버린 지금의 우리로서는 상상할 수 없었다.

"그러나 당시는 젊었을 때였고, 어쨌든 군무원의 임무에 충실했어요. 등에는 일본도를 걸머지고 언제나 작업에 앞장섰지요. 그런 열정이 지시를 제대로 따르지 않는 포로를 때리게 만든 적도 있었지요. 지금 생각하면 왜 그렇게 의욕이 넘쳤는지 나 자신도 알 수 없어요. 하지만 당시 우리 또래의 청년들은 황국 신민 교육을 받았고, 그것이 정당하다는 생각에 사로잡혀 있었지요. 재판정에서 '만약 목숨을 건질 수 있다면 앞으로는 세계 평화를 위해 작은 힘이나마 다할 생각입니다'라고 했더니 재판관이 쓴웃음을 지었어요."

네 사람의 합동 재판은 한 명도 사형 판결을 받지 않은 채 끝났다.

그러나 한숨을 돌리는 것도 잠시였을 뿐, 네 사람은 '왜 내가 일본의 전범이 된 것일까'라는 생각에 주체할 수 없는 울분에 휩싸이지 않았을까.

마찬가지로, 암본 비행장 건설 공사에 영국인 포로를 투입하여 일을 시킨 리앙의 제1분견소, 제4분견소에 대한 재판은 싱가포르에서 열렸다. 영국이 관할하는 재판이었다. 김철수, 고재윤 등은 제3분소 소장 아나미 미소오 중령은 훌륭한 사람이었다고 이구동성으로 말했다. 그는 책임은 내가 다 질 테니, 모든 것을 자신이 명령했다고 해도 괜찮다고 했다. 2천 명에 가까운 포로를 죽음에 이르게 만든 책임은 피할 수 없다고 체념한 것이었을까? 그는 부하들에게 책임을 전가하는 행동 따위는 하지 않았다고 한다.

아나미 중령의 이런 태도에도 불구하고, 법정은 조직적 테러 단체로 간주된 포로수용소에 대한 책임을 집단적으로 추궁했다. 제1분견소 소장, 제4분견소 소장, 군의관, 하사관 두 명이 사형 판결을, 조선인 군무원 다섯 명과 일본인 하사관 두 명이 유기징역을 받았다.

똑같이 제3분소에 소속되어 있었어도, 사역당한 포로나 고발한 포로의 국적이 네덜란드냐 영국이냐에 따라 재판을 주관하는 국가가 달랐다. 같은 자바 포로수용소에 소속되었으면서도, 고발한 포로의 국적에 따라서 누구는 싱가포르의 영국 법정에서 재판을 받았고, 또 누구는 자카르타의 네덜란드 법정에서 재판을 받았다. 자바 포로수용소와 억류소에 소속되어 있던 조선인 군무원들의 재판을 주관한 국가별 전범자 내용은 다음과 같다.

〈표 6〉 자바포로수용소·억류소 관련 조선인 전범자 수

	사형	유기징역
네덜란드(네덜란드령 인도)	4	64
영국	1	5

독립 전쟁에 대한 보복

네덜란드령 인도 법정에서 사형과 유기징역을 받은 조선인 군무원 68명은 모두 포로수용소와 억류소 감시원 출신이다. 지역별로 살펴보면 자바가 44명, 수마트라의 퍼칸바루Pekanbaru와 메단Medan 포로수용소가 24명이었다. 서로 말도 통하지 않는 포로와 억류자를 관리하는 일은 생각보다 어렵다. 일을 하다 보면 엉겁결에 손찌검을 하는 수도 있다. 따귀 한 대 때린 것이 징역 5년 또는 10년이라는 이야기가 나돌았던 전범 재판에서는, 이 생각지도 않은 일들이 구실이 되어 고발 대상이 되고 결국 전범이라는 나락으로 이어졌다.

네덜란드령 인도의 지배자였던 네덜란드인들로서는 '원숭이 같은' 일본인에게 패했다는 사실만도 절치부심할 일인데, 그때까지 자신들에게 무릎을 꿇고 고분고분 순종하던 인도네시아인들에게 감시까지 당하고 있었다. 게다가 이 인도네시아인들은 이전에 자신들이 입고 있던 군복을 걸치고, 손에는 자신들이 사용하던 무기를 들고 자신들을 감시하고 있는 것 아닌가. 일본에 대한 네덜란드인의 증오는, 일본인과 조선인의 상상 이상으로 무시무시한 수준이었던 것 같다. 이런 증오의 감정에 억류소와 수용소에서의 자유롭지 못했던 생활까지 겹쳐, '억류자의 부당한 취급'이라는 구실로 전범 고발 대상자를

양산했던 것이리라.

자카르타 전범 재판 법정에서 통역으로 활동했던 마쓰우라 오사무지로 씨는 "그 당시 자카르타의 네덜란드인들이 일본인에 대해 품고 있던 증오의 감정은 말로 표현할 수 없는 수준"이었다고 한다. 그 증오의 원인 중 하나가 인도네시아의 독립이었다는 것은 말할 필요도 없다.

> 네덜란드인 가운데 평소 알고 지내던 한 사람은 나에게 "전쟁은 어쩔 수 없었다지만, 도대체 당신들 일본인은 전쟁 중에 인도네시아 사람들에게 뭔가 가르친 것이 분명해. 그들은 이전과 완전히 달라져버렸어"라고 탄식했다.(마쓰우라 오사무지로, 『인도네시아 30년』)

확실히 인도네시아인들은 네덜란드인들이 알던 예전의 그들이 아니었다. 머르데카(독립)에 눈을 뜬 식민지 민중은 더 이상 전처럼 식민지 지배자 네덜란드인 앞에 무릎을 꿇는 짓 따위는 하지 않았다. 아니, 무릎을 꿇는 대신 그들은 죽창을 들고 반反네덜란드 투쟁에 떨쳐 일어났다. 독립의 불꽃이 요원燎原의 불길처럼 타오르며 인도네시아 전역으로 번져갔다.

용광로처럼 끓어오르는 민중의 열광은 마침내 일본인과 조선인, 그리고 타이완인까지 그 용광로 속으로 끌어들였다. 패전 이후, 각 지역에 집결해 있던 일본군이나 조선인민회가 있는 곳으로 매일같이 인도네시아 독립군에 참가해달라고 호소하는 인파가 몰려왔다.

네덜란드와의 싸움에서 무기도 전투 인력도 부족했던 인도네시아는, 필사적으로 일본인과 조선인을 조직하러 돌아다녔다.

김철수도 인도네시아 독립군 참가를 적극적으로 고려하고 있었다. 전범 추궁의 손길이 자신에게도 뻗쳐오고 있다는 것을 알아차린 그는, 어느 날 탄중브리욱항 부두에 작업을 나가서 몸을 숨기고 주변을 살폈다. 작업장 주변에는 가시철망이 빙 둘러쳐져 있어서 쉽게 도망칠 수 없는 상태였다. 그러나 그 철망 바깥으로 네덜란드 감시원의 눈을 피해 행상들이 물건을 팔러 오곤 했다. 주린 배를 안고 굶주림과의 싸움을 시작하고 있던 일본인과 조선인들은 물물교환으로 먹을 것을 구했다.

그런 행상들 틈에 인도네시아 독립군 멤버가 섞여 있었다. 그들은 물물교환을 하면서 독립군에 참가해달라고 열심히 설득했다. 이 설득에 마음이 움직인 몇몇 일본인이 작업장에서 사라졌다. 김철수도 '전범으로 사형당할 바에야' 하는 심정으로 어느 날 자신의 결심을 행상에게 전달했다. 물론 그 인도네시아 행상은 대환영이었다. 도망에 관한 상세한 내용을 미리 상의하여, 이틀 뒤 저녁 때 어둠이 내리면 가시철망을 뚫고 탈출한다는 계획을 세웠다.

하지만 이제 새로운 인생이 시작될 것을 기대하며 기뻤던 것도 한순간의 꿈으로 끝났다. 다음 날, 그가 작업으로 피곤해진 몸을 잠시 쉬고 있을 때, 지프 한 대가 곧바로 그에게 다가왔던 것이다. 그렇게 그는 바로 전범 용의자로 감옥에 수용되었다. 단 하루의 지체가 그를 전범 재판정에 서지 않으면 안 되는 전범의 길로 나아가게 만들어버렸던 것이다.

1946년 8월, 네덜란드군이 점령한 자카르타에서 전쟁 범죄를 재판하는 군법회의가 개시되었다. 그 무렵, 자카르타에서 180킬로미터 정도 떨어진 반둥에서는 치열한 반反네덜란드 게릴라 전투가 전개되고 있었다. 조선인 군무원들도 이 게릴라전에 참가하고 있었다. 양칠성도 그들 가운데 한 사람이었다. 양칠성과 함께 플로레스섬 비행장 건설 현장에 파견되었던 아오키와 하세가와도 팡그란 파팍Pangeran Papak 부대에 가담하여 네덜란드군과 치열한 전투를 벌였다.

네덜란드는 식민지 네덜란드령 인도의 이런 변모를 어떻게든 원래대로 억눌러두려고 회유와 협박 정책을 교묘하게 구사했다. 그러나 한번 독립에 눈을 뜬 민중의 독립에 대한 열광적 염원은 네덜란드의 군사력으로 억누를 수 없었다. 더욱이 일본인들이 인도네시아인들과 함께 전투에 참가하고 있다는 사실도 알려졌다. 특히 '전투의 신'이라 불리는 일본인 하사관이 많이 참가하고 있다는 것도 알게 되었다.

고전을 면치 못하는 게릴라 소탕 작전, 일본에 대한 네덜란드의 증오가 전범 용의자들에게 고스란히 쏟아졌다. 이러한 보복 감정은 특히 전범 재판 초기에 가장 심하여, 그 때문에 사형 판결이 남발되었다는 평가까지 있었다. 이런 분위기 속에서 자카르타 법정이 어느 정도 냉정을 되찾은 것은, 재판이 시작되고 나서 1년 가까운 시간이 흐른 뒤였다고 한다. 그것은 누가 보아도 네덜란드가 군사적으로 인도네시아 독립군을 압도하여 확실한 우위를 확보한 시점이었다.

네덜란드는 네덜란드령 인도를 예전처럼 식민지로 지배하고 싶은 욕망을 품고 자바에 재상륙했지만, 그곳은 이전에 그들이 알고 있던 인도네시아라고 믿기 어려울 정도로 달라져 있었다. 3년 반이라는 결코 길지 않은 일본 군정 기간 동안 일본이 인도네시아인들을 속속들이 바꿔버렸다고 생각했던 것일까? 네덜란드의 반反일본 감정은 인도네시아 독립 전쟁의 진전 속에서 심하게 요동치고 있었다. 네덜란드에 의한 전범 추궁자와 사형 판결이 많았던 밑바탕에는, 일본에 대한 네덜란드의 이런 감정이 잠재해 있었다는 점을 부정할 수 없을 것이다.

5. 인도네시아 독립 영웅

세 명의 '일본 병사'

세 사람은 맨발이었다. 손에는 수갑이 채워져 있었다. 머리칼은 더부룩하게 자라 제멋대로 늘어졌고, 햇볕에 새까맣게 탄 몸에는 검은 색 반바지와 운동복 셔츠 같은 남루한 옷가지를 걸치고 있었다. 등에는 대나무처럼 둥글게 말은 조그마한 봇짐을 비스듬히 걸머지고, 헝겊의 양쪽 끝은 가슴 언저리에 질끈 묶었다. 1949년 새해가 막 시작될 무렵이었다.

치피낭형무소 입구 부근에서 이 세 사람을 망연히 바라보고 있던 인물은, 이미 전범 판결을 받고 복역 중이던 이대홍李大興이었다. 세 사람 가운데 두 명은 이 씨의 옛 일본군 상관인 아오키 마사시로 상사와 하세가와 가쓰오 중사였다. 이대홍은 그들과 부산 서면 노구치 부대의 교육 시절에 만나서 플로레스섬까지 함께 갔었고, 스모오노 교육대에도 함께 다녀왔다. 나머지 한 사람은 어디서 본 적이 있는 듯했지만 얼른 이름이 떠오르지 않았다. 무슨 일로 세 사람이 수갑을 차고 네덜란드 헌병에 연행되어 치피낭형무소로 끌려온 것일까? 이대홍은 말을 걸어보려 했지만, 세 사람은 곧바로 수위가 있는 곳에 메고 있던 짐을 풀어놓고 감방 쪽으로 내몰리듯 끌려가고 말았다. 이대홍이 그들을 본 것은 이것이 마지막이었다. 간수에게 물어보았더니 세 사람은 "간뚱"(교수형)이라며 손으로 목을 조르는 시늉을 했다.

그러나 그들 세 사람은 실제로는 그로부터 몇 개월 뒤 서부 자바의 외진 시골 가룻 마을에서 인도네시아 민중들이 지켜보는 가운데 네덜란드군에 의해 총살형을 당했다. 세 사람의 심장에 총알이 박힌 것은 1949년 8월 10일이었다. 그날은 네덜란드와 인도네시아 사이에 정전협정(Roem Royen협정)이 성립되고 7일째 되는 날이었다. 이 씨가 미처 이름을 떠올리지 못했던 나머지 한 사람, 그는 조선인 군무원 출신 양칠성이었다.

우리가 양칠성, 아니 옛 일본 군무원 야나가와 시치세이의 이름을 알게 된 것은 1975년 11월 17일의 일이다. 우리는 세 명의 옛 일본 병사가 인도네시아 독립 영웅으로 재조명되어 가룻 영웅 묘지에 재매장된다는 이야기를 전해 듣고, 급히 그 행사에 참석하게 되었다.

우리는 이른 아침인 6시에 반둥을 출발했다. 일본 대사관에서 행사에 참석하기 위해 나온 주재무관駐在武官과 동행하게 되었다. 아침 안개가 자욱하게 깔린 반둥의 시가지를 뒤로 하고, 차는 구불구불 구부러진 서부 자바의 산간 도로를 달렸다. 문득, 무관이 갑자기 생각난 것처럼 말을 꺼냈다.

"세 사람 가운데 한 명은 사실 조선 사람입니다. 그것도 아무래도 북쪽 사람일 거라고 합니다."

우리는 상상도 못했던 그의 말에 깜짝 놀라 아무런 대꾸도 할 수 없었다. '야나가와 시치세이', 그러고 보니 어딘지 모르게 어색한 느낌이 드는 이름이다. 그렇다고는 해도, 왜 하필 조선 사람이 인도네시아 독립 전쟁에 뛰어들어 인도네시아 독립 영웅으로 지금 재조명을 받게 된 것일까. 이런저런 생각에 빠져 있는 사이에 차는 위풍당당하게 솟아 있는 군툴 산기슭에 위치한 온천지 타로곤에 도착했다. 인도네시아 국군이 준비해놓은 우리의 숙소가 그곳에 있었다. 가룻 마을까지는 엎어지면 코가 닿을 만큼 가까운 거리였다.

이상한 냄새가 코를 찌른다. 가룻 마을 한쪽에 있는 민중 묘지에서 26년 만에 세 사람의 유체가 발굴되었다. 다흘란Dachlan 씨가 소리 없이 울며 눈물을 흘리고 있다. 다흘란 씨는 세 사람과 함께 게릴라 전투를 치렀던 그들의 옛 동지이다. 시체 썩는 퀴퀴한 냄새에, 근처에 모여 있던 주민들은 무심결에 코를 막기도 한다. 그러나 다흘란 씨는 유골에 붙어 있는 진흙을 맨손으로 정성껏 떼어낸 다음, 깨끗이 닦아서 인도네시아 국군이 준비한 새 관에 옛 동지들의 유골을 조심스럽게 넣었다.

유골 수습이 끝나자, 세 개의 관을 각각 홍백의 새 국기로 감쌌다. 그리고 그 관을 병사들이 회교 사원으로 운구했다. 정오의 기도 시간(로호르Lohor)에 맞춰서 세 명의 독립 전사를 위한 기도가 행해졌다. 기도가 끝나자 병사들이 관을 밖으로 운구하여 군용차에 실은 뒤 육군 실리완기Siliwangi 사단의 가룻 지역 사령부로 이동했다. 그렇지 않아도 좁은 지역 사령부의 앞마당은 독립 전사를 맞이하기 위해 정렬한 장병들로 가득 차 있었다.

이날도 어김없이 이글거리는 적도의 태양은 사정없이 내리쬐었고, 태양의 열기를 받은 지역 사령부의 앞마당은 뜨겁게 달아오르고 있었다. 아오키 마사시로(인도네시아 이름 아부바카르)의 유족을 대신하여, 일본의 동남아 침략이 시작되기 전부터 인도네시아에 살고 있던 일본인이 이번 군의 조치에 대하여 간단한 감사 인사를 했다. 이어서 군사령관은 세 사람이 인도네시아 독립에 공헌한 공적을 기리며 전투 경력을 소개했다. 이윽고 세 사람의 관은 사령부 홀에 안치되었고, 거기서 유족들과 분골의식이 행해졌다. 분골용 작은 관도 인도네시아 국군이 준비한 것이었다. 그날 밤, 세 명의 독립 전사의 유골은 완전무장한 실리완기 사단 군인들의 경호를 받으면서 다음 날 거행될 재매장 의식을 기다렸다.

온천이 딸려 있는 숙소에 돌아오자 구굼Gugum 군君이 기다리고 있었다. 구굼 군은 일본에서 목초염草木染(풀과 나무의 천연색소를 사용한 염색) 기술을 공부한 청년이다. 그는 자신이 습득한 기술로 인도네시아에서 양잠부터 시작하여 목초염 사업을 해보려는 꿈을 가지고 있었다. 그러나 이날 그는 고인이 된 아버지 코사시Kosasih 소령의 대리인 자격으로 가룻을 찾은 것이었다. 아오키, 하세가와, 양칠성 세 사람은 구굼 군의 아버지 고故 코사시 소령이 이끌었던 팡그란 파팍 부대에 가담하여 네덜란드군과 게릴라 전투를 벌이다 사로잡혔다.

구굼 군은 아버지의 부하였던 세 사람의 일본 병사에 대해 자신이

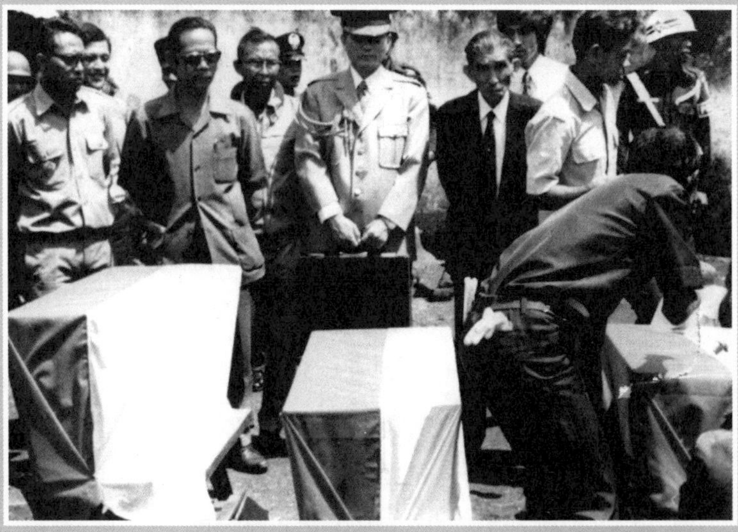

(상) 아오키, 하세가와, 양칠성의 분골용 관
(하) 가룻 영웅 묘지에 재매장되는 세 사람(1975)

알고 있는 사실들을 우리에게 이야기해주었다. 그리고 그가 우리에게 건네준 한 통의 서류에는 이들의 대략적인 전투 경력이 기록되어 있었다. 그 서류는 코사시 소령 가족과 전우 다츨란 씨 등이 이들 일본 병사가 인도네시아 독립 영웅으로 서훈되어야 하며, 이들의 유해는 영웅 묘지에 안장되어야 한다고 군에 청원할 때 첨부했던 '경력 증명서'였다.

다음에 서명하는 우리 네 사람은 아래 사실을 증명한다.

(1) 수토코Soetoko 준장, 군번 13690, 육군 장교, 반둥 거주.

(2) 추추 아디위나타Tjutju Adiwinata 중령, 군번 11819, 육군 장교, 반둥 거주.

(3) K. 코사시 중령, 군번 11482, 육군 장교, 반둥 거주.

(4) 와휴 다츨란Wachyu Dachlan, 육군 퇴역 군인, 퇴역군인회 회원, 퇴역군인번호 36309/B, 반둥 거주.

아부바카르Abubakar(아오키 마사시로), 우스만Usman(하세가와 가쓰오), 코마르딘Komardin(야나가와 시치세이), 이 세 사람은 옛 일본 군인으로 1946년에 성심과 성의를 다하여 그 몸과 마음을 인도네시아공화국 독립을 위해 바칠 것을 결의하고, 故 S. M. 코사시 소령이 이끄는 팡그란 파팍 부대에 가담했다. 당시 코사시 소령이 이끄는 부대는 동東프리앙안Priangan, 가룻현郡, 와나라자Wanaraja 지구에 주둔하고 있었는데, 위 세 사람은 다음 각 지역에서 연합군과 네덜란드군에 맞서 과감한 전투를 전개했다.

a. 반둥 불바다 사건(1946. 3. 24)이 일어날 때까지 반둥 지구에서

b. 우중베룽Ujungberung과 그 주변 지역에서

c. 당시 M. D. P. P(전투지휘지역사령부?) 지휘하에 전략전투군 연대에 합류해 있던 발레 인다Bale Indah 전선(남南반둥)에서

d. 갈룽궁Galunggung 산중 게릴라 본부(MBGG) 팡그란 파팍 부대에 합류하여 동東가룻에서 게릴라전을 펼치다가,

e. 1948년 11월, 가룻현 파렌타스Parentas, 투투판 도라Tutupan Dora 삼림 지대에서 네덜란드군에 사로잡혔다.

f. 약 8개월 동안 네덜란드군에 의해 가룻에 구금되었다.

g. 1949년 8월 10일 금요일, 세 사람은 가룻 마을 커르콥Kerkop에서 네덜란드군에 의해 총살형에 처해졌고, 이슬람 장례 절차에 따라 가룻 마을 코타 쿨론Kota Kulon에 있는 파시르포고르Pasirpogor 민중 묘지에 매장되었다.

이상은 당시 세 사람과 함께 독립 전쟁을 치렀던 우리의 체험과 지식을 근거로 진실만을 기록한 것이다.

1974년 9월 5일 반둥에서 (위의 네 사람 서명)

옛 전우들이 작성한 이 경력 증명서를 근거로 이들 일본 병사는 독립 영웅으로 서훈되었고, 아울러 민중 묘지에 묻혀 있던 유골을 발굴하여 영웅 묘지에 재매장하게 되었던 것이다.

구굼 군은 뜻밖의 사진 한 장을 가지고 있었다. 그 사진은 세 사람이 처형되기 몇 분 전에 찍은 것 같았다. 분명치는 않았지만, 세 사람의 왼손이 쇠사슬로 묶여 있는 것처럼 보였다. 세 사람 중에 중앙에 서 있는 아오키는 입 언저리에서 미소마저 느껴질 정도로 태연한

모습이었고, 왼쪽의 양칠성, 오른쪽의 하세가와도 긴장했다기보다는 담담한 표정을 하고 있었다. 세 사람 모두 머리는 짧게 자른 상태였는데, 아마도 처형 전에 이발을 한 것 같았다. 이대홍이 치피낭형무소에서 그들을 보았을 때는 수염이 거의 가슴까지 늘어져 있었고, 머리는 제멋대로 자라 산발 상태였다고 한다.

인도네시아 독립 전쟁에 참가한 옛 일본군 병사는 대략 6백여 명 정도였다. 그들 중 상당수가 치열한 전투 중에 죽어갔다. 요시즈미 다메고로吉住留五郎와 이치키 다쓰오처럼, 수카르노가 비문碑文("독립은 어떤 한 민족의 일이 아니며, 전 인류의 일이다")을 보낼 정도로 인도네시아 독립이라는 대의에 헌신하여 혁혁한 전공을 세우고 전사한 이들이 있는가 하면, 다나카 도시오 헌병 중사처럼 네덜란드군을 인도네시아에서 몰아내지 않으면 자신이 살아날 길이 없다는 생각으로(전범이 되는 것에 대한 공포) 최후까지 항전한 사람도 있었다. 또 단순히 개인적인 사정(여자 문제 등) 때문에 현지에 남아서 독립 전쟁에 휘말렸던 사람도 있다. 이유야 무엇이든, 패전 이후 일본군을 탈주한(현지 제대라고도 할 수 있다) 상당수의 옛 일본군 병사들이 인도네시아 독립 전쟁에 가담한 것만은 분명한 사실이다.

그러나 조선인 군무원 양칠성의 경우, 사정은 조금 더 복잡했다. 일본의 패전으로 그의 고국 조선은 일제 식민지로부터 해방되었고, 독립 국가로서 새로운 발걸음을 막 내딛는 역사적 순간에 서 있었다. 양칠성이 이런 사정을 몰랐을 리는 없었을 것이다. 무엇보다도, 조선인 군무원 동료 가운데 몇 사람은 일본 군정이 실시되고 있던 인도네시아 현지에서 이미 일본군에게 저항하는 반란을 일으켰다.

(상) 총살 직전의 세 사람. 왼쪽부터 양칠성, 아오키, 하세가와
(하) 양칠성(코마르딘)의 묘

이 사실 또한 그는 알고 있었을 것이다. 당연히 그는 해방된 고국으로 돌아가려는 뜨거운 염원을 마음에 간직하고 있었을 것이다. 그러나 그는 옛 일본 병사들과 함께 총을 들고 인도네시아가 네덜란드 제국주의와 벌이는 독립 전쟁에 자신의 삶을 던지는 선택을 했다. 그는 왜 이런 선택을 했을까? 그것도 일제 식민지 출신 조선 청년이 그 식민지의 지배자였던 일본 병사와 함께, 바로 그때까지 그들이 지배하고 있던 인도네시아 민중이 또 다른 제국주의 네덜란드와 벌이는 독립 전쟁에 총을 들고 뛰어들게 된 데는 대체 어떤 곡절이 있었던 것일까.

양칠성의 선택은 어떻게 보면 이상하기도 하고, 또 어떻게 보면 이해할 수도 있을 것 같다. 그렇다면 양칠성의 투쟁은 어떤 의미를 지니고 있을까? 조선인 군무원으로서 인도네시아 독립 전쟁에 참가한 사람은 양칠성만이 아니었다. 우리는 조선인 군무원들이 인도네시아 독립 전쟁에 참가했다는 것을 알고 있는 옛 일본군 병사, 그리고 조선인 군무원과 결혼했던 인도네시아 여성 가운데 전후에도 여전히 그곳에서 살아가고 있는 옛 조선인 군무원의 아내도 몇 사람 만날 수 있었다. 그녀들 역시 독립 전쟁 중에 남편들이 산중에서 벌였던 고통스러운 게릴라 전투를 함께 했었다고 한다.

게릴라전에 투신하다

일본이 무조건 항복함으로써 패전국으로 전락할 무렵, 아오키, 하세가와, 그리고 양칠성 등은 반둥 주변에 있었다. 일본군과 조선인 군무원들은 각각 적당한 장소에 집결했다. 일본군의 경우, 연합군이 본격적으로 진주하기 전까지 패전 시점의 현상을 동결한 채 치안 유지에 집중하고 있었다.

따라서 이런 사정에 비추어보면, 당시 일본군은 인도네시아 쪽에 공식적으로 무기 제공 등을 할 수 있는 입장이 아니었다. 그렇지만 실제로는 일본군이 조직한 향토방위의용군(8월 19일 해산)이나 옛 일본군 보조병 등이 중심이 되어 일본군에게 무기를 내놓으라고 재촉하자, 적극적으로 무기를 양도하는 부대가 있었는가 하면 이를 거부하는 부대도 있었다. 당연히 무기를 차지하려는 자와 내놓지 않으려는 자 사이의 갈등은 전투로까지 비화되었다.

1945년 8월 15일 일본의 패전 이후 반둥을 비롯한 현지 정세는 대략 다음과 같았다. 9월 29일에 크리스텐손 중장이 지휘하는 영연방 인도군이 자카르타에 상륙했다. 10월 2일부터 연합군은 일본군의 무기를 접수하기 시작했다. 한편, 인도네시아 쪽은 연합군과의 본격적인 전투를 예상하고 보고르, 수카부미Sukabumi, 반둥, 치캄펙Cikampek, 크라왕Kerawang, 자카르타 등 자바 서부 각 지역에 게릴라 지대地帶를 설정하여 전투를 대비했다. 그리고 10월 5일, 수카르노가 인민치안군(TKR, 나중에 국군) 편성을 공식 선포했다. 마침내 10월 10일, 자바에 10개, 수마트라에 6개 사단의 인민치안군이 편성되었다. 이 무렵부터 인민치안군과 일본군 사이에 무기를 둘러싼 전투가 발생하기 시작했다. 이 때문에 스마랑, 버카시Bakasi, 치캄펙, 칼리웅 등지에서 상당수의 일본군이 살해되었다. 10월 말에는 수라바야에 상륙한(10. 25) 영연방 인도군이 옛 의용군 총대장 무스톱이 지휘하는 인도네시아 인민 부대의 공격을 받고 마라비이 준장이 전사하는 등 큰 타격을 입었다.

반둥 주변에는 사단장 아르지 카르타위나타Ardji Kartawinata 대령이 이끄는 인민치안군 제3사단이 배치되어 있었다. 사단 본부는 처음에는 반둥이었다가 나중에 수메당Sumedang으로, 그리고 다시 타시크말라야Tasikmalaya로 옮겨갔다.

10월에 들어서면서 반둥의 인민치안군은 일본군이 장악하고 있는 권력을 탈취하려는 움직임을 보였다. 그러나 일본군은 10월 10일 선수를 쳐서 인도네시아 인민치안군을 반둥 시외로 쫓아내버렸다. 이 사건은 인도네시아 전역에서 반일 감정의 불길이 타오르게 만들었다. 결국 스마랑 블루형무소에 수용된 일본인 백 수십 명이 참살되고, 버카시에서 일본군 86명이 살해되는 등, 패전 후 일본군으로서는 감당하기 어려운 비극이 발생했다.

11월에 접어들자, 다시 옛 향토방위의용군 총단장 아르지 카르타위나타를 중심으로 한 인도네시아군이 철도국 및 기타 주요 기간 시설 접수에 나섰다. 그러나 이 무렵에는 이미 영국군과 네덜란드군이 반둥에 진주한 상태여서, 이들 연합군은 기간 시설 접수에 나선 인도네시아군을 공격하기 시작했다. 그리고 11월 29일, 인도네시아군과 영국·네덜란드군 사이에 일단 정전협정이 체결되었다. 이 협정은 반둥 시내를 가로지르는 철도 노선을 경계로 북쪽의 고급 주택가는 영국군과 네덜란드군이, 남쪽의 주택가는 인도네시아군이 지배하기로 정했다. 그러나 이 경계선은 임시로 정한 것에 지나지 않았기 때문에, 철도를 사이에 두고 크고 작은 충돌이 끊이지 않았다.

마침내 이듬해 3월, 영국군과 네덜란드군은 반둥시 전역을 점령한다는 목표를 세웠고, 이에 영국군은 육군과 공군의 합동 공격을 강화했다. 3월 22일에는 인도네시아군에게 반둥 시가지 남쪽에서 철수할 것을 요구하는 최후 통고를 보냈다. 3월 24일 인도네시아군은 눈물을 머금고 통고대로 철수를 받아들였다. 바로 그때 인도네시아군 지배 지역인 반둥 시가지 남쪽에서 방화 사건이 발생했다. 이것이 그 유명한 '반둥 불바다 사건'이다. 주민과 병사가 한몸이 되어 반둥 시가지를 빠져나갔다. 활활 타오르는 불바다를 산 위에서 내려다보며 이들이 불렀던 노래가 〈헬로, 헬로, 반둥〉이라는 곡이었다. 이렇게 해서 인도네시아군의 근거지는 동東프리앙안의 가룻, 타시크말라야, 수메당 방면으로 후퇴할 수밖에 없었던 것이다.

식민지를 확보하려는 제국주의와 독립을 열망하는 인도네시아 민중 사이에 긴장이 고조되어가는 반둥에서, 일본의 일부 군인과 군무원들은 일본군을 탈주하여 인도네시아군에 가담했다. 반둥 북쪽 산중의 온천 지역인 치아타르Ciatar에 집결해 있던 일본 해군에서도 탈주자가 발생했다. 이미 무조건 항복했다고는 하지만, '원수'가 눈앞에 진주하여 지금까지 '동생뻘'로 여겼던 인도네시아와 총격전을 벌이고 있었다. "동아시아 여러 민족을 백인의 쇠사슬에서 해방"시켜야 할 "동아시아의 맹주"인 "대일본군"이 이때만큼 비참하게 느껴진 적은 없었다고, 현재 반둥에 살고 있는 옛 일본군 병사는 말했다. 바로 그 사람, 혼보우本坊라는 성을 가진 일본인 수캄토Sukamto는, 1946년 1월 5일 일요일이었던 그날 사방에 어둠이 내린 저녁 무렵 일본군을 빠져나와 인도네시아군에 투신했다.

"8월 17일, 우리는 그때까지 진지 구축 작업에 열중하고 있었는데 전쟁에서 패했다는 거야. '제대로 한 것도 없는데 전쟁이 끝나다니 이런 바보짓이 있나!' 모두 이런 식으로 생각하고 있었어요. 부대장과 소대장, 게다가 병장까지 잇달아 자결하는 바람에 매일 화장을 하면서 뒤처리를 해야만 했어요. 적군에게 무기를 넘겨줘야 했는데, 상부에서 무기에 새겨진 국화 문장을 줄질을 해서라도 지워버리라는 명령을 내린 거예요. 이 명령 때문에 정말 기분을 잡쳐버렸어요.

제가 소속된 부대는 억류소 바로 옆에 있는 치마히 포병대라는 곳이었는데, 네덜란드 비행기가 날아와서 낙하산으로 위문품 주머니 같은 것을 투하하고는 했어요. 그러자 "저 비행기를 격추시켜버리자"라고 떠들어대는 놈도 있었어요. 우리 중에는 '패전한 나라에 돌아가도 죽도록 고생이나 할 거야. 네덜란드 억류소를 봤잖아. 그런 꼴을 당하는 건 아닐까? 감금된 채 평생 강제노동을 하게 될 거야'라는 둥, 이런저런 걱정을 하는 치들도 있었어요. 어차피 제대로 된 인생을 살 수는 없을 테니까, 제법 열심히 독립 투쟁을 하고 있는 인도네시아 쪽에 들어가서 속 시원히 총이나 내갈겨버릴까? 일본 따위로 돌아가지 말고! 호텔 호만(반둥의 최고급 호텔) 같은 곳에 사역을 나가면, 일본 장교가 연합군 여자 장교 나부랭이에게 경례를 붙이는 꼴을 보게 될 거라는 생각이 드니까 정말 배알이 뒤틀렸어요.

10월에 접어들면서 인도네시아가 본격적인 독립 투쟁을 시작했어요. 에라, 이제 일단 도망치고 보자는 결심이 섰어요. 사실은 크리스마스 때도 탈출하려는 마음을 먹었지만, 막상 결행하려니까 함께 탈출하자던 동료가 꽁무니를 빼서, 결국 1월 5일 밤에 트럭 한 대분의 무기와 탄약, 그리고 휘발유 400리터를 가지고 파달라랑Padalarang에 있는 인도네시아 부대로 들어가버렸어요. 인도네시아군도 무기가 필요했기 때문에, 일본이 전쟁에서 패하자 곧바로 일본 사람들에게 들어오라, 들어오라고 권해왔거든요."

대의를 내걸고 할복자살한 장병들이 있는가 하면, 인도네시아 독립군에 가담한 사람도 있었다. 그러나 이 수캄토 씨처럼, 전쟁에 진 패잔병의 처지에서 눈앞의 적군을 보면서 뭔가 공연히 기분이 뒤틀려버린 사람도 있었다. 그런데 인도네시아군은 죽창과 일본군에서 흘러나온 빈약한 무기 밖에 없는데도 그런대로 잘 버텨내고 있었고, 일본에 돌아가도 당장은 별로 기대할 게 없을 거라는 생각이 들었다. 이렇듯 복잡한 심사가 뒤엉켜, 아마도 상당히 많은 일본 병사들이 인도네시아 독립군에 몸을 던졌던 것이리라.

수캄토 씨의 말로는 "착실한 놈들은 일본으로 돌아가고, 남아 있던 인물들은 저마다 한 가닥씩 하는 투박한 기질을 가진 놈들"이었다고 한다. 그가 속해 있던 치마히 포병대에서는 다섯 명의 하사관과 병사가 인도네시아군에 투신했다. 그가 아는 한, 자바에서는 장교 가운데 인도네시아군에 투신한 사람은 거의 없었고, 대부분이 하사관들로, 총을 들려주면 제몫은 하지만 어딘지 모르게 착실함과는 거리가 먼 부류의 인물들이었다고 한다.

아오키 마사시로도 분명 착실한 편은 아니지만 나름대로 "한 가닥

하는 투박한 기질"의 전형적인 하사관이었던 것 같다. 아울러 보스 기질도 있어, 아랫사람을 잘 보살펴주었던 듯하다. 그래서 그가 "나는 인도네시아 독립군에 들어간다"라고 하자, 몇 사람의 부하, 그리고 조선인 군무원까지 따라나섰던 것 아닐까? 하세가와 가쓰오는 그런 식으로 따라나섰던 것이 거의 틀림없다. 양칠성의 경우, 딱히 그렇다는 증거는 없지만 역시 '아오키와 함께라면…' 하는 심정이 있었을지도 모른다.

아오키에게는 다른 사정도 있었다. 바로 여자 문제였다. 그가 언제 어디서 결혼했는지는 알 수 없지만, 아오키는 그녀를 '마이코'라고 불렀다. 그녀는 자바 출신으로 지금도 반둥에 살고 있다. 아오키는 진작 일본으로 돌아가려 해도 돌아갈 수 없는 상황에 놓여 있었던 것 같다. 전범 추궁을 두려워한 포로수용소 관계자는 많이 있었다. 조선인 군무원의 입장에서는 '설마 전범으로야…'라는 생각을 했지만, 포로와 민간인 수용자의 관리 감독 책임을 추궁당하는 입장에 놓였던 일본인 장교와 하사관들은 사전에 전범 추궁의 낌새를 알아차렸던 것 같다.

양칠성에게도 사실 좋아하는 여성이 있었다. 그녀는 머나도 출신으로 지금은 자카르타에 살고 있다고 하는데, 우리는 끝내 그녀와 만날 수 없었다. 두 사람 사이에는 아들도 하나 있다고 한다.

양칠성은 사실 전라북도 전주 사람으로, 북조선 출신이 아니다. 양칠성과 그의 동생은 유년 시절 부모를 여의고 작은아버지 손에 자랐다. 양부인 작은아버지는 양금암梁金岩, 작은어머니는 최은동崔銀東이라는 분들이었다. 작은아버지는 토건업을 하고 있었는데, 불행히도 그분마저 돌아가셨다. 1935년이나 1936년 무렵의 일이었으니, 아마 양칠성이 스무 살가량 되었을 때였다. 그는 그로부터 6~7년 뒤, 그러니까 26~27살에 군무원이 되어 자바로 건너왔다.

양부모 슬하에는 1931년에 양남수梁南守라는 여자 아이가 태어났다. 양칠성의 사촌 여동생으로, 지금도 전주에 살고 있다. 오빠인 칠성이 출정할 때 전주역에서 일장기를 흔들었던 일을 아직도 기억하고 있었다. 남편을 사별한 뒤라 칠성의 작은어머니는 그즈음 칠성에게 각별히 의지하고 있었고, 칠성 또한 효자였다. 초등학교에 입학했을 때 이웃의 가난한 아이들에게 학용품을 나누어주기도 했다고 한다. 아마도 따뜻한 성품의 소유자였던 것 같다. 군무원이 되기 전에는 어느 일본인이 하는 일을 거들고 있었다고 하는데, 그 이상 자세한 내막을 아는 사람은 없었다.

양칠성은 스물한 살인가 두 살 무렵에 조선에서 결혼했다. 자바로 떠나기 전에 이미 아들이 둘이나 태어났다. 그러나 칠성의 아내는 칠성이 자바로 떠나자마자 어디론가 자취를 감추고 말았다. 아이들도 둘째는 세 살 때 죽었고 네 살 위의 큰아이도 지금은 행방이 묘연하다고 한다. 아내의 실종 소식은 어머니의 배려로 자바의 칠성에게는 알리지 않았다.

그러고 보면 양칠성은 가정적으로는 매우 불행했던 인물인 셈이다. 그럼에도 조금이라도 어머니와 아내를 도우려는 생각에 군무원이 되어 자바로 갔다. 일본이 패전하기 전까지는 군대에서 봉급도 다달이 부쳐왔고, 칠성에게서 편지도 왔었다. 그러던 어느 날 "지금 고국에 돌아가도 좋은 수가 없기에 당분간 여기 더운 나라에 머물

작정이다"라는 내용의 편지가 왔다. 이 편지를 마지막으로 칠성의 소식은 끊어졌다. 인도네시아 독립 전쟁에서 죽은 것도 모른 채, 어머니는 실낱같은 희망을 품고 패전 후에도 매일같이 칠성의 귀향을 애타게 기다렸다. 전주역에 들어오는 귀향 열차에서 떼를 지어 쏟아져 나오는 일본군 출신 병사들을 보러 가곤 했다고 한다.

어쨌든, 이렇게 양칠성은 고향에 있는 어머니, 누이동생, 처자에게 "당분간 여기 머물 작정"이라는 편지를 보낸 뒤 인도네시아 독립군에 투신했다.

아오키, 하세가와, 양칠성 등은 '반둥 불바다 사건'이 일어난 1946년 3월까지 반둥 지역에서 전투를 벌이고 있었다. 그들이 소속된 부대는 S. M. 코사시 소령이 지휘하는 팡그란 파팍 부대였다. 아오키가 코사시 소령(당시 계급은 확실하지 않음)을 만난 것은 패전 후 3개월 정도 지난 시점으로, 바로 반둥의 인민치안군이 연합군과 작은 충돌을 시작한 11월 무렵이었다.

아오키는 총 140자루와 다량의 탄약, 그리고 의약품을 가지고 코사시 부대에 들어왔다. 포로수용소에 있던 것을 가지고 나왔던 것이다. 그는 나중에 '닥터'라고 불리게 되는데, 아마 이때 가지고 나왔던 의약품과 약간의 의학 지식으로 병사와 주민들을 치료하면서 그런 평판을 얻었던 것 같다. 아오키가 코사시 부대에 가담했을 때 몇 명의 일본인과 조선인이 동행했는지 확실한 내용은 알 수 없다. 대략 일본인 열 명 정도에 조선인 몇 명이 동행하지 않았을까 한다.

반둥 불바다 사건 이후 인도네시아공화국 군대는 전선을 한 걸음 후퇴시켜 반둥의 연합군을 포위하는 듯한 진세를 펼치고 있었다. 공식 기록에 의하면, 아오키 등은 반둥의 동쪽 교외 지역인 우중베룽 주변에서 전투를 벌였다고 한다. 반둥 불바다 사건 직전에 연합군은 인도네시아군에게 반둥시에서 11킬로미터 바깥으로 물러나라고 통고했다. 이 통고에 따라 인도네시아군은 어쩔 수 없이 서쪽으로는 파달라랑, 동쪽으로는 우중베룽, 남쪽으로는 다유콜롯Dayeuhkolot까지 후퇴해야만 했다. 이렇게 되자 아오키 등은 최전선에 나서는 꼴이 되고 말았다.

반둥 불바다 사건 이후에도 연합군은 공격의 끈을 늦추지 않았다. 연합군의 공세를 저지할 수 없었던 인도네시아군은 서서히 후퇴할 수밖에 없었고, 정규군 사령부도 수메당, 가룻, 타시크말라야 방면으로 후퇴를 거듭했다.

1947년 7월, 라마단(이슬람교에서 행하는 약 한 달가량의 금식 기간)에 네덜란드군의 대규모 공격이 시작되었다. 이른바 '제1차 식민지 전쟁'이다. 1946년 11월 10일, 서부 자바 치르마이Ciremai 산기슭의 링가르자티Linggarjati에서 사실상 인도네시아공화국을 승인하는 협정이 네덜란드와 수탄 스자리르Soetan Sjahrir 내각 사이에 체결되었다. 그러나 공화국이 승인되었다고는 하지만, 실제로는 네덜란드 왕국을 구성하는 일개 연방공화국의 지위가 부여된 것에 불과했다. 결과적으로 전체 인도네시아 지역을 아우르는 독립된 단일 공화제를 희망하는 대다수 인도네시아인의 열망과는 너무나 동떨어진 협정이었다.

국민당, 마슈미Masjumi당(이슬람계), 탄 말라카의 투쟁 동맹들은 한결같이 이 협정에 반대하며 공화국 전선을 결성했다. 그러나 수탄 스자리르는 국민위원회 구성원을 증원시켜 이 협정을 비준시켜버렸

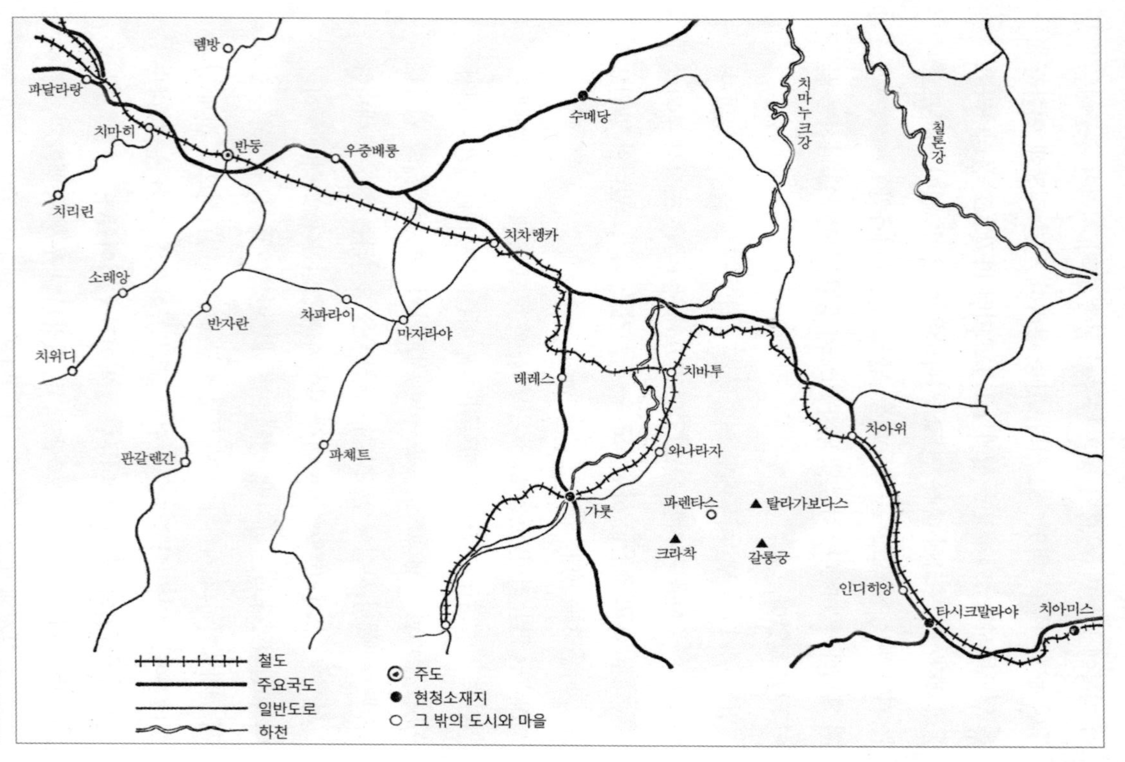
렘방
파달라랑
치마히
반둥
우중베룽
수메당
치마누크강
칠톤강
치리런
치차렝카
소레앙
반자란
차파라이
마자라야
치위디
레레스
치바투
차아위
판갈렌간
파체트
와나라자
가룻
파렌타스
탈라가보다스
크라착
갈룽궁
인디히앙
타시크말라야
치아미스
철도
주요국도
일반도로
하천
주도
현청소재지
그 밖의 도시와 마을

〈지도 4〉 반둥·가룻 주변도

다. 네덜란드는 서부 자바에 파순단Pasundan국國이라는 괴뢰 국가를 날조하여, 공화국 지배 지역을 동쪽으로 밀어내려 했다. 이 야망의 발로가 바로 '제1차 식민지 전쟁'이었다. 반둥에 주둔하던 네덜란드군은 칠리린Cililin, 팡갈렝안Pangalengan 등 남쪽 지역을 침공했다. 또 자카르타에서 치르본Cirebon을 통해 공격해 들어온 군대는 쿠닝안Kuningan, 치아미스Ciamis를 공격하고 계속해서 타시크말라야와 가룻을 점령했다. 인도네시아 정규군과 인민 부대는 도시의 사령부에서 쫓겨나 잇달아 산중으로 은신하면서 게릴라전으로 돌아섰다.

바로 이 무렵부터 동東프리앙안 산중에서 본격적인 게릴라전이 시작되었다. 그러나 수탄 스자리르 정부는 국민들에게 네덜란드의 침략에 대한 저항을 호소하는 대신, 문제를 유엔으로 가져갔다. 8월 1일, '즉시 정전 및 중재에 의한 평화적 해결'이라는 유엔 안보이사회의 결의가 이루어졌고, 일단 정전이 체결되었다. 그 후 유엔은 중재위원회를 설립하기로 하고 호주·벨기에·미국 등 세 나라가 참가하는 위원회를 설치했다. 이 위원회는 1948년 1월 17일 미군 군함 렌빌Renville호 선상에서 12개 조항으로 이루어진 협정을 체결하도록 사전 공작을 벌였다. 이 렌빌 협정을 통해 인도네시아공화국은 네덜란드가 날조해낸 괴뢰 국가 파순단국을 승인해주었다. 이 또한 인도네시아 민중의 기대를 배반하는 행위였다.

게다가 파순단국의 영역 내에서 네덜란드의 지배를 거부한 채 해방구를 이루고 있던 '고립 지역'에서 인도네시아공화국 군대가 철수해야 한다는 결정이 내려졌다. 서부 자바의 고립 지역에 있던 인도네시아공화국 군대 3만 5천여 명은 이 협정 결과에 따라 어쩔 수 없이 중부 자바 방면으로 이동하게 되었다. 인도네시아인들은 이 이동을 마호메트가 메카로부터 메디나로 이주한 것(622)에 빗대어 '히즈라'라고 불렀다. 그러나 이 후퇴를 수치로 여기는 일단의 인민치안군과 민병民兵들이 있었다. 그 수는 대략 4천여 명에 이르렀다고 하는데, 정확한 통계는 알려지지 않았다. 그들은 서부 자바와 동東프리앙안의 산중, 또는 마을에서 주민들과 일체가 되어 게릴라전을 전개했다. 그들 가운데 아오키, 하세가와, 양칠성, 그리고 몇 명의 일본인과 조선인이 더 있었다.

한밤중의 이별

"일어나! 적이 왔어!"

아내의 귓전에 대고 남편이 낮은 목소리로 외쳤다. 아내는 깜짝 놀라 잠에서 깨어났다. "네덜란드가 온 것 같아"라고 말하는 남편의 목소리는 조용했다. 희미한 촛불 아래서 남편 수바르조Soebardjo는 뭔가를 열심히 쓰고 있었다. 1948년 11월 어느 날 밤의 일이었다.

그들이 있는 곳은 가룻에서 동쪽으로 12~13킬로미터 정도 떨어져 있는 풀렌타스 마을의 허름한 오두막집이었다. 갈룽궁, 탈라가보다스Talagabodas, 크라착Kracak 등 높이 2,000미터 이상의 고산 세 개로 병풍처럼 둘러싸인 외딴 산속 마을이었다.

그들은 바로 수바르조(일본 이름 시로야마城山鍾烈, 본명 미상)와 그의 아내, 그리고 어린아이 두 명이다. 수바르조는 조선인 군무원 출신이었다. 고산준령으로 둘러싸인 첩첩산중, 대낮에도 사방이 어두컴컴한 밀림 지대, 이곳이 아오키 마사시로가 이끄는 게릴라 부대 전투원들의 근거지였다. 해발 1,000미터가 넘는 이 산중은, 밤이 되면 추위에 오싹해질 정도로 서늘했다. 아이들은 아직 누더기 담요를 덮은 채 평안한 얼굴로 세상 모르고 잠들어 있었다.

수바르조는 "빨리 마을로 가!"라고 재촉했다. 아이들이 겨우 잠에서 깨어났다. 단잠에서 깬 아이들이 보채자, 수바르조는 아이들을 꾸짖으며 다시 한 번 재촉하듯 "빨리 엄마를 따라 가라"라고 단호한 어조로 말했다.

"나는 혼자서 잘해낼 테니 걱정하지 말고. 그리고 이 편지를 가지고 가."

수바르조의 부인은 왠지 불길한 예감이 들었지만, 평소 다정다감한 남편이 이때만은 너무나 단호한 어조로 말하는 바람에 기가 질려 어린아이 둘을 데리고 칠흑처럼 깜깜한 삼림 속으로 들어갔다. 그렇게 수바르조와 그의 가족은 다시는 만날 수 없는 영원한 이별을 하고 말았다.

수바르조의 부인은 재혼하지 않은 채 지금도 반둥에 살고 있다. 그녀는 수바르조가 조선인이라는 건 알고 있었지만 조선 이름은 몰랐다고 한다. 수바르조와 양칠성 두 사람은 가까운 친구 사이로, 치마히 포로수용소에서 함께 근무했다. 두 사람 외에도 아카키(인도네시아 이름 아디윌요)와 마쓰모토라는 조선인 군무원이 있었다고 하는데, 이들 네 사람 모두 아오키의 게릴라 부대에 소속되어 가룻에서 게릴라전을 펼쳤다.

수바르조와 그의 아내는 치마히 포로수용소에서 만났다. 그녀는 머나도 출신으로, 네덜란드령 인도군 군인이었던 오빠는 일본군에게 사로잡혔다가 인도네시아인이라는 점이 고려되어 곧바로 석방되었다. 그녀가 수바르조와 만난 것도 그 무렵이었다. 수바르조가 기독교인이라는 점이, 두 사람이 급속도로 가까워지는 데 한몫 했다고 한다. 일본이 패망할 무렵에 그녀는 이미 임신 중이었다. 수바르조는 네덜란드 포로들에게 상당히 친절했으며, 식량 등을 조금이라도 더 많이 나누어주려 애썼다고 한다.

양칠성도, 수바르조도, 아디윌요도, 수용소에서 근무하는 동안 머나도 출신의 여성을 만나 결혼했다. 이는 단순한 우연이 아니었다. 머나도 여성들은, 네덜란드령 인도군의 군인으로서 일본군 포로가 되어 포로수용소에 갇힌 가족이나 친척을 돌보기 위해 치마히 포로수용소 근처에서 생활하면서, 때로는 면회를 오기도 하고 때로는 수용소 관련 잡일을 하기도 했기 때문에, 조선인 군무원과 만날 기회가 많았다.

양칠성, 수바르조, 아디윌요, 마쓰모토 등 조선인 군무원 네 사람과(이들 외에 한두 명 더 있었다는 증언도 있다), 아오키 마사시로, 하세가와 가쓰오 외에 마치무라町村(인도네시아 이름은 우마르), 알리, 아당(두 사람의 일본 이름은 알려지지 않았다) 등의 일본인이 코사시가 이끄는 팡그란 파팍 부대 내에서 별도로 한 집단을 형성하고 있었다. 그들은 인도네시아 독립 전쟁에 가담한 초기(1946~1947)에는 인도네시아군과 함께 싸웠지만, 1948년 11월 네덜란드군과 최후의 전투를 벌일 무렵에는 일본인과 조선인만으로 구성된 독립 부대를 이루고 있었던 것 같다. 다만 처자식이 딸린 사람들은 가족을 대동하여 함께 산중 생활을 했다.

팡그란 파팍 부대

이 독립 부대가 최후까지 인도네시아 정규군에 속해 있었는지 여부를 판정하는 일은 매우 어렵다. 왜냐하면 1948년 1월에 체결된 렌빌 협정에 의해 인도네시아 정규군 3만 5천여 명이 자바 서부 지역에서 중부 지역인 욕야카르타 방면으로 후퇴했기 때문이다. 따라서 이 지역에 남아 있던 부대는 비정규군이라고 볼 수도 있다. 다만 팡그란 파팍 부대는 후퇴에 반대했다. 이 부대 부대장이 "욕야카르타에 있는 수카르노 대통령과 만나서 담판을 짓고 오겠다. 그때까지 진지라도 구축하며 기다려달라"라면서 욕야카르타로 갔다고 증언하는 사람도 있다.

욕야카르타 방면으로 후퇴한 서부 자바의 실리완기 사단은 동부 자바 마디운에서 무소가 지도한 공산당 반란 사건을 진압했다(1948. 10). 그러나 네덜란드군은 내란으로 인해 생겨난 빈틈을 놓치지 않고 공격을 감행했고, 결국 실리완기 사단은 공화국 수도 욕야카르타까지 네덜란드군에게 내주고 말았다. 하지만 1949년에 들어서면서부터 실리완기 사단은 다시 서부 자바로 돌아오기 시작했다. 그곳에는 실리완기 사단이 후퇴할 때 따라가지 않고 남아서 그때까지 게릴라전을 펼치고 있던 병사들이 있었다. 그들 가운데 일부는 이때 자연스럽게 정규군에 합류하기도 했다.

팡그란 파팍 부대에서도 후퇴하는 부대를 따라가지 않고 그때까지 남아 있던 병사들이 다시 돌아온 부대, 그러니까 정규군에 합류했을 것이다. 그런 의미에서 아오키가 이끌었던 부대는 나름대로 정규군이었다고 볼 수도 있을 것이다. 실제로 아오키, 하세가와, 양칠성은 인도네시아공화국의 독립 영웅이 되었다.

하지만 다른 견해도 있다. 공화국 군대의 주력은 동東프리앙안 지역에서 후퇴했지만, 렌빌 협정을 인정하지 않고 계속 투쟁할 것을 강력하게 주장하던 마슈미계系 종교 군단 헤즈볼라Hizbullah(이슬람 청년 정신대)를 중심으로 하는 민병과 정규군이 대략 4천 명 정도 그 지역에 남아 있었다. '마슈미'(인도네시아 이슬람협의회)는 일본 군정 시절인 1943년 10월에, 기존의 이슬람교 조직 연합체인 '미아이'를 해산하고 새롭게 만든 조직이었다. 일본군이 이슬람교도와의 전시 협력을 추진할 목적으로 만든 조직이다. '헤즈볼라'도 일본군 참모부의 별도 부서에서 조직한 것이었다. 이 조직은 의용군의 후속 부대로, 연합군 상륙에 대비한 이슬람 청년 민병 조직이라는 지위가 부여되었다. 이를 위해 보고르 교외의 중앙 훈련장에서 5백 명의 이슬람 청년을 대상으로 3개월 동안 군사 훈련과 정신 훈련을 실시하여 "열광적인 이슬람 전사 양성에 성공했다"고 평가되었다. 이 5백 명을 중심으로 각 지역 마슈미 산하에 헤즈볼라가 편성되었던 것이다.[10]

서부 자바의 치아미스, 타시크말라야, 가룻 등 동東프리앙안 지방은 원래 이슬람 세력의 뿌리가 확고하게 내린 지역이어서 대금업貸金業이 죄악시되었다. 그런데도 일본 군정기와 그 뒤를 이은 독립 전쟁의 혼란 속에서, 중국인 대금업자를 대신하여 인도네시아의 신흥 대금업자, 즉 지주地主가 대두하게 되었다. 당연히 이들 신흥 지주에 대한 영세한 농민들의 불만이 높아졌고, 다른 한편 "공화국 군대가 우리를 버렸다"는 불만도 불거져 나왔다. 그래서 헤즈볼라, 즉 열광적인 이슬람에 대한 기대가 높아졌다.[11]

다룰 이슬람

이런 상황 속에서 1948년 3월, 다룰 이슬람Darul Islam(이슬람교 국가)운동이 생겨났다. 이 운동은 이슬람교 국가 수립을 목표로 하는 움직임으로 이어져 급속도로 확산되면서 민중의 지지를 획득해갔다. 이 운동의 지도자는 옛 이슬람 동맹의 리더 가운데 한 사람인 스카르마지 마리잔 카르토수위르조Sekarmadji Maridjan Kartosuwirjo였다. 그는 서부 자바에서 유명한 이슬람 지도자로, '다룰 이슬람의 대통령'이라고 불렸다. 그는 초기에는 반反식민지, 반反자본주의라는 슬로건을 내걸고 있었지만, 1948년 12월 이후 '반反공화국'을 주창하기 시작했다. 다룰 이슬람운동은 그 후에도 계속되었다. 이 운동의 지도자인 카르토수위르조가 체포되어 처형된 것은 1962년 중반의 일이었다.

팡그란 파팍 부대가 다룰 이슬람이었다고는 말할 수 없지만, 이 부대에 집결했던 병사들이 다룰 이슬람의 영향을 받고 있었을 것이라는 추측은 충분히 가능하다. 팡그란 파팍은 공산군共産軍이었다고 하는 사람도 있다. 이런 견해는 아마도 팡그란 파팍 부대가 탄 말라카계系 민병단의 영향하에 있었다고 생각하기 때문일 것이다. 어느 쪽이든 네덜란드를 상대로 독립 투쟁을 벌이던 당시 상황에서 정규군, 민병, 종교군을 분명하게 식별하는 일은 쉽지 않았다. 문제는 누가 독립을 위해 진정한 투쟁을 했는가, 바로 그 점이 아닐까?

아오키가 이끌었던 부대는 한때 종교군과 완전히 혼연일체가 된 적이 있었다. 아오키가 종교군의 창설에 가담했었다고 주장하는 사람도 있다. 우리가 알고 있는 것만으로도, 다룰 이슬람에 참여한 일본인은 최소 여덟 명이나 된다. 이 여덟 명은 아오키가 이끌었던 부대를 포함하지 않은 숫자이다.

현재 인도네시아에서 다룰 이슬람의 위치 때문에 그 이름들을 밝힐 수는 없지만, 시즈오카현縣 출신의 오오하타 다메지大畑爲次(인도네시아 이름 핫타) 같은 인물은 다룰 이슬람 안에서 삶을 마쳤다. 그는 민간인 신분으로 자바에 와서 타이어 회사에 근무하던 중, 1944년 치마히 소재 일본군 포병대에 입대했다. 일본의 패전으로 전쟁이 끝난 뒤 그는 인도네시아군에 가담하여 전투에 참가했고, 인도네시아군이 중부 자바로 후퇴할 때 동東프리앙안에 남아서 다룰 이슬람에 가담하게 되었다. 그는 다룰 이슬람의 작전 참모로 상당히 유명했다고 한다. 이슬람교 신자였던 그는 1960년 이후까지 다룰 이슬람의 일원으로 싸우다 인도네시아공화국 군대에게 살해되었다. 그가 죽은 장소는 치안주르Cianjur 산중이었다고 한다.

아오키 등이 체포되었을 때 오오하타 다메지도 함께 있었다는 주장도 있지만, 이는 아무래도 잘못된 주장 같다. 아오키 등이 일시적으로 종교군에 있었을지는 몰라도, 이슬람은 단식과 기도가 매우 엄격한 종교 집단이기 때문에 곧 종교군과 헤어지고, 역시 팡그란 파팍 부대의 일원으로 일본인과 조선인만으로 구성된 독자적인 부대를 만들어 행동했다고 보는 쪽이 많은 사람들의 증언과 부합된다.

반둥의 신문 『피키란 라얏Pikiran Rakyat』지의 기사에 따르면, 아오키 등의 전우였다는 인도네시아인 A 씨는 다음과 같은 발언을 했다.

"나는 욕야카르타의 히즈라에서 돌아와 파게르 자야Pager Jaya 민병단에 합류한 다음, 팡그란 파팍 민병단에 들어갔어요. 팡그란 파팍은 동東가룻 지역에서 게릴라전을 펼치는 것이 임무였어요. 그래서 옛 일본군 친구들과 함께 게릴라전을 펼쳤지요.

우리에게 부여된 임무는 상당히 힘든 것이었어요. 치바투Cibatu를 경유해서 가룻으로 가는 모든 기차의 통행을 차단시키는 것이었지요. 그 기차는 적(네덜란드)의 식량, 장비를 수송하기 위해 운행되는 것이었어요. (…) 적의 수중에서 무기를 빼앗는 작전이 제대로 진행되어, 팡그란 파팍은 날로 강력한 부대가 되었지요. 1948년 가룻 시내가 적에게 점령되자 팡그란 파팍은 그곳의 진지를 떠나 타시크말라야 군郡과의 경계인 추푸Cupu산과 갈룽궁산으로 후퇴했어요."

이 기사에는 아오키, 하세가와, 양칠성 외에도 옛 일본 병사가 8명이나 더 있었다는 내용이 실려 있다.

최후의 전투

1948년 11월 어느 날, 그날의 사건은 비극적이었다. 기나긴 산중생활의 고통을 견딜 수 없었던지, 한 게릴라 전사의 아내가 네덜란드군에 밀고를 했던 것이다. 닥터 아오키의 명성은 네덜란드군도 익히 알고 있어, 그의 목에는 천 길더(네덜란드 화폐 단위)나 되는 현상금이 걸려 있었다.

수바르조는 내부 배신을 눈치 채고 네덜란드와 최후의 일전을 각오하고 있었던 것일까? 그는 희미한 촛불 아래서 아내와 자식들에게 남기는 유서를 연필에 침을 묻혀가며 몇 장의 노트 종이에 써내려갔다. 유서 작성이 끝나자 그는 아내와 아이들을 산에서 내려보내고 네덜란드군과의 일전을 기다렸다. 어둠이 가시고 새벽이 올 무렵, 예상대로 네덜란드군이 들이닥쳤다. 이 전투에서 조선인 군무원, 아니 이제는 인도네시아 독립 전사인 수바르조와 아카키, 그리고 옛 일본 병사인 독립 전사 마치무라 등 세 사람이 사망했고 아오키, 하세가와, 양칠성 세 사람이 사로잡혔다(네 사람이었다는 증언도 있다). 이 전투에서 살아남은 사람이 있었다 하더라도 그 후 벌어진 전투에서 죽었을 것이다. 아카키는 최후의 전투가 있기 한 달 전에 종교군에 의해 한쪽 다리가 절단되는 불행한 일을 당했다. 그는 지팡이를 짚고서 최후의 전투에 임했다. 아카키는 가룻 출신 여성과 바로 그해에 결혼하여 이슬람교 교도가 되었다. 그는 〈중국의 밤〉과 〈벵가완 솔로Bengawan Solo〉라는 노래를 잘 불렀다고 한다.

리더인 아오키는 성격은 다소 투박했지만 용감한 전사였다. "민가의 물건을 절대로 빼앗지 마라. 일본인이라도 여자를 습격하거나 물품을 약탈하면 총살이다"라고 부하들에게 엄격한 규율을 부여했다. 수바르조도 이런 규율을 잘 지켜서, 산중 마을의 다른 집 마당에 바나나가 열려 있어도 절대로 따먹지 말라고 아이들에게 단단히 일러두고 있었다. "우리는 도둑이 아닌 전사다, 뭔가 필요한 것이 있을 때는 마을 사람들에게 부탁해서 구하라"라고 입버릇처럼 말했다.

그날 새벽의 전투 상황이 어땠는지는 알 수 없다. 하지만 아무리 용감하게 싸웠다 하더라도, 수바르조가 남긴 편지는 너무나 애달프고 너무나 슬프다.

당신을 알고 나서 벌써 5년이라는 세월이 흘러갔소. 이 5년 동안 당신과 아이들에게 단 하루라도 즐거운 추억을 만들어주지 못하고 줄곧 고생만 시켰던 나를 용서해주오. 당신과 함께한 5년 동안 우리는 제대로 웃어본 적도 없었네요. 고달픈 생활뿐이었으니까….

언젠가 밥을 먹을 때의 일을 떠올리면 나는 가슴이 찢어지는 것 같아. 도시락 네 개를 다섯 사람이 먹었잖아. 그때 당신 마음은 말할 수 없이 쓰라렸겠지. 당신도 틀림없이 배불리 먹고 싶었을 텐데. 나는 배불리 먹었는데 당신이 먹은 것은 겨우 밥 한 숟가락뿐이었지. 그때 나는 당신 얼굴을 가만히 바라보았지만 당신은 다만 말없이 묵묵히 있었어.

집에는 돈 한 푼 없는 데다 먹을 것도 없었어. 게다가 입을 것조차 없었지. 나는 아이들의 얼굴을 보는 게 정말 고통스러웠어. 돈도 아무것도 가진 것 없이 그저 시간이 흐르는 대로 살아왔어. 사나이로서 아내와 자식들을 제대로 부양하지 못했어. 나는 바보이고, 나쁜 놈이야. 때때로 나는 당신 부모님을 떠올리곤 해. 당신도 남들처럼 즐겁고 행복한 생활을 하고 싶었을 텐데. 당신 부모님은 멀리 계시지. 그들이 있는 땅은 너무 멀어. 만약 부모님이 곁에 계신다면 고생스럽더라도 희망이 있을 텐데. 아….

아직 청년이라고 하는데 어찌하여 나는 이런 꼴이 되어버린 것일까. 가끔씩 울고 싶고 죽고 싶을 때가 있어…. 나는 그저 당신과 아이들에게 몇 천 번이라도 용서를 애원할 뿐이요. 이제 더는 눈을 뜨고 견딜 수 없어. 미안하오. 마지막 입맞춤을 보내오.

조선인 군무원 시로야마, 즉 인도네시아 독립 전사 수바르조, 그의 나이 서른이었다. 이름도 없이 자바의 대지에서 죽어간 조선인을 지금도 마음 한구석에 품고 있는 사람은, 고생스런 삶을 견뎌낸 그의 아내뿐이다.

갈룽궁 산중에서의 게릴라 전투는 문자 그대로 '사투'였다. 거머리에게 피를 빨리고, 나무껍질을 벗겨 먹는 생활의 연속이었다. 둘째 아이는 태어나자마자 영양실조로 젖이 나오지 않는 엄마의 젖꼭지를 문 채 죽었다. 울창한 열대의 삼림 속을 도망 다니는 생활, 살아남은 다른 한 명의 아이도 어린 시절의 영양실조가 원인이었는지 그 후에도 계속 앓아눕는 일이 많다가 1976년에 세상을 떠나고 말았다.

탄 말라카, 그가 이름도 없는 지혜와 육체 밖에 아무것도 가진 것 없는 인도네시아 민중, 그 '무르바'를 결집하여 완전한 독립을 쟁취하기 위한 투쟁을 끝까지 추진하려고 무르바당黨을 결성하던 무렵, 수바르조(시로야마)는 적의 총탄 세례를 받고 죽어갔다. 진정한 독립을 쟁취하기까지는 아직도 고통에 찬 기나긴 투쟁이 기다리고 있었다.

6. 독립 전사를 위한 진혼

배웅하는 사람들

아오키, 하세가와, 양칠성 세 사람이 인도네시아 독립 영웅이라는 명예로운 이름으로 부활하고, 이역만리 낯선 이국땅에서 외롭게 썩어가던 그들의 유골이 수습되어 재매장된 날, 바로 1976년 11월 18일이었다. 그 전날부터 가룻 지역 사령부에 안치되어 있던 세 사람의 유골은 반기半旗가 내걸린 가룻 시내를 수백 명의 인도네시아군 병사, 관리들의 호위를 받으면서 2킬로미터 정도 행진했다. 가룻 시내를 관통하는 큰길은 옛 '영웅'들을 배웅하러 몰려든 인파로 가득 찼다. 27년 전, 1949년 8월 10일 그들이 처형당한 날에도, 가룻 사람들은 쇠사슬에 묶인 채 형장으로 끌려가는 그들을 배웅하기 위해 거리로 나왔을 것이다.

1949년 8월 10일 오전 7시 아부바카르(아오키)가 총살되었다. 그 뒤를 이어 우스만(하세가와), 코마르딘(양칠성)의 순으로 총살형은 순식간에 끝났다. 세 사람은 눈을 감고 모두 평온한 얼굴로 죽어갔다고 한다. 처형되기 직전에 세 사람은 일본 국가를 부르고 만세 삼창을 했다고 한다. "천황 폐하 만세"였다고 전하는 이도 있지만[12] 당시 현장을 목격한 인도네시아 사람은 그냥 "만세"였을 뿐이라고 한다. 그들이 뭐라고 외치는지 자세히 들을 수 없었던 것일까, 아니면 정말로 "만세"라고만 외쳤던 것일까. 지금으로서는 확인할 방법이 없다.

그러나 만세를 외치며 일본의 식민지 지배에 저항했던 조선인들, 고려독립청년당 만세를 외쳤던 암바라와의 당원 세 명, "조선 독립 만세"를 세 번 외치고 총살당한 박성근 등, 조선인들은 '만세'에 일본인들로서는 헤아리기 어려운 깊은 사연을 담아 외쳐왔다. 양칠성은 어떤 심정으로 최후의 만세를 외쳤을까. 그들은 자신들을 와나라자의 팡그란 파팍 묘지에 묻어달라고 부탁했지만, 네덜란드는 그 부탁을 거절했다.

세 사람의 사체가 형장에서 파시르포고르의 민중 묘지로 운구되는 동안, 길 양편에 늘어선 사람들은 운구 행렬을 지켜보며 네덜란드군 따위는 조금도 두려워하지 않고 몇 번이나 계속해서 "독립! 독립!"을 외쳤다고 한다. 민족이라는 벽은 제국주의와 벌이는 투쟁 속에서 아스라이 사라져갔다. 그들이 벌인 투쟁, 그리고 그 투쟁에 자신의 삶을 불태운 양칠성과 아오키, 하세가와의 희생에는 조선인, 일본인이라는 민족의 벽을 넘어서 인류애라는 보다 보편적이고 숭고한 가치가 내재되어 있었던 것이다.

아오키는 처형 직전에 일본에 있는 아내와 자식에게 다음과 같은 유서를 남겼다.

> 내가 인간으로 삶을 누린 43년. 이제 이국땅에서 죽음의 선고를

받았다. 인간은 한 번은 삶과 죽음의 경계를 넘어가는 순간에 이르지만, 내가 걸어온 지난 세월을 되돌아보니 유덕遺德을 남기지 못하고 세상을 떠나는 것이 쓸쓸하기 그지없구나. 그러나 내 자신이 초래한 운명이라면 어쩔 수 없다. 아득한 희망의 구름이 보이는 날은 그 언제일까.

또한 아오키는 다음과 같은 사세구辭世句(죽을 때 남기는 시가 등의 문구)를 썼다.

나라를 사랑하는 일본 사나이의 죽음은 활짝 피었다가 순식간에 지는 벚꽃이로다.[13]

아오키의 최후에는 죽음을 대하는 일본인의 전형적인 의식이 강렬하게 표출되어 있다.

치열한 게릴라전의 한가운데서도 양칠성과 수바르조에 대해 "죠센진이니까…"라며 뒤에서 험담하는 일본인들이 있었을 것이다. 인도네시아 독립 전쟁이라는 대의명분에 이방異邦의 민족들이 동참하여 싸우다 죽어가는 마당에도, 개별 인간들 사이에는 견디기 힘든 민족 차별이 있었을지 모른다. 그러나 가룻의 큰길 양쪽에 27년 전에 그랬던 것처럼 오늘도 당시의 영웅들을 배웅하기 위해 몰려나온 사람들이 길게 늘어서서 외치는 "독립!" 그 외침에는, 민족의 경계를 넘어 고금을 관통하는 인류의 어떤 보편적 가치가 내재되어 있는 것 아닐까.

우기가 절정에 이른 그날, 이른 아침부터 강렬한 햇볕이 사정없이 내리쬐고 있었다. 햇살에 빛나는 초록은 농염한 푸름을 발산했다. 노랑, 빨강, 자주, 하얀색의 이름도 알 수 없는 꽃들이 묘지 주변을 에워싸고 있었다. 민족이라는 비좁은 울타리를 뛰어넘어 제국주의에 맞서 투쟁하다 산화해간 독립 영웅의 유해는, 엄숙한 진혼 나팔과 예포禮砲가 울리는 가운데 인도네시아 병사들의 손에 의해 조용하게 프리앙안Priangan 땅 속, 그 영면의 안식처로 내려앉았다. 지난날 함께 게릴라전을 치렀던 동지들의 볼에는 눈물이 흘러내렸다. 울고 있는 그들과 달리 애써 눈물을 참으려는 듯, 한때 그들이 생사를 걸고 싸운 전쟁터였던 갈룽궁산을 올려다보는 사람도 있었다.

기다림에 지친 어머니

분골용으로 준비된 세 개의 자그마한 관 중에 한 개만 외따로 남겨졌다. 코마르딘, 그러니까 양칠성의 관이었다. 나머지 두 개는 각각 일본의 유족 곁으로 보내졌다. 그러나 코마르딘의 유족을 찾아내려는 노력은 전혀 없었다. 우리는 그의 관 위에 놓여 있던, 로마자로 'Komardin'이라는 글자가 적힌 작은 쪽지를 가지고 반둥으로 향했다. 그리고 나중에 일본으로 돌아올 때도 그 쪽지를 챙겨 왔다.

재매장 의식이 행해지고도 3년 가까이 지난 1978년 9월 8일에야, 우리는 양칠성의 고향 전주에 그의 유일한 유족 양남수 씨가 살고 있다는 사실을 알아낼 수 있었다. 한 재일 조선인이 '혹시 우리 친척이 아닐까?' 하는 기대로 신분을 밝히고 나서준 덕분에, 겨우 양남수 씨의 소재를 찾아낼 실마리를 잡았던 것이다.

그러나 수소문해서 찾아간 전주의 집에 남수 씨는 없었다. 이웃 사람들도 남수 씨를 모른다고 했다. 곤경에 처한 우리를 구해준 것은, 양칠성과 마찬가지로 군무원으로 징용되어 자바와 타이에 갔던 양칠성의 옛 동료들이었다. 그들은 남종회南鍾會라는 모임을 만들어 지금도 서로 연락하며 지내고 있었다. 남종회 사람들, 그리고 지인인 고등학교 교사 한 분과 함께 그다지 넓지 않은 전주 시내를 하루 종일 돌아다녔지만, 남수 씨의 소재는 여전히 오리무중이었다. 전주 거리를 돌아다니는 일본인을 어디서 보았는지 외사계外事系 경찰관도 우리를 따라다니기 시작했다. 거의 체념해갈 무렵, 우리는 남종회의 소개로 전북신문사를 방문하게 되었다. 그리고 거기서 너무 싱거울 정도로 간단하게 남수 씨가 있는 곳을 알아낼 수 있었다.

오빠가 군무원이 되어 자바로 떠날 때, 남수 씨는 겨우 여덟 살 어린 소녀였다. 그렇지만 그녀는 우리가 가지고 있던 사진을 보면서 다정했던 오빠를 기억해내고 띄엄띄엄 옛날이야기를 들려주었다.

양칠성의 남동생은 한국전쟁에서 죽었으며, 어머니도 12년 전(1966)에 돌아가셨다. 어머니는 귀향 열차에 혹시라도 아들이 타고 있지 않을까, 매일같이 전주역에 나갔다가 울면서 돌아왔다고 한다. 자바에서 보내온 사진 속에서 양칠성이 독서를 하고 있는 모습을 보면서 어머니가 자꾸 울었기 때문에, 남수 씨는 어느 날 그 사진을 몰래 불태워버렸다. 다른 사람들은 다 돌아오는데 아들만은 아무리 세월이 흘러도 돌아오지 않았다. 그리고 어머니는 끝내 죽을 때까지 아들의 소식을 모른 채 눈을 감았다.

"오빠가 인도네시아 독립 전쟁에 참가하여 독립 영웅이 되었다는 이야기를 듣고 어떤 기분이 들었어요?”

동행했던 전북신문사의 기자가 남수 씨에게 물었다.

“인도네시아의 독립 영웅이 된 것은 다행한 일이라고 생각해요. 하지만 결국 죽고 말았잖아요…. 유골만은 어떻게든 넘겨받고 싶어요. 좀 더 일찍 알려주었더라면 어머니도 조금은 위로가 되었을 텐데.”

우리는 아무 말도 하지 않았다. 일본군의 군무원이었던 조선인, 그들은 일본의 ‘대동아전쟁’에 내몰렸지만, 정작 일본은 전쟁에 패한 뒤 아무런 책임도 지지 않았다. 암본섬이나 타이로 끌려갔던 자바인 노무자가 그대로 방치되었듯이, 조선인에 대해서도 일본은 책임 있는 처우를 전혀 하지 않았다. 양칠성의 유족을 정부 차원에서 찾지 않았던 것은 이러한 일본의 무책임한 전쟁 처리 방식을 상징한다고 할 수 있을 것이다.

전범으로 내몰려 수감된 사람들은 스가모교도소에서 형기를 마치고 빈털터리 상태로 풀려나 조국으로 돌아가지 못한 경우도 많았다. 옥중에서 죽은 조선인의 유골은 아직도 일본에 방치된 채이다.

항일 독립 조직 결성, 항일 반란, 인도네시아 독립 전쟁 참가, 연합군의 보복 기색이 농후한 재판정에서 내려진 전범 판결. 조선인 군무원 3천여 명이 걸어온 길은 각자 달랐지만, 그 모든 길에는 일본 제국주의의 어두운 그림자가 짙게 배어 있다. 그러나 일본은 그 어떤 경우에도 명확한 책임을 지지 않고 있다.

암바라와에서 항일 반란을 일으켰던 세 사람이 참여한 고려독립청년당의 당원들은 일본 군법회의에서 재판을 받았다. 한국 독립운동사의 한 페이지에 이 사실을 싣기 위해, 당시의 당원들은 한국의 독립운동사 편찬위원회에 적극적으로 요청하고 있으며, 그 당시 관계자들의 증언과 서류를 찾고 있다. 그러나 무슨 이유 때문인지 일본군 관계자들은 아직까지 사실대로 증언해주지 않는다고 그들은 말한다.

장교 출신의 어느 일본인은 "일본의 자바 군정 정책 가운데 가장 실패한 정책이 바로 조선인을 고용한 것이다"라고 했다. 그러면서도 실패의 내용에 대해서는 결코 언급하려 들지 않았다. 자바 포로수용소·억류소 본소 부관이었던 장교는 "조선인을 심하게 다루었던" 일은 기억하고 있어도, 독립을 요구하는 조선인의 모습은 전혀 기억하지 못했다. 자기 밑에 있었던 조선인 군무원 몇 사람이 제16군 군법회의에 회부되었는데도, 그 사람들을 기억조차 하지 못했다.

계급이 절대가치인 군대 조직에서 가장 말단에 있었던 조선인 군무원 따위는 안중에도 없었던 것일까? 그 군무원들이 '천황을 배반했다', '일본인에게 반항적이었다', '일본이 패하자마자 손바닥 뒤집듯이 거들먹거리기 시작했다', '자신들이 스스로 감당할 수 없는 사건을 일으켰다' 등등, 조선인에 대한 편견이 뿌리 깊게 남아 있었던 탓일까? 일본인 장교와 하사관들이 조선인 군무원을 바라보는 시선은 대체로 냉담했다. 아직도 그들이 내뱉는 말 여기저기에서 조선인 군무원을 매정하게 대했던 차가운 시선을 종종 느끼게 된다.

그리고 일본인 장교와 하사관들은 "조센징은…"이라고는 말해도, "조선인 아무개"라는 고유명사로 조선인 군무원을 말한 적이 거의 없었다. 그것은 마치 조선인 군무원들이 인도네시아인을 고유명사로 말하지 않는 것과 거의 완벽에 가까운 일치를 보여주었다. 조선 사람들이 인도네시아 사람들을 말할 때, 그들은 그저 '현지인'일 뿐이었다.

"양칠성은 결혼했었다"라고 설명하는 우리에게, 어느 군무원은 "아, 현지처겠죠"라며 가볍게 대꾸했다. 그들에게 그것은 결혼이 아니었던 것일까? 양칠성의 인도네시아인 아내와 아이의 안부를 조선인 군무원들 쪽에서 두 번 다시 물어온 적은 없었다. 사르무지 씨는 가네미쓰 나리의 일을 자세히 기억하고 있었다. 하지만 가네미쓰 나리는 사르무지를 기억하지 못했다. 일본인은 "조센징"이라 하고, 조선인은 "인도네시아인"이라고 한다. 오로지 인도네시아인만이 고유명사를 써서 "가네미쓰 나리", "야나가와", "아오키", "하세가와"라고 말하고 있다.

머르데카! 독립 만세

제34회 인도네시아 독립기념식전. 오전 10시에 사이렌이 울리고, 34년 전과 마찬가지로 독립선언문이 낭독되었다. 옛 일본군 보조병이었던 사르무지 씨의 온순한 얼굴이 보인다. 아직은 천진난만한 철부지 티가 흐르는 보이스카우트와 걸스카우트 어린이들, 공무원과 간호사들, 대열에서 벗어나 편안한 자세로 있는 노인들, 모두 이 순간만큼은 엄숙한 표정으로 독립 전쟁에서 산화한 병사들을 위해 눈을 감고 기도를 올린다. 주변은 갑자기 정적에 휩싸인다. 살랑 불어온 바람이 가로수 나뭇잎을 스쳐가는 소리가 사락사락 들릴 뿐인 이 순간, 바로 이곳에서 조선인 군무원들이 일본군에 대한 울분을 기관총을 난사하며 폭발시켰던 그 옛날의 모든 일이 마치 꾸며낸 이야기라도 되는 것처럼, 중부 자바의 고원에 위치한 도시의 광장은 괴괴한 정적에 잠겨 있다.

독립의 상징인 홍백紅白의 민족기가 하얀 깃대를 타고 천천히 올라간다. 민족의 노래 인도네시아 라야의 선율이 흐른다. 홍색과 백색의 깃발이 창공에 떠올라 선명한 색상으로 힘차게 나부낀다. 사람들은 그 모습을 바라본다.

머르데카! 독립 만세! 34년 전, 새로운 역사의 피와 열정이 인도네시아에, 조선에, 그리고 일본에도 쏟아져 들어왔다. 사람들은 인종을 초월하여, 민족을 초월하여, 새로운 투쟁에 떨쳐 일어났다. 그 피와 그 열정과 그 책임감들은 지금 어디에 있는 것일까.

후기

우리가 이 책의 주제에 관심을 가지게 된 경위는 각자 다르다. 우쓰미內海는 원래 재일 조선인 문제에 관심을 기울여왔다. 그 과정에서 재일 조선인 가운데 옛 일본군 군무원 신분으로 남방에 종군했다가 전쟁이 끝난 뒤 B, C급 전범으로 내몰려 일본의 전쟁 책임을 뒤집어쓴 이들이 있다는 사실을 알고 큰 충격을 받았다. 그래서 그들로부터 들은 이야기를 조금씩 기록하거나 자료를 수집하고 있었다. 한편, 현대 인도네시아에 관심을 가졌던 무라이村井에게 뜻밖에 반둥으로 유학할 기회가 생긴 것은 1975년 1월의 일이었다. 우쓰미도 남방에서 근무한 조선인 군무원의 실태에 관심을 가지고 있었기에 무라이의 유학에 동행했다.

이 책에서도 언급했듯이, 유학 중이던 1975년 11월 반둥의 동남쪽에 위치한 가룻에서 양칠성을 인도네시아 독립 영웅으로 재매장하는 행사에 우연히 참석한 일이 계기가 되어, 조선인 군무원에 대한 새로운 조사의 실마리를 찾게 되었다. 그 이후 두 사람은 언젠가 그들에 대한 이야기를 정리해야겠다는 생각을 가지고 있었다.

그때로부터 벌써 4년 반이라는 세월이 흘렀지만, 조선인 군무원의 실태를 조사하면 할수록 새로운 사실들이 속속 드러났다. 그리고 그 내용은 대부분 우리 일본인의 전쟁 책임을 엄중하게 캐묻는 것들뿐이었다. 전모를 완전히 파악하기까지는 아직 한참 멀었지만, 우선 지금까지 우리가 알게 된 여러 가지 사실들을 세상에 드러내 문제 제기를 하려고 생각하던 참이었다. 그때 타이완 군무원의 문제를 추적하고 있던 가토 구니히코加藤邦彦 씨가 우리를 게이소출판사 편집부 도미오카 마사루富岡勝 씨에게 소개해주셨다. 두 분의 도움이 없었다면 이 책의 출판은 훨씬 늦어졌을 것이다. 특히 도미오카 씨는 끊임없는 질타와 격려로 우리가 책을 완성할 수 있도록 이끌어주셨다. 깊은 감사를 드린다.

인도네시아, 한국, 싱가포르, 타이, 그리고 일본에서 실로 많은 분들의 도움을 받았다. 암바라와의 사르무지 씨, 반둥의 혼보우 씨, 자카르타의 다나카 도시오 씨, 오쓰도 노보루乙戶昇 씨, 타이의 브티챠이 씨, 한국의 박창원 씨, 이상문 씨, 김선기 씨, 동진회同進會 이대홍 씨, 이학래 씨, 고재윤 씨, 자후카이의 구마자와 로쿠로熊澤六郎 씨, 전前해군무관부의 니시지마 시게타다西嶋重忠 씨, 전前제16군 참모 미야모토 시즈오宮元靜雄 씨, 평론가 차모토 시게마사茶本繁正 씨, 아이치대학의 우부가타 나오기치幼吉直吉 씨, 국회도서관의 미쓰마 데루토시三滿照敏 씨, 전前헌병 마쓰우라 이사지松浦猪佐次 씨, 후케 요스케福家洋介 씨, 사카이 다카시坂井隆 씨… 일일이 들자면 끝이 없다. 그분들과의 만남의 장면들이 잇달아 떠오른다. 그분들의 따뜻한 배려와 협조가 없었다면 아마도 우리의 책은 세상에 나올 수 없었을 것이다.

이 책의 뼈대를 형성하고 있는 여러 사실에 대해 흔쾌히 인터뷰에 응해주시고, 자료와 귀중한 수기를 제공해주시고, 게다가 소개의 수고까지 해주신 여러분에 대해서는 아래에 성명을 기재하는 것으로 깊은 감사의 마음을 표하고자 한다(이하 존칭 생략).

'한국 출신 전범자 동진회'의 이대홍, 이학래, 고재윤, 박윤상, 정은석鄭殷錫, 박창호朴昌浩, 이의길李義吉, 김철수, 김동해, 오재호吳在浩, 유동조兪東祚, 이선근李善根 등 여러분.

'자후카이'의 구마자와 로쿠로, 야마모토 기이치, 고바야시 이와오小林磐男, 나가오카 마고토, 에조에 후미마사江副文昌, 스즈키 히로시領木博史, 우쓰미 가즈히코, 나카자와 아라타中澤新, 다나카 겐타로田中謙太郎 등 여러분.

한국의 이상문, 박창원, 김선기, 최기전, 차인호車仁浩, 양남수, 김봉순金鳳舜, 최석주崔石周 등 여러분.

인도네시아의 오쓰도 노보루, 수캄토·혼보우, 하산·모리카게森陰, 핫산·다나카田中, M·모리타森田, 사르무지, 수와르노, 쿠바유르 부인, 아카키 부인, 마루고노 시모오카下岡, 구굼 등 여러분.

사진, 스케치의 전재를 흔쾌히 수락해준 레오 롤링스Leo Rawlings, 나가세 다카시永瀨隆, 시미즈 료진清水廖人, 이노우에 스에오井上壽榮男, 모리 히로유키森弘之, 스즈키 쓰네유키鈴木恒之 등 여러분.

1980년 4월 19일

반둥회의 25주년과 4·19혁명 20주년을 기념하며

우쓰미 아이코, 무라이 요시노리

옮긴이 후기

1.

『적도에 묻히다』는 '대동아 공영권'이라는 허울로 일본이 일으킨 침략 전쟁에 군무원으로 징용되어 인도네시아, 타이 등지에서 소용돌이치는 세계사의 파고에 휩싸였던 일제 식민지하 조선 청년들의 삶을 추적한 일종의 르포르타주이다.

1980년 7월 일본에서 이 책의 초판이 나온 뒤, 한국어판은 두 차례에 걸쳐 출간되었다. 『적도에 지다—적도하의 조선인 반란』(도서출판 국문, 1982)과 『적도하에서 한국인의 항일투쟁』(대왕사, 1986)이 그것들이다. 그러나 두 차례 출판은 모두 저자 동의 없이 이루어진, 이른바 해적판이었다.

이번 한국어판 출간은, 책이 처음 나오고 30여 년의 세월이 흘렀지만, 한국어판 간행과 함께 한국 독자에게 전하고 싶었던 메시지를 정작 가슴에 담아두고만 있었던 저자들의 사정을 안타깝게 여긴 김경남 선생(호세이대학 부교수)의 제안과 주선으로 이루어졌다.

저자들의 한국어판 서문은, 지난 30여 년 동안 조선인 군무원들의 삶을 규명하고자 하는 저자들의 열정이 풍화되기는커녕 오히려 더욱 깊어졌음을 보여주고 있다. 일본의 전쟁 책임을 규명하고 전쟁에 동원된 조선인의 삶을 추적하며 '끝나지 않은 전쟁'을 상기시키는 저자들의 일관된 연구 궤적과 삶의 태도는, 국민의 의사에 반하여 한일군사협정이 비밀리에 추진되고 있는 한국사회를 질타하는 듯한 생각까지 들게 만든다.

머나먼 이국땅에서 조국 독립 투쟁에 자신을 바칠 것을 혈서로 맹세했던 청년들은 세월과 함께 어디론가 떠나갔고, 이제 고려독립청년당 혈맹 당원 중 생존자는 광주에 계시는 이상문 선생이 유일하다. 떠나간 자들은 남은 자에게 "너 혼자 남았는데 네가 우리의 원혼을 풀어줘야 하지 않겠느냐"며 꿈속에서 속삭였다고 한다.

책을 번역하고 있던 2011년 11월 17일, 고려독립청년당 혈맹 당원 일곱 분(이억관, 김현재, 문학선, 박창원, 조규홍, 이상문, 임헌근)이 독립 유공자로 서훈되었다는 반가운 소식이 전해졌다. 그리고 2012년 삼일절에는 나머지 혈맹 당원 두 분(백문기, 오은석)도 독립 유공자로 서훈되었다. 이로써 독립 유공자로 서훈된 고려독립청년당 당원은 모두 열두 분(혈맹 당원 손양섭, 조직 당원 노병한, 민영학 선생은 2008년 서훈)이 되었다. 1976년 이상문 선생이 처음으로 고려독립청년당 당원들에 대한 독립 유공자 서훈을 청원한 이후 16번에 걸친 청원의 결과이다.

이제 고려독립청년당의 활동은 한국 독립운동사의 한 장면으로 당당히 자리매김하게 되었다. 여기에는, 한국과 인도네시아를 수차례 오가며 아시아-태평양전쟁에 징용된 조선인 군무원들의 발자취를 조사·발굴해 책으로 엮어낸 저자들의 노력이 절대적이었다고 해도 지나치지 않을 것이다. 저자들의 진실을 추구하는 삶의 태도에 새삼 옷깃을 여민다.

2.

책의 내용은 처음 예상했던 것보다 훨씬 드라마틱했다. 특히 고려독립청년당 혈맹 당원들이 식민지인의 신음을 조국 해방의 노래로 승화시켜가는 장면은, 인간이 어떤 존재인지 보여주는 서사의 압권이었다.

책에 등장하는 조선인 군무원들은 1910년 한일병합 이후 식민지 조선에서 태어나 일본어를 국어로 배우며 성장한 20대 중후반의 청년들이다. 그들이 태어나 성장한 식민지 조선은 일제의 전쟁 물자 공출 때문에 궁핍이 극에 달하고, 창씨개명, 신사 참배 강요 등 식민지 정책의 강화로 인간의 영혼이 부식되어갔던 암흑의 시대였다.

그러나 제국의 광기가 아무리 잔혹해도 식민지 조선 청년들은 니체와 괴테를 탐독하며 자신이 인간이라는 사실을 포기하지 않았다. 그런 그들에게 남방南方으로 가는 군무원 지원은, 식민지 조선인, 그 음울한 수인囚人의 삶을 벗어날 수 있는 좁디좁은 통로 중 하나였으리라. 그리고 그들의 의식 속에는 사철 꽃이 피고 향기로운 과일이 넘쳐나는 '상하常夏의 땅'에 대한 막연한 동경도 있었을 것이다.

그러나 그들이 직면한 현실은 식민지 확장을 놓고 제국과 제국이 벌이는 잔혹한 전쟁터였다. '운명의 손'은 그들을 그 전쟁의 광기 속으로 밀어넣었다. 그들은 폭풍의 영혼을 가지고 태어나기라도 한 듯, 첨예한 세계사의 현장에서 '조국 독립'이라는 꿈을 꾸었다. 이 책은 그 꿈을 꾸었던 사람들의 자취를 고스란히 기록하고 있다. 그런가 하면 다른 나라의 식민지 해방 전쟁에 투신하여 끝내 조국이 아닌 다른 나라의 독립 영웅이 된 사람, 피해자와 가해자라는 이중 굴레에 허덕이다 마침내 전범으로 내몰려 사형을 당하거나, 승리한 제국의 감옥에 갇힌 사람들의 이야기도 실려 있다.

저자들이 현장 취재와 인터뷰를 통해 일본의 '대동아전쟁'에 동원된 조선인 군무원들의 삶을 복원한 이유는, '전쟁은 끝났지만 여전히 변하지 않고 있는 일본의 아시아관觀'을 묻고 싶어서였다고 한다. 그래서인지 전쟁의 잔혹한 실상을 증언하는 조선인 군무원들의 목소리는 때로 일제의 만행을 고발하는 저자들의 목소리처럼 들렸다.

3.

이 책에는 한국인들에게 낯선 내용이 몇 가지 등장한다. 예를 들어, 1945년 8월 15일 일본의 패전 이후 침략자였던 일본군 일부가 인도네시아 독립 전쟁에 참여했다는 것 등이다.

2차대전이 끝난 뒤, 내셔널리즘의 기치 아래 해방과 독립의 열망이 아시아 전역을 열광의 도가니로 몰아넣었다. 인도네시아 역시 일본의 패전과 함께 재침략한 네덜란드와 영국을 상대로 치열한 독립 전쟁을 벌였다. 이 독립 전쟁에서, 일본군의 일부가 인도네시아군에 가담하여 아시아를 침략한 유럽 제국주의 군대와 맞서 싸웠다. 물론 그들 중에는 전범이 될까 두려운 나머지 새로운 전쟁에 몸을 던진 사람도 있었을 것이다. 또 일본 제국주의가 내걸었던 '유럽 제국주의로부터의 아시아 해방'이라는 허울을 진심으로 추종한 사람도 있었을 것이다.

어쨌든 제국주의 일본이 가한 고통을 고스란히 역사적 상처로 지니고 있는 한국인들은, 전후 보상, 야스쿠니신사 합사, '위안부' 불인정, 지문 날인, 조선학교 문제 등으로 여전히 현재 진행형의 피해를 겪고 있다. 그렇기 때문에 패전 후 인도네시아 독립 전쟁에 투신한 일부 일본군의 존재는, 가해자로서의 책임 인정과 보상을 회피하고 역사적 사실조차 왜곡하는 현재의 일본 못지않게 한국인에게 당혹스럽게 여겨질 수도 있다.

제국주의 일본을 가능하게 했던 정치 공동체로서의 일본인이 짊어져야 할 '집단적 책임'과 전쟁 범죄자인 개개인에게 물어야 할 '죄'의 성격은 엄밀한 의미에서 다른 것이다. 하지만 그렇다고 특정 일본인이 그 책임과 죄를 면할 수는 없을 것이다. 연합국에 의해 설립된 도쿄극동국제군사재판소의 전쟁 범죄자 재판은 일본의 전쟁 범죄를 철저하게 심판하고 단죄한 것이 아니라, 오히려 전범자의 무죄를 확인해주는 역할을 했다. 특히 전쟁 피해자 입장에서 재판 결과를 보면 그런 생각을 지우기 어려울 것이다.

결과적으로 연합국의 전후 처리는 천황을 정점으로 하는 일본의 전쟁 체제를 해체하기는커녕, 냉전 체제를 지탱하는 반공 기지라는 국제사회의 지위까지 일본에 부여했다. 이 어처구니없는 역사의 비윤리적 진행은 피해자의 원한을 증폭시켰을 뿐만 아니라, 경제력을 앞세운 일본이 아시아 지역을 상대로 새로운 형태의 착취 구조를 여는 토대가 되었다. 이런 역사의 비대칭이 해소되지 않는 한, 일본 정치가 제국주의 일본에 대한 '집단적 책임'을 교묘한 말장난으로 회피하는 한, 인도네시아 독립 전쟁에 투신한 일본인은 한국인에게 인류의 보편적 가치에 헌신한 인간이 아니라 여전히 침략자이고 가해자일 뿐이다. 왜냐하면 '인간의 어떤 행동도 범죄를 지울 수 없다'는 아우슈비츠에서 살아남은 인간의 말은, 일제 식민지에서 살아남은 한국인의 말에 다름 아니기 때문이다.

이 책은 일제가 식민지 조선 민중에게 가한 차별과 박해가 빚어낸 모욕에 저항했던 사람들의 증언을 통해, 인간이 추구해야 할 보편적 세계가 무엇인가를 질문하고 있다. 그런 점에서 고려독립청년당의 이야기는 기존의 항일운동과 다를 바 없다. 그러나 식민지 문명화를 명분으로 전쟁을 일으킨 제국주의 일본에 동원되어 적성국 포로와 민간인 감시라는 식민지 경영의 일익을 담당했던 조선 청년들의 존재는 좀 더 성실한 사유를 요구한다.

이른바 '조선인 전범자'들은 한국과 일본 어디에도 뿌리를 내리지 못한 채 '사회의 완전한 타자, 이방인'으로 살아왔다. 그들은 낯선 이국땅에서 '동진회'라는 모임을 만들어 일본 정부에 명예 회복과 입법 조치를 요구하는 외로운 투쟁을 계속하고 있다. 그들의 투쟁을 외면한 세상은 인간이 희망이라는 근거 또한 외면한 세상이 아닐까.

인류에게 20세기는 정복과 전쟁, 학살이 횡행한 야만의 세기였다. 그 야만의 한가운데서 살아남아 인간이 민족과 국경에 갇혀 인간성을 파괴하며 파멸로 치닫는 존재가 아니라는 것을 증명하는 표식 같았던 시몬느 베이유, 프리모 레비, 장 아메리, 어니스트 헤밍웨이 같은 이들조차 스스로 삶의 문을 닫아버렸다. 왜 그래야만 했을까? 정신대 할머니들은 한 분 두 분 세상을 떠나고 있다. 그들이 버린 세상에서 살아가는 우리에게, 여전히 전쟁의 상처로 고통 받고 있는 조선인 전범자들은 어떤 존재일까. 저자들이 던진 이 질문에 우리는 어떤 식으로든 대답해야 할 것이다. 인간이기 때문에.

4.

> 최근 연구 성과에 따르면 한국사회에 '민족' 개념이 처음 등장한 것은 1900년을 전후한 시기이다. 그러나 이때의 민족은 그 범위가 대단히 넓은 지역적 혈통적 인종 개념이 강했고, 역사적 문화적 범주의 한계조차 불분명했다. 예컨대 '동방 민족', '동양 민족', '백인 민족' 같은 용례로 사용되는 경우가 보통이고, '방경을 한하여 민족이 집'했다는 표현에서 볼 수 있듯이 지역적으로 결집한 족속이라는 의미가 강했다. (…) 민족이 한반도 거주민 집단을 규정하는 의미로 사용된 것은 적어도 1904년 러일전쟁 이후였다. 러일전쟁을 거치며 일본의 침략적 성격이 드러나고, 동양은 하나가 아니며 각 국가의 주민 집단도 서로 경쟁하는 관계라는 인식이 강해지면서, 비로소 민족은 동양에서 분리된 한반도의 거주민 집단이란 의미로 사용되기 시작했다.(이태훈, 「민족 개념의 역사적 전개 과정과 그것이 의미하는 것」, 『역사비평』 98호, 251~252쪽)

식민지 조선 청년들에게 '민족'은 위의 인용문보다 훨씬 강렬하고 간절한 존재로 인식되었을 것이다. 그런 간절함이 '아시아의 강도, 제국주의 일본에 항거하는 폭탄이가 되어라'라는 강령을 가진 고려독립청년당으로 그들을 이끌었을 것이다. 그러나 식민지 해방과 독립의 열망으로 촉발된 아시아 내셔널리즘은 이후 생명의 목소리에 귀를 기울이지 못하고, 정치 권력에 휘둘려 '민족'이라는 동일성 밖의 타자를 배제하고 차별하는 폭력의 기제로 변질되었다.

니체를 좋아하여 늘 그의 책을 몸에 지니고 다녔다는 손양섭 선생. '세계를 상실한 자는 자신의 세계를 획득한다'는 니체의 말처럼, 선생은 자신의 세계를 획득했을까? 자결하기 직전 선생은 애독하던 니체의 책을 친구에게 전해달라고 혈맹 동지에게 부탁했다. 그때 선생의 나이 24세, 인생의 절정을 향해 치닫던 시기였다. 생각해보면, 나 또한 그 나이 무렵에 니체를 읽기 시작했다. 선생이 자결하는 부분을 번역한 뒤 며칠 동안 일이 손에 잡히지 않았다. 나는 공원을 배회하며 선생을 자결에 이르게 한 민족(조국)과 히틀러로 상징되는 전체주의의 모태인 민족 사이에 놓여 있는 거리와 동일성을 생각하며 신음했다. 그 신음은 바로 '민족국가'인 조국이 가한 폭력으로 인간이라는 존재 자체를 의심하게 된 자의 번민이었다. 그러나 나는 여전히 조국(민족)에 대한 그리움을 가슴에서 내려놓지 못하는 '재일조선인'의 염원을 떠올리며, '민족국가'가 인간에게 절망이 아니라 희망이기를 간절히 소원하며 신음을 삼켜야 했다.

> 식민지 지배의 비애와 굴욕을 경험한 사람들. 냉전 체제에 의한 민족 분단으로 고통스럽게 살아가는 사람들. 전쟁과 학살의 공포를 한없이 경험한 사람들. 그렇기 때문에 평화의 존엄함을 뼈에 사무치도록 알고 있는 사람들. 내 조국은 그런 사람들의 나

라임에 틀림없다.(서경식 지음, 박광현 옮김, 『시대의 증언자 쁘리모 레비를 찾아서』, 창비).

내게 이 책의 번역은, 정치 권력에 의해 부정당한 자기 존재를 증명하는 서글픈 증표이기도 했다. 불의한 정치 권력이 장악한 국가를 상대로 개인이 '보편세계의 가치'를 주장하는 일은, 삶의 부조리를 끊임없이 확인하는 허망의 반복이었다. 그런 부조리에 압도당한 인간은 자기 존재를 증명하기 위해 자기 파멸, 바로 죽음의 유혹에 시달릴 수밖에 없다. 죽음만이 가장 확실하게 자신의 존재를 증명할 수 있는 방법이니까. 그렇다, 이 책의 번역은 한 미천한 영혼이 불의한 정치 권력에 맞서 싸우며 끝내 자기 파멸에 빠지지 않겠다는 절규를 내질렀던 시간의 증표인 셈이다.

이 책이 출판되기까지 여러분의 도움이 있었다. 자료를 확인하고 인사를 드리기 위해 광주로 찾아뵌 이상문 선생은 그동안 가슴에 담아두었던 이야기 하나를 들려주셨다. 바로 고려독립청년당의 존재를 일본 헌병에게 발설한 사람이 조직 당원 신재관辛在觀이었다는 사실이다. 그는 감옥을 나온 동지들 앞에 무릎을 꿇고 자결로 속죄하겠다고 했지만, '용서할 수는 없으나 죽을 필요는 없다'는 동지들의 결정으로 목숨을 건졌다고 한다. 그러나 귀국 후 그는 정보 기관에 근무하면서 자신의 신변을 보호하는 한편, 고려독립청년당 동지들을 암암리에 견제했다고 한다.

세월은 '스물여덟의 폭탄아'에게서 젊은 육신은 빼앗을 수 있었지만 투사의 열정까지 빼앗아 가지는 못했던 것일까? 선생은 93세의 연세에도 불구하고 또렷하게 당시를 회상했다. 선생을 뵙고 돌아오면서 나는 수신修身과 극기克己로 실의의 나날을 이겨내야겠다는 다짐을 마음에 새겼다.

번역 원고를 함께 윤독하며 오류를 잡아준 김영수 선배는 공역자에 버금가는 수고를 해주셨다. 어설픈 학인學人의 삶을 이끌어주고 계신 김영수 선배에게 아주 특별한 감사를 드린다. 실의의 나날을 보내고 있는 내게 인간에 대한 희망의 끈을 놓지 않게 해주신 김동원 교수와 이승렬 교수, 민간인 불법 사찰로 지독한 자기 검열의 밀폐에 갇힌 자의 손을 잡아주신 정혜신 선생과 정연주 선생, 출판을 맡아주신 역사비평사 여러분에게 감사드린다. 한국어판 출판을 허락해주신 두 분 저자와, 감수와 함께 출판과 관련하여 여러 가지 번잡한 일들을 맡아주신 김경남 선생에게 감사드린다.

그리고 악몽 같은 현실을 함께하며 같이 늙어가는 아내 심영하에게 남편의 심사를, 국가 권력의 폭력을 감당하기에는 아직 인문의 깊이를 이루지 못한 두 아이에게 아비의 심사를, 시 한 구절로 대신한다.

> 높은 산, 나는 그것을 쳐다보네. 큰 길, 나는 그곳을 걸어가네(高山仰止 景行行止)."(『시경詩經』, 「소아小雅, 거할車舝편」에서)

2012년 7월 5일

김종익

전하는 말

1978년 9월 어느 날 밤, 나는 구례의 한 여관 이층 방에서 고려독립청년당 당가를 불렀다. 태풍으로 전깃불이 나간 어두컴컴한 방에서 흔들리는 촛불을 바라보며, 나는 내 노래가 제국주의 일본에 항거하다 죽어간 동지들의 넋을 위무하는 진혼의 노래가 되기를 바랐다. 또한 일제하 인도네시아 자바섬에서 조선인 군무원들이 벌인 항일투쟁을 규명하기 위해 일본에서 구례까지 찾아온 무라이·우쓰미 선생의 수고에 작은 답례가 되기를 바랐다.

두 분은 증거 자료의 산실散失, 관련 일본인들의 증언 거부 등 많은 어려움을 겪으면서도, 조선인 생존자들과 인도네시아 현지인들의 증언을 토대로 『적도에 묻히다』라는 책을 세상에 내놓았다. 이제 그 책의 한국어판 출판에 즈음하여, 나는 두 분 저자의 사실 추구에 대한 성실한 자세와 진실을 향한 열정에 존경과 감사의 말씀을 드린다.

지금으로부터 68년 전, 머나먼 이국땅에서 혈서로 조국 독립에 헌신할 것을 맹세하며 의기가 충천했던 옛 동지들은 하나 둘 저세상으로 떠나갔다. 이제 열 명의 동지 가운데 생존자는 내가 유일하다. 나는 지난 5월 30일 93세의 생일을 맞았다. 한국인의 평균 수명을 훌쩍 넘긴 긴 삶이다. 지금도 꿈속에서 젊은 날의 의기충천한 동지들을 만난다. 아마도 그 동지들이 내 긴 삶을 지탱해준 원동력이 아니었나 생각한다.

돌이켜보면, 인도네시아에서 귀국한 뒤 내 삶은 자바에서 고려독립청년당이 전개한 항일운동이 한국 독립운동의 역사로 평가받도록 하는 데 바쳐졌다 해도 지나친 말이 아닐 것이다. 그런 의미에서 이 책은 나와 고려독립청년당 동지들에게 아주 특별한 의미를 지닌다. 지난 30여 년 동안 열여섯 번의 청원을 했지만, 국가보훈처는 증거 자료가 부족하다며 사실 인정을 유보했다. 그때마다 나는 동지들에 대한 죄책감으로 깊은 실의에 빠지기도 했다.

이런 내게 저자들은 세계 방방곡곡을 다녀서라도 반드시 증거 자료를 찾아낼 테니 좌절하지 말고 희망을 가지고 기다려달라고 했다. 그들은 사실을 확인하고 증거 자료를 찾기 위해 인도네시아로, 네덜란드로, 타이로, 한국으로 발걸음을 마다하지 않았다. 진실을 추적하는 그들의 집념은 마침내 네덜란드 암스테르담 문서보관소에 연합군전쟁범죄조사위원회 자료가 보관되어 있다는 사실을 알아내기에 이르렀다.

때마침 경향신문 유병선 논설위원이 이 문서보관소에서 고려독립청년당 총령 이억관 동지가 1946년 4월 23일 연합군전쟁범죄조사위원회에 제출한 진술 자료를 확인하여, 자신의 석사학위 논문인 「일본 군정기 자바 조선인 군속의 항일 비밀결사와 암바라와 사건」(고려대학교 사학과, 2011)에 인용함으로써, 마침내 고려독립청년당의 항일 운동은 역사적 사실로 드러났다.

2011년 11월 17일 순국선열의 날, 고려독립청년당 혈맹 당원에 대한 독립유공자 서훈이 이루어졌다. 나는 이제야 죽어서 동지들의 혼령과 웃으며 만날 수 있게 되었다. 진실이 드러나기까지 30여 년의 세월 동안 함께 심려해준 두 분 저자에게 다시 한 번 감사의 말씀을 드린다. 아울러 한국어판 출판에 수고해주신 여러분에게 감사를 드린다.

2012년 6월 6일

고려독립청년당 당원 이상문

적도에 묻히다

부록

추기

인도네시아 독립운동과 조선인 군무원

조선인 군무원이 인도네시아 독립운동에 참가하고 있었다.

양칠성의 존재는 인도네시아 독립운동을 바라보는 새로운 관점을 제시했다. 양칠성의 발자취를 조사하고 있노라니, 그와 게릴라 활동을 함께 했던 인도네시아 사람에게서 다른 조선인의 이름이 튀어나왔다. 조선 이름은 몰랐지만, 아카키, 시로야마, 마쓰모토 등 창씨명과 게릴라 시절에 사용한 인도네시아 이름을 기억하고 있었던 것이다. 그들의 유족을 찾고 싶었지만, 일본 후생노동성은 외부인에게 미귀국자명부 열람을 허락하지 않았다. 오랫동안 유족을 찾으려 노력하던 중, 한국의 진상규명위원회에서 「자바포로수용소 미귀국자 명부」를 볼 수 있었다.

창씨명	본명	본적	비고
赤城正交	우종수	경남 함양군	납치
宋本吉童	이길동李吉童	전남 화순군	기재 내용 없음
城山鍾烈	이종렬李鍾烈 (인도네시아 이름 수바르조)	경남 창원군	인정 불능 인도네시아 납치
梁川七星	양칠성梁七星	전북 완주군	기재 내용 없음

비고란의 기록은 일본이 한 것이다. '납치'라고 되어 있지만 그들은 스스로의 의지로 게릴라 부대에 참가했다. 양칠성은 비고란에 아무것도 써 있지 않은데, 실제로는 네덜란드령 인도네시아군에 사로잡혀 총살된 것으로 밝혀졌다. 1975년 인도네시아 독립 영웅으로 표창된 것은 양칠성뿐이지만, 게릴라 투쟁 중에 사망한 나머지 세 사람 역시 인도네시아 독립을 위해 목숨을 바쳤다.

또한 미귀국자 명부를 조사하면서, 분명히 인도네시아 독립군에 참가했다고 생각되는 다른 이들에 관한 기록을 추가적으로 발견했다. 우리의 조사로는 밝히지 못했지만, 다른 부대에서 활동했을 것이다.

大島一起	제주	확인 불능 종전 후 독립운동에 들어가 납치되어 ○○○(글자 불명)
永江清雄	황해 해주	종전 후 인도네시아군에 사로잡혀 감옥에 들어감. 그 후 상황은 알 수 없음
西門萬初	전북 ○○군	확인 불능, 납치
國本星龍	전남 화순	확인 불능, 인도네시아 납치

아카키도 시로야마도 일본 측의 자료에는 '납치'라고 되어 있지만, 인도네시아 사람들의 증언으로 게릴라 부대에서 활동했다는 사실이 판명되었다. 大島 등 네 사람에 대한 '납치'라는 기록 역시 독립군에 참가한 것이라고 생각할 수 있다. 하지만 언제 어디서 어떻게 싸우다 죽은 것인지 아직 밝혀진 것은 없다.

자바 해방구와 재자바조선인민회

1945년 9월 27일, 일본군의 무장 해제를 위해 영국령 인도군과 네덜란드령 인도네시아군이 자카르타에 도착했다. 28일에는 일본군 제16군 군사령관이 항복 문서를 수령했다. 무장 해제된 일본군은 "귀국할 배편이 없기" 때문에 돌아갈 때까지 몇 년이 걸릴 거라는 말을 들었다. 그 사이 일본군 장병은 JSP(Japanese Surrendered Personnel)로 취급되었으며, 국제조약에 따른 포로(Prisoners of War)의 처우를 받지 못했다. 작업부대로 노동에 동원되었지만 임금도 식량도 지급받지 못했다.

그렇다면 일본군에 편입되어 있었던 조선인 출신 군인, 군무원은 패전 이후 귀국까지 어떻게 지냈을까?

1945년 8월 17일 인도네시아는 독립을 선언했다. 21일, 일본군 각 부대에는 '종전 조칙'이 정식 통지되었다. 그러나 이때 이상문 씨를 비롯한 고려독립청년당 혈맹 당원들은 일본군 제16군 형무소에 구금되어 있었다. 그들을 석방시키기 위해 형무소 밖에 있던 당원들은 '재자바조선인민회' 조직에 착수했다. 8월 30일부터 9월 5일까지, 당시 일본군이 장악하고 있었던 방송을 통해 "조선인은 전원 자카르타의 조선인민회로 모여주세요"라고 조선말로 호소했다. 천 명이 넘는 조선인 자치 조직이 자카르타 거리에 생겨났다. 해방구는 활기가 흘러넘쳤다. 『조선인민회보』라는 기관지가 등사판 인쇄로 발행되어 매주 모든 회원에게 배포되었다고 한다. 회보는 100호를 넘겨 발행되었다는 이야기도 있지만, 구체적인 내용은 확인할 수 없다.

일본인들은 자카르타에서 『자바세계개보世界概報』라는 등사판 신문

재자바조선인민회 반둥 지부 기념사진
사진 하단에는 "재자바조선인민회 반둥지부 일동 단기 4278(1945). 12. 16"이라고 쓰여 있다.
사진 오른쪽에 세워진 깃발에 '조선인민회 반둥지부'라는 글귀가 보인다.

을 발행하고 있었다. 갱지나 육군 규격 용지에 인쇄된 이 신문은 88호(1947. 1. 18)부터 135호(1948. 3. 6)까지 네덜란드 공문서보관소에 남아 있다. 『뉴스』라는 제목의 인쇄물도 있었다. 하나같이 조국의 소식에 굶주려 있던 일본인들을 위해 발행된 것들이다. 도쿄에서 진행된 극동국제군사재판이나 점령 정책, 그리고 노동운동 등 민주화 움직임에 관한 정보가 실려 있었다. 『조선인민회보』도 네덜란드에 압수되어 공문서보관소 어딘가에 잠자고 있을 가능성이 있다.

조선인민회는 반둥과 스마랑에서도 결성되었다. 반둥 지구의 책임자는 고려독립청년당 조직당원이었던 안승갑 씨였다. 1945년 12월 16일, 반둥 지구 조선인민회 회원들은 독립운동으로 긴장감이 감돌던 반둥에서 기념 사진을 찍었다. 「편성총원명부編成總員名簿」도 안승갑 씨의 아들 안용근 씨가 보관하고 있었다. 반둥에서는 『활보活報』라는 제목으로 기관지를 발행했다. 안승갑 씨가 주필을 맡고 있었다는데, 그 존재는 아직 확인되지 않는다. 어쩌면 네덜란드 공문서보관소에 남아 있을지도 모른다.

군무원들을 통솔하던 안승갑의 지도력은 일본군 제16군도 인정하는 바였다. 기념 사진을 찍던 날, 안승갑 등 세 사람은 제16군 군사령관 대리 마부치 소장으로부터 귀국을 위한 연락 업무를 위임받았다.

귀국까지의 여정은 멀기만 했다. 1946년 5월 3일, 귀국을 기다리고 있던 군무원 전원이 자카르타의 글로독형무소에 수감되고 말았다. 네덜란드는 포로수용소와 억류소를 조직적 테러 단체로 간주하고, 그곳에 근무했던 이들 전원을 전범 용의자로 수감했다. 그곳에서 포로나 억류자들을 때렸거나 학대한 사람을 찾아내기 위한 대면 지목이 시작되었다. 얼굴은 기억하지만 이름이 생각나지 않는 전범 용의자를 찾아내기 위해 군무원 전원을 나란히 세워놓고 얼굴을 확인하는 방법이었다.

양칠성처럼, 전범 용의자로 수용되기 전에 탈주하여 인도네시아 독립군에 들어간 사람도 있었다. 일본군에 사로잡혀 형무소에 갇혀 있던 이상문 씨는, 이번에는 네덜란드령 인도네시아군에 의해 수감되어 취조를 받았다. 포로나 억류자와 별로 접촉이 없던 부서에 근무했던 이억관, 이상문, 안승갑 등은 전범으로 추궁당한 적은 없었다. 조선인 군무원 중 전범으로 기소되어 유죄 판결을 받은 포로 감시원은 68명이었다.

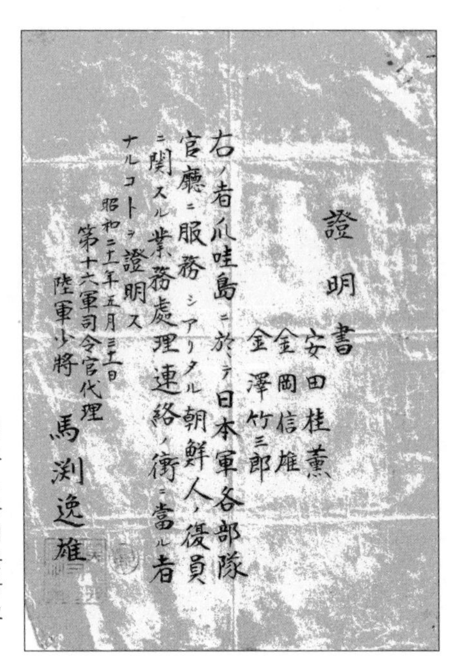
證明書

安田桂薫
金岡信雄
金澤竹三郎

右ノ者爪哇島ニ於テ日本軍各部隊
官廳ニ服務シアリタル朝鮮人ノ復員
ニ關スル業務處理連絡ノ衝ニ當ル者
ナルコトヲ證明ス

昭和二十一年五月三十日
第十六軍司令官代理
陸軍少將 馬渕逸雄

마부치 소장이 발급한 증명서
안승갑 등 3인이 마부치 소장으로부터 받은 업무 위임의 증명서. "위의 사람들은 자바섬에서 일본군 각 부대 및 관청에 복무한 적이 있는 조선인들의 귀국에 관한 업무 처리와 연락의 중임을 담당하는 사람들임을 증명함"이라고 쓰여 있다.

안승갑 씨는 글로독형무소에 수감되었을 당시 전범석방탄원서를 제출했다. 11월 30일 치피낭형무소로 이관된 뒤에는 조선인 총반장으로 선출되었다. 기소되지 않은 군무원들은 12월 5일에 석방되었다. 1947년 1월 19일에 치파독호를 타고 귀국 길에 올라, 마침내 2월 8일 부산에 도착했다. 1942년 8월 부산을 출발한 뒤 어느덧 4년 6개월이 지나 있었다.

전범으로 내몰려 귀국할 수 없었던 군무원들이 있는가 하면, 인도네시아 독립운동에 투신한 사람도 있었다. 귀국 이후 인도네시아에 남겨진 이들의 가족에게 연락을 취하고, '남방잔류동포구출촉진회'

를 결성(1947. 2. 21)하는 등, 안승갑 씨의 활동은 계속되었다. 양칠성 등의 자취를 찾아다니던 우리의 조사는 안승갑 씨의 이와 같은 활동으로 연결되었다.

주석*

시작하며

01 인도네시아가 지금의 국가명을 국제사회에서 공식적으로 사용한 것은 1949년 12월 네덜란드와 4년간의 전쟁을 거쳐 정식으로 독립하면서부터였다. 일본군이 인도네시아를 지배하고 있던 네덜란드로부터 항복을 받아낸 1942년 3월 10일 이전에는 일반적으로 '네덜란드령 동인도'를 뜻하는 Dutch East Indies(영), Nederlandsch Oost Indie(네덜란드어)로 불렸다. 일본은 蘭領東印度 혹은 蘭印이라는 명칭을 사용했다. 인도네시아(Indonesia)라는 말의 기원에 대해서는 독일의 인류학자 아돌프 바스티안(Adolf Bastian)의 1884년 창안설과 영국 인류학자 G. H. 얼(Earl)의 1850년 창안설이 있지만, 실제로 이 명칭이 사용된 것은 인도네시아 민족주의운동과 밀접한 관련이 있다. 유병선, 「일본군정기 자바 조선인 군속의 항일 비밀결사와 암바라와 사건」, 고려대학교 대학원 사학과 석사학위논문, 5쪽 주7 참조.

02 1936년 8월 25일, 『동아일보』 이길용 체육주임기자, 이상범 화백, 사진반원, 편집부원 등 몇몇 직원이 공모하여 이날 발간될 신문에서 베

---

* 주석 가운데 출전을 밝히는 주와 '—저자'라고 표시된 주를 제외한 나머지는 모두 옮긴이가 단 역주이다. 역주는 다음 자료들을 참조하여 작성되었으며, 이와 관련된 모든 책임은 옮긴이에게 있다: weblio사전(www.weblio.jp), 야후사전(dic.yahoo.jp), 『한국민족문화대백과』, 『국립국어원 표준국어대사전』, 『브리태니커』, 『연합연감』 등.

를린올림픽 마라톤 우승자로 시상대에 오른 손기정 선수 유니폼 가슴에 달린 일장기를 지워버렸다. 이 사건으로 『동아일보』 기자 10여 명이 종로경찰서로 연행되어 고문을 받았고, 사건의 핵심 인물인 이길용 기자와 사회부장 현진건 등 5명이 구속되었다. 한편 『동아일보』는 이 사건으로 최장기 무기정간(279일간)을 당했다.

03 도쿄 도시마구(區) 스가모(현재 히가시이케부쿠로)에 위치한 구치소로, 도쿄구치소의 전신이다. 통칭 '스가모 프리즌', 스가모교도소는 2차대전 이후 GHQ에 의해 접수되어 극동국제군사재판에서 유죄 판결을 받은 전쟁 범죄자들을 수용했다. 나중에 이곳에서 도조 히데키 등 7명의 전범의 사형이 집행되었다.

04 일본 정부는 2006년부터 일제 시기에 끌려간 조선인 유골을 한국으로 송환하고 있다.

05 전쟁 등 긴급 사태를 상정하여, 이에 대처하기 위해 제정되는 법규의 총칭.

06 미 해군이 주관하는 환태평양 합동훈련. 미국의 제3함대와 한국, 캐나다, 오스트레일리아 해군이 참여하며, 2년에 한 번꼴로 실시된다. 초기에는 뉴질랜드군도 태평양안전보장조약에 의해 훈련에 참가했으나, 1984년부터 비핵·평화 입장을 내세워 불참하게 되었다. 1971년에 제1회 훈련이 시작되었으며, 1980년부터 일본의 해상자위대도 참가하고 있다. 이에 대하여 일본국헌법 제9조 위반이라는 비판이 제기되기도 했다.

1부 조선인 군무원의 탄생

01 구 일본 육군 타이완 특별 지원병 출신인 이광휘는 전쟁이 끝난 뒤 모로타이섬의 정글에서 혼자 수렵 채집을 하며 잠복 생활을 계속했

다. 1975년 12월 18일, 정찰 중이던 인도네시아 공군 11명이 이광휘를 발견했다. 이광휘는 그때까지 모로타이섬에 미군이 있는지 여부를 물었고, 지휘관은 인도네시아가 독립한 것과 인도네시아와 일본은 우호국이라는 설명을 해주었다. 고향으로 돌아가겠다는 이광휘의 희망에 따라, 1975년 1월 8일 그는 타이완으로 돌아갔다.

02 1899년 네덜란드 헤이그에서 개최된 제1회 만국평화회의에서 '육지전쟁 법규관례에 관한 조약'이 채택되었다. 일본은 1911년 11월 6일에 조약을 비준하고, 1912년 1월 13일에 '육지전쟁법규에 관한 조약'으로 공포했다. 다른 국제조약과 마찬가지로 이 조약도 직접 비준국 군대의 행동을 규제하는 것이 아니라, 조약 비준국이 제정한 법률에 기반하여 규제된다.

03 전쟁으로 인한 희생자 보호를 위해 1864~1949년 사이에 제네바에서 체결된 일련의 국제조약 중 1929년에 체결된 포로대우에 관한 조약.

04 『朝日新聞』 1942. 5. 17.

05 戰陣訓,「名ヲ惜シム」の項, 1941. 1. 8, 陸訓 第1號.

06 1899년 헤이그 육전조약 제2장(포로) 제10조에서 정한 것으로, 포로에게 일정한 조건, 예를 들면 도주하지 않겠다는 등의 조건을 선서하게 한 뒤 해방하는 것. 해방된 포로는 본국 정부와 체포한 정부에 대해 일신의 명예를 걸고 서약을 엄밀하게 이행할 의무를 가진다.

07 포로정보국, 『포로에 관한 諸法規類集』, 1943.

08 '捕虜收容所令', 1941. 12. 23, 勅令 1182號.

09 '捕虜取扱に關する規定', 1942. 3. 31, 陸亞密 1034.

10 大谷敬二郞, 『捕虜』.

11 『朝日新聞』 1942. 5. 10.

12 『京城日報』 1944. 1. 19.

13 近藤釼一 編, 『太平洋戰爭下の朝鮮及び臺灣』.

14 2차대전 이후 해외에 체류하는 일본 군인, 군속, 일반인의 귀환 문제,

특히 구소련과 중국 본토에서 귀환이 지연된 문제 등을 다루었던 후생성 산하 정부 조직.

15 厚生省援護局,『續續·引揚援護記錄』.

16『극동국제군사재판속기록』 제10권.

17 法務大臣官房司法法制調査部,『戰爭犯罪裁判槪史要』.

18 東畑精一·大川一司,『朝鮮米穀經濟論』.

19 일본 정부의 군사비 확대, 군의 시베리아 출정 등으로 물가가 급등하고 특히 쌀값이 폭등한 것에 대중의 분노가 폭발하여 도야마현 우오쓰의 주부들이 쌀 출하를 막은 사건. TV도 없고 라디오 보급도 많지 않던 시절이지만, 입에서 입으로 소문이 퍼져 마침내 전국적 소요 사태로 확대되었다. 끝내 군이 동원되어 진압했지만, 이 때문에 당시의 데라우치 내각이 총사퇴하게 되었다.

20 1929년 하반기 미국에서 시작된 세계공황의 일환으로, 일본에서도 미국과 거의 동시에 공황이 발생했다. 이는 2차대전 이전까지 가장 심각한 공황이었다.

21 山口盛演述,『宇垣 總督の農村振興運動』.

22 嶋元勸,『朝鮮農業の道』.

23 가고시마현과 미야자키현 경계에 있는 원추형 복식 화산. 천손(天孫) 강림 전설의 땅으로 산꼭대기에 일본 중세 신화에 등장하는 옥으로 장식된 창(일설에는 그 형태가 발기한 남성의 성기 같다고 한다)을 모방한 조형물이 세워져 있다.

24 일제가 국민정신 총동원의 하나로 실시한 생활 규칙. 1939년 9월 1일부터 매월 1일은 금주, 금연, 국 한 그릇 나물 한 가지 먹기, 음식점 휴업 등이 의무화되었다.

25 細川嘉六,『植民史』.

26 한국 출신 전범자 동진회 엮음,『재판기록—인신보호법에 의한 석방 청구 사건』.

27 司馬遼太郎, 『街道をゆく2—韓のくに紀行』.

28 조선 선조 때의 무신(1553~1592). 자는 자고(子固), 호는 백운(白雲). 임진왜란 당시 부산진 첨절제사로 왜군과 싸우다가 전사했다.

2부 죽음의 철도, 허기진 비행장

01 일본 후생성 원호국의 자료에 의하면, 이억관은 1915년 11월 30일 경기도 파주군 임진면 장산리에서 출생했다고 되어 있다. 그러나 당시 동료들의 증언 및 기록 문서에 따르면 그는 1945년 당시 33세였다고 한다. 그러니까 1912년생이었다. 이 책에서는 일단 1915년생으로 표기한다.—저자

02 1908년(순종 2) 10월에 경성감옥으로 만들어져 일제 때인 1912년 서대문감옥으로, 1923년 서대문형무소로 개칭되었으며, 해방 후인 1946년 경성형무소로, 1950년 서울형무소로 개칭되었다. 1961년에는 서울교도소로, 1967년에는 서울구치소로 개칭되었고, 1987년 경기도 의왕시로 이전했다. 이후 서울특별시는 민족의 수난과 독립운동의 살아있는 교육장으로 활용하기 위해 이곳 전체를 사적으로 지정, 서대문독립공원으로 조성하여 현재에 이르고 있다. 이 책에서 서대문형무소에 대해 설명은 이러한 사실과 다소 차이가 있다.

03 김달수(1919~1997. 5. 24)는 경남 창원 출신으로 일본에서 활동한 역사학자이자 소설가이다. 2차대전 이후 재일 교포 문학을 대표하는 작가 및 역사 연구가로, 일본에 흩어져 있는 한국 문화의 현장을 직접 발로 뛰며 발굴·확인해 이를 집대성함으로써, 왜곡된 한일 간의 역사를 바로잡기 위해 힘쓴 선구자였다. 그는 10살 때 어머니를 찾아 일본으로 건너가 고학으로 니혼대학 예술학과를 졸업했다. 학교를 졸업한 뒤 『가나가와신문(神奈川新聞)』, 『경성신문』 기자를 거쳐

해방 이후 『민주조선(民主朝鮮)』이라는 잡지를 창간했고, 여기에 일제 강점하 한국 민족의 고뇌와 저항을 그린 작품 『후예의 거리』를 연재하면서 작가로서 정식 등단했다. 이어 재일 교포 차별 문제를 주제로 한 『현해탄』, 『박씨들(박달)의 재판』, 『태백산맥』, 『밀항자』 등의 작품을 잇달아 내놓아 작가로서의 입지를 확고히 하는 동시에, 일본사회에 큰 반향을 일으켰다. 일본 언론들은 그를 "선이 굵은 작가"라고 불렀으며, 『아사히신문』은 그의 작품이 "조선인들의 진실한 삶을 일본인 앞에 드러냄으로써 조선인에 대한 일본인들의 인식을 바꿔보려는 시도를 일관된 문학적 주제로 삼고 있다"고 평했다. 1970년대 초부터는 나라·교토·오사카 등지에 널려 있는 한국 문화 유적지를 직접 찾아 고증하면서 『일본 속의 조선 문화』 전 12권을 집필해 고대사 연구가로서도 높은 평가를 받았다. 그는 생전에 자신의 작품 활동을 '극일운동'이라고 표현했지만, '우리 조상이 일본에 문화를 가르쳐주러 왔었다'라는 식의 국수주의적인 역사 해석은 삼가야 한다고 지적했다.

04 朝鮮總督府, 『朝鮮事情』 1937年版.

05 朴殷植, 『韓國獨立運動之血史』.

06 1931년 7월, 중국 지린성 완바오산 부근에서 관개 수로 때문에 한국과 중국 농민 사이에 발생한 분쟁. 이 사건은 일본의 책동으로 국내에서 화교에 대한 박해 사건으로 발전했으며, 일본은 이를 구실 삼아 만주 사변을 일으켰다.

07 朝鮮總督府, 『朝鮮事情』 1937年版.

08 1920년에 소련과 만주의 국경 지대에서 여러 항일 독립군 부대를 통합하여 결성한 항일 독립운동 군대. 서일을 총재로 하여 고려혁명군 사관학교를 세웠으나, 1921년 6월 헤이허 사변으로 해체되었다.

09 1919년에 간도에서 조직된 교포의 자치 기관. 3·1운동 이후 간도의 옌지(연길)·허룽(화룡)·왕칭(왕청) 3현에 이주해온 교포의 대표가 모

여, 회장에 구춘선(具春先), 국민회군 사령관에 최진동(崔振東)을 선출하고, 쑹장(松江)성 왕칭현 봉오동(鳳梧洞)을 근거로 임시정부의 지시를 받아 독립운동을 전개했다.

10 1919년에 만주 쑹장성 안투현에서 조직된 무장 독립운동 단체. 이상룡(李相龍)을 지도자로 했으며, 농민들에게 군사 기술을 가르쳤다.

11 독립운동가(1881~1921). 호는 백포(白圃). 1911년에 만주에서 의병을 모아 중광단을, 3·1운동 이후에는 김좌진·이범석 등과 북로군정서를 조직했고, 대종교에 입교하여 전강(典講)을 지내기도 했다. 저서로 『오대종지강연(五大宗旨講演)』 등이 있다.

12 愛國同志援護會, 『韓國獨立運動史』.

13 坪江汕二, 『朝鮮獨立運動秘史』.

14 1920년 6월에 만주 봉오동에서 홍범도가 이끄는 대한독립군이 일본군 제19사단을 크게 무찌른 싸움.

15 1920년 평안북도 의주·선천·철산·용천 등지에서 활동하던 무장 독립부대. 군자금 모금, 일인 군경 및 친일 반역자 처단, 식민지 통치 기구 습격 등의 투쟁을 전개했다.

16 만주에서 활동하던 한국인과 중국인의 유격 부대를 중국공산당 주도로 통합한 항일 군사 조직이다. 김일성 등 무장 독립투쟁에 참여했던 한국인들은 조선민주주의인민공화국 권력의 핵심을 차지했다. 이 책에서는 1934년에 조직된 것으로 되어 있으나 1936년에 조직된 것으로 알려지고 있다.

17 1936년 만주에서 한인 사회주의자들을 중심으로 한 항일 무장투쟁 세력이 조직한 반제 민족통일전선운동 단체.

18 1919년 11월에 만주 지린성에서 조직된 항일 무장 독립운동 단체. 김원봉(金元鳳), 윤세주(尹世冑) 등 13명이 주동이 되어 과격하고 급진적인 폭력투쟁을 벌였다. 일정한 본거지 없이 각지에 흩어져 일본의 관청을 폭파하고 관리를 암살하여 일본인들의 공포의 대상이 되었

다.

19 1922년, 김익상은 상하이 황푸탄(黃浦灘)에서 오성륜(吳成崙) 등과 함께 시찰차 중국에 들어오는 일본 육군대장 다나카 기이치의 암살을 기도했다. 오성륜이 권총으로 쏘았으나 영국인 여인이 끼어들어 실패했고, 그가 던진 폭탄도 불발되었다. 김익상은 도망치던 중, 죽은 영국 여인의 남편 톰슨이 쏜 총에 맞고 체포되었다. 나가사키로 이송된 뒤 사형을 선고받았다가 몇 차례에 걸쳐 감형되어 풀려났으나, 미행하던 일본인 형사에게 암살당했다. 1962년 건국훈장 대통령장이 수여되었다.

20 세인트자크는 베트남의 바리어 붕타우성의 성도(省都)로 베트남 원유 생산의 중심지이기도 하다. 세인트자크는 15세기부터 이 지역을 자주 항해했던 포르투갈 선원들이 붙인 이름으로, 프랑스 식민지 시절에 이 이름으로 불렸다. 하지만 프랑스로부터 해방이 된 뒤 다시 '붕타우'라고 불리고 있다.

21 2차대전 중에 타이와 미얀마를 연결하던 철도. 일본군에 의해 건설·운행되었지만, 전후 연합군에 의해 부분적으로 철거되었고, 현재는 남똑(Nam Tok)에서 끊겨 있다.

22 防衛廳 防衛硏修所 戰史室, 『蘭印攻略作戰』.

23 防衛廳 防衛硏修所 戰史室 編, 『南西方面陸軍作戰—マレー·蘭印の防衛』.

24 佐藤恭大, 「遺稿」, 『南方飛行戰隊—ボルネオ戰記』. 핫토리 야스요(服部恭大)가 나중에 사토(佐藤)로 성을 바꿈.

25 1944년 1월부터 7월까지 일본군이 미얀마 북쪽에서 인도 동북부에 소재한 임팔을 침공하기 위해 기도한 작전. 무모한 계획으로 일본군은 대패했다.

26 廣池俊雄, 『泰緬鐵道—戰場に殘る橋』 역시 노무자의 희생 규모를 최대 3만 3천 명으로 추계하고 있으며, 이는 도망자 9천 4백 명을 포함

한 숫자이다. 만약 도망자 수를 제외하면 희생자 수는 37,600명이 된다.—저자

27 廣池俊雄, 『泰緬鐵道—戰場に殘る橋』. 이 밖에 일본군 4천여 명, 포로 5만 5천여 명, 노무자 9만여 명, 합계 15만 9천여 명이라는 추계도 있다. 淸水廖人 編, 『遠い汽笛—泰緬鐵道建設の記錄』 별책 『寫眞集—泰緬鐵道』.—저자

28 柳田正一, 『泰緬鐵道建設の實相と戰爭裁判』.

29 禾晴道, 『海軍特別警察隊』.

30 이질의 하나. 2~3일의 잠복기가 지난 뒤 발열과 복통이 따르고 피와 곱이 섞인 대변을 보게 된다. 세균성 적리와 아메바 적리로 나뉜다.

31 防衛廳防衛硏修所 戰史室, 『西部ニューギニア方面陸軍航空作戰』.

32 호주 북부에 있는 항만 도시. 국제 항공로의 요지.

33 宮元靜雄, 『ジャワ終戰處理記』.

34 브리스톨 뷰파이터(Bristol Beaufighter)는 2차대전 당시 영국 공군이 사용했던 쌍발 중전투기(重戰鬪機)이다. 당초 장거리 비행이 가능한 낮 전투기로 개발되었지만, 성능 부족으로 야간 전투기, 전투 뇌격기(雷擊機)로 전용되어 종전 때까지 활약했다.

35 각기(脚氣)는 비타민 B1 부족으로 일어나는 영양실조 증상이다. 말초신경에 장애가 생겨 다리가 붓고 마비되며 전신 권태의 증상이 나타나기도 한다. 충심증(衝心症)은 각기 증상이 악화되어 심장 기능이 약해지고 호흡이 어려워지는 증상.

36 高峻石, 『越境—朝鮮人·私の記錄』.

3부 암바라와의 항일 반란

01 후생성이 발행한 「재대증명서(在隊證明書)」에 의하면 모든 군무원이

같은 시점에 채용된 것은 아니었으며, 8~9월에 걸쳐 채용되었다.—저자

02 일본육군사관학교 졸업. 1947년 전범으로 사형당했다.

03 일본군 제16군 사령관으로 일본군의 자바 점령 이후 자바의 군정을 담당했다. 자바의 주민 지도자에게 정치 참여를 허가하여 사령관 고시로 '군정 협력단·자바봉공회'를 결성했다. 전후 전범으로 지명되어 싱가포르 창이에서 교수형을 당했다.

04 세 사람이 모여 7개의 당을 만든다는 의미로, 서로 단결하지 못하는 것을 비유.

05 장제스(蔣介石)를 지도자로 받든 중국 국민당의 특무 기관. 남색 옷을 입었다 하여 '남의사(藍衣社)'라고도 부른다. 반공·항일 및 장제스 정권의 유지와 강화를 목적으로 1931년에 결성되어 1948년에 해체되었다.

06 고려독립청년당 당원 중 유일한 생존자(2012. 6 현재)인 이상문 씨의 증언에 따르면, 박승욱은 손양섭의 대전중학교 선배였다고 한다.

07 일본 파시즘운동의 이론적 지도자. 전후 A급 전범 용의자로 체포되었지만 스가모 수감 중에 정신장애를 일으켜 재판 면제를 받았다.

4부 남의 나라 전쟁이 끝난 날

01 05년이라고 쓴 것은, 일본의 기원 2605년이라는 연호를 인도네시아 쪽이 무심코 사용한 것이라고 한다.—저자

02 梶井陟, 「ある朝鮮語觀の軌跡」, 『삼천리』 제18호.

03 오오야 소이치(1900. 9~1970. 11) : 저널리스트이자 시나리오 작가. 1937년 일본군의 난징 학살 현장을 동행 취재하여 일본군의 학살을 긍정적으로 증언했고, 태평양전쟁 중인 1941년에는 군 선전반의 일

원으로 자바 작전에 배속되어 활동했다. 나중에 당시의 체험을 바탕으로 "전쟁이란 사실 훌륭한 문화적 계몽자이다"라는 말을 남겼다.
도미자와 우이오(1902. 3~1970. 1) : 작가 겸 화가. 1942년 육군 보도반원이 되어 종군 작가로 인도네시아에서 1년간 근무했다. 태평양전쟁 당시 국책에 협력하여 전쟁 기록 소설을 다수 발표했고, 전후에는 아동물을 쓰거나 외국 문학의 아동물 번역을 주로 했다.
오오키 아쓰오(1895. 4~1977. 7) : 시인 겸 번역가, 작사가. 태평양전쟁 당시 전쟁시(詩), 전시 가요 작사자로 이름을 날렸다. 1941년 태평양전쟁이 시작되자 군에 징용되어 해군 선전반의 일원으로 자바 작전에 배속되었다. 당시의 경험을 쓴 시를 모아서 자카르타 현재에서 시집 『바다에서 읊조리다(海原にありて歌へる)』를 1942년 출판했다.
아베 도모지(1903. 6~1973. 4) : 소설가, 영문학자, 번역가. 1941년 일본 최초로 『백경』을 번역했다.
기타하라 다케오(1907. 2~1973. 9) : 소설가. 태평양전쟁과 관련하여 자바 종군기 『우기가 도래하다』가 있다.
이이다 노부오(1903. 5~1991. 8) : 작곡가 겸 지휘자. 태평양전쟁과 관련된 영화 음악을 많이 작곡했다.
요코야마 유이치(1909. 5~2001. 11) : 만화가, 애니메이션 작가. 태평양전쟁 중 『후크짱(フクちゃん)』이라는 만화가 일본의 선전영화로 활용되었으며, 적국인 미국의 선전 전단 『낙하산 뉴스』에 무단으로 사용되기도 했다. 전후 50년이 흐른 뒤 요코야마는 '후크짱' 캐릭터를 무단 사용(만화 주인공의 캐리캐처를 사용한 것으로 보임)한 데 대한 저작권료를 미국 대사관에 청구했는데, 이에 대해 대사관 측이 180엔(청구금액 180엔)을 지급한 에피소드가 있다.
마쓰이 수이세이(1900. 4~1973. 8) : 만담가. 무성영화 시대에 변사로 활동했으며 나중에 만담가, 사회자, 영화배우 등으로 활동했다.

04 後藤乾一, 『火の海墓の標』.

05 早大社研, 『インドネツアにおける日本軍政研究』.

06 마부치 이쓰오(1896~1973) : 일본군 장교로 최종 계급은 소장. 1945년 2월 제16군 산하의 독립 혼성 제27여단장에 취임하여 자바섬 반둥의 수비를 맡고 있다가 종전을 맞았다. 1947년 5월에 일본으로 귀환했다.

07 小出哲夫手記, 『朴君の死』; 윤성순 수기, 『박성근의 최후』.

08 法務大臣官房司法法制調査部, 『戰爭裁判關係法令集』 第二卷.

09 法務大臣官房司法法制調査部, 『戰爭裁判關係法令集』 第二卷.

10 早大社研, 『インドネツアにおける日本軍政研究』.

11 G. McTurnan Kahin, *Nationalism and Revolution in Indonesia*.

12 後藤乾一, 『火の海の墓標』.

13 後藤乾一, 『火の海の墓標』.

참고문헌

조선 관련

矢野千城, 『新版大京城案內』, 京城都市文化研究所, 1936.
전라북도, 『전라북도 요람』, 1937.
朝鮮總督府, 『半島ノ國民總力運動』, 1941.
細川嘉六, 『植民史』, 東洋經濟新報社, 1941.
朝鮮總督府, 『朝鮮事情』, 1941.
嶋元勸, 『朝鮮農業の道』(興農讀本第一輯), 京城日報社, 1941.
朝鮮總督府法務局 編, 『兵事關係法令及例規集』, 朝鮮戶籍協會, 1943.
在上海日本總領事館警察部第二課, 『조선민족운동연감』, 東文社, 1946.
大藏省管理局, 『日本人の海外活動に關する歷史的調査 朝鮮篇(第九分冊)』, 1947.
애국동지원호회, 『한국독립운동사』, 서울, 1953.
公安調査廳, 『在日朝鮮人の槪況』, 1953.
安倍能成, 『槿域抄』, 齋藤書店, 1957.
近藤釼一, 『太平洋戰爭下の朝鮮及び臺灣』, 朝鮮史料硏究會, 1961.
金達壽, 『玄海灘』, 靑木文庫, 1962.
近藤釼一, 『太平洋戰爭下の朝鮮 (五)』, 朝鮮史料編纂會, 1964.
山口盛演述, 『宇垣 總督の農村振興運動』, 友邦協會, 1966.
坪江汕二, 『朝鮮獨立運動秘史』(改訂增補版), 日刊勞働通信社, 1966.
朴殷植 著, 姜德相 譯, 『朝鮮獨立運動の血史 (一)』, 平凡社(東洋文庫), 1972.

金九 著, 梶村秀樹 譯注, 『白凡逸志—金九自傳』, 平凡社(東洋文庫), 1973.
朴殷植, 『日本帝國主義の朝鮮支配』, 靑木書店, 1973.
趙芝薫 著, 梶村秀樹監 譯, 『韓國民族運動史』, 高麗書林, 1975.
高峻石, 『越境—朝鮮人·私の記錄』, 社會評論社, 1977.
司馬遼太郎, 『街道をゆく2—韓のくに紀行』, 朝日新聞社, 1978.
梶井陟, 「ある朝鮮語觀の軌跡」, 『三千里』 第十八號, 1978年 夏.

인도네시아 관련

早稲田大學大隈紀念社會科學研究所 編, 『インドネシアにおける日本軍政の研究』, 紀伊國屋書店, 1959.
佐藤隆, 『花の弧島』, 東京信友社, 1961.
増田與, 『インドネシア現代史』, 中央公論社, 1971.
宮元靜雄, 『ジャワ終戰處理記』, ジャワ終戰處理記發行會, 1973.
スバルヅヨ 著, 奥源造 譯, 『インドネシアの獨立と革命』, 龍溪書舍, 1973.
西嶋重忠, 『證言 インドネシア獨立革命—ある日本人革命家の戰い』, 鳳出版, 1975.
後藤乾一, 『火の海の墓標—ある〈アジア主義者〉の流轉と歸結』, 時事通信社, 1977.
和田久德·森弘之·鈴木恒之, 『東南アジア現代史 1 總說·インドネシア』, 山川出版社, 1977.
ジョージ S. カナヘレ 著, 後藤乾一·近藤正臣·白石愛子 譯, 『日本軍政とインドネシア獨立』, 鳳出版, 1977.
村井吉敬, 『スンダ生活誌—變動のインドネシア社會』, 日本放送出版協會(NHKブックス), 1978.

タン·マラカ 著, 押川典昭 譯,『牢獄から牢獄へ』, 鹿砦社, 1979.
丸山克彦 編著,『日本 インドネシア關係年表』, 明治圖書, 1979.
栃窪宏男,『日系インドネシア人—元日本兵ハッサン·タナカの獨立戰爭』, サイマル出版會, 1979.
Netherlands Indies Government Information Service, *The Indonesian Problem: Facts and Factors*, Batavia, 1947.
Kahin, George McTurnan, *Nationalism and Revolution in Indonesia*, Cornell Univ. Press, 1952.
Kementerian Penerangan, *Republik Indonesia: Propinsi Djawa Barat*, 1953.
Anderson, Benedict R. O'G., *Java in Time of Revolution: Occupation and Resistance, 1944~1946*, Cornell Univ. Press, Ithaca, 1972.
Reid, Anthony J. S., *Indonesian National Revolution 1945~1950*, Longman, Australia, 1974.
Ami Raksanagara, *Halo-Halo Bandung*, Pustaka Jaya, Jakarta.
Nugroho Notosusanto, *The Peta Army during the Japanese Occupation of Indonesia*, Waseda Univ. Press, 1979.

전쟁 관련

佐藤恭大,『南方飛行戰隊—ボルネオ戰記』, 富士書房, 1953.
防衛廳防衛研修所戰史室,『蘭印攻略作戰』, 朝雲新聞社, 1967.
上同,『西部ニューギニア方面陸軍航空作戰』, 朝雲新聞社, 1969.
上同,『豪北方面陸軍作戰』, 朝雲新聞社, 1969.
上同,『南西方面陸軍作戰—マレー·蘭印の防衛』, 朝雲新聞社, 1976.
棟田博,『攻略 ジャワ・スラバヤ』, 學習研究社, 1972.
中田忠夫,『大日本帝國陸海軍—軍裝と裝備』, 中田商店出版部, 1974.

木村秀政,『世界の軍用機一第二次世界大戰編』, 平凡社(カラ－新書), 1977.
土金富之助,『シンガポ－ルへの道一ある近衛兵の記錄』(上・下), 創藝社, 1977.
加藤邦彦,『一視同仁の果て一臺灣人元軍屬の境遇』, 勁草書房, 1979.

포로수용소·억류소 및 전범 관련

俘虜情報局,『俘虜に關する諸法規類集』, 1943.
爪哇俘虜收容所,「死沒者關係事項處理一覽表」, 1945(?), (手書き).
巢鴨法務委員會,『戰犯裁判の實相』, 1952, (謄寫刷).
柳田正一,『泰緬鐵道建設の實相と戰爭裁判』, 1954, (謄寫刷).
韓國出身戰犯者同進會 編,『裁判記錄—人身保護法による釋放請求事件』, 1957, (謄寫刷).
厚生省援護局,『續續·引揚援護の記錄』, 1963.
法務大臣官房司法法制調査部,『戰爭犯罪裁判關係法令集』(全三卷), 法務省, 1965.
ジョナサン·ウエ－ンライト 著, 富永謙吾·堀江芳孝 譯,『捕虜日記一敗北·降伏·捕虜屈辱の四年間』, 原書房, 1967.
『極東國際軍事裁判速記錄』(全10卷), 雄松堂書店, 1968.
廣池俊雄,『泰緬鐵道一戰場に殘る橋』, 讀賣新聞社, 1971.
法務大臣官房司法法制調査部,『戰爭犯罪裁判槪史要』, 法務省, 1973.
禾晴道,『海軍特別警察隊一アンボンBC級戰犯の手記』, 太平出版社, 1973.
松浦攻次郎,『インドネシア三十年』, 實業之日本社, 1977.
厚生省援護局,『引き揚げと援護三十年の步み』, ぎょうせい, 1978.

大谷敬二郎,『捕虜』, 圖書出版社, 1978.
清水廖人 編,『遠い汽笛—泰緬鐵道建設の記錄』, あさを社, 1978.
火野葦平,『戰爭犯罪人』(火野葦平兵隊小說文庫5), 光人社, 1979.
內海愛子,「太平洋戰爭下における朝鮮人軍屬—蘭印法廷における朝鮮人戰犯問題」, 旗田巍先生古稀記念會 編,『朝鮮歷史論集』, 龍溪書舍, 1979.
茶本繁正,「先きのびた韓國人戰犯の悲劇」,『寶石』, 1979. 8.
內海愛子,「アジアの民衆から見たBC級戰犯」,『記錄』 第五號, 1979. 8.
「戰場にかける橋はこうして造られた」,『アサヒグラフ』, 1979. 9.
レオ·ロ－リングズ 著, 永瀨隆 譯,『泰緬鐵道の奴隷たち』, 青山英語學院, 1980.
Nelson, David, *The Story of Changi Singapore*, Changi Publication Co., Australia, 1974.

개인 수기 등

小出哲夫,『朴君の死』, (謄寫刷).
尹聖淳,『朴成根の最後』, (謄寫刷).
李鶴來,『私の手記』.
李相汶,『「アンバラワ」義擧の眞相』.
高在潤, 田中年夫, サルムジ, スバルジョ 氏等の無題手記.

신문

『朝日新聞』,『京城日報』,『Pikiran Rakyat』,『Suara Merdeka』 等.

기타

MBC 8·15특집 〈포로감시원〉 1, 2부(1989. 8. 15).

NHK衛生第1 〈ワールド·レポート特集 終戦の日に寄せて朝鮮人軍屬—太平洋戰爭の靈魂たち〉(1990. 8. 15).

독립기념관 한국독립운동사연구소, 『잃어버린 청춘, 떠도는 원혼—일제말기 한국인 강제연행에 관한 기록』, 2003.

독립기념관 한국독립운동사연구소, 『국외독립운동사적지 실태조사보고서Ⅳ—동남아지역』, 2006.

일제강점하강제동원피해진상규명위원회, 『남방기행—강제동원 군속 수기집』, 2008.

유병선, 「일본 군정기 자바 조선인 군속의 항일 비밀결사와 암바라와 사건」, 고려대학교 사학과 석사학위논문, 2011.

지은이

우쓰미 아이코 內海愛子

1941년 출생. 와세다대학에서 사회학을 전공하고 같은 대학원에서 박사학위를 받은 뒤 일본조선연구소 연구원, 인도네시아 바자란대학 문학부 강사, 게이센여학원대학 교수 등을 거쳐 현재 오사카경제법과대학 아시아태평양연구센터 특임교수로 있다. 시민문화포럼, 전시포로(POW)리서치네트워크, 강제동원진상규명네트워크 등의 공동대표직을 맡고 있기도 하다. 저서로는 『신세타령－재일 조선 여성의 반평생』(공저, 1972), 『조선인 B, C급 전범의 기록』(1980), 『시네아티스트 허영의 '쇼와'』(공저, 1987), 『조선인 병사들의 전쟁』(1991), 『타이-미얀마 철도와 일본의 전쟁 책임－포로, 노무자, 조선인』(공저, 1994), 『전후 보상으로 생각하는 일본과 아시아』(2002), 『일본군의 포로 정책』(2005), 『김은 왜 재판받았을까, 조선인 B, C급 전범의 궤적』(2008) 등이 있다.

무라이 요시노리 村井吉敬

1943년 출생. 1975년부터 1977년까지 인도네시아 바자란대학에 유학했으며, 조치대학 외국어학부를 거쳐 현재 와세다대학 아시아연구기구연구원 교수로 있다. 저서로는 『순다 생활지生活誌』(1978), 『시네아티스트 허영의 '쇼와'』(공저, 1987), 『술라웨시의 해변에서』(1988), 『새우와 일본인』(1988), 『길의 아시아사: 물건, 사람, 문화의 교류』(공저, 1991), 『만화로 읽는 동남아시아』(편저, 1992), 『Nusantara 항해기』(공저, 1994), 『바다의 아시아』(전6권, 편저, 2000~2001), 『새우와 일본인 2』(2007), 『내가 걸어 다닌 동남아시아』(2009) 등이 있다.

우쓰미 아이코와 무라이 요시노리는 부부이자 학문적 동지로서 많은 책을 함께 저술하며 진정한 인생의 동반자로서 나란히 걷고 있다.

감수자

김경남

1963년 거창 출생. 경북대에서 역사학을 전공하고 부산대 대학원에서 박사학위를 받았다. 교토대 외국인 연구원, 국가기록원 학예연구사, 국문학연구자료관 객원 조교수를 거쳐 현재 호세이대학 부교수로 재직 중이다. 번역서로 『전후보상으로 생각하는 일본과 아시아』(우쓰미 아이코 지음, 논형)가 있다.

옮긴이

김종익

1954년 강원 평창 출생. 국민은행 조사부, 심사부, 신용감리부 등에서 일했다. 태동고전연구소와 역사문제연구소에서 꾸준히 동양 고전, 한국 고전을 강독하며 수학했다. 그런 관심과 공부의 결과로 매천 황현의 『오하기문』을 번역 출간하기도 했다. 2008년 KB한마음 대표이사로 재직하던 중 이명박 정부의 국무총리실 공직윤리지원관실 민간인 불법사찰로 대표이사직 강제 사임과 지분 강제 이전을 당했고, 현재는 인문학 공부와 번역 작업에 몰두하고 있다.